A STUDY OF GLOBAL DISASTER RECOVERY

藤本典嗣・厳 成男・佐野孝治・吉高神明 ―― 編著

グローバル災害復興論

中央経済社

はじめに

　東日本大震災・福島第一原子力発電所事故が発生してから，6年と4カ月が経とうとしている。

　この未曾有の震災・事故に対して，被災地と，それ以外の地域とでは，捉え方に温度差がある。

　編著者の1人である私は，2016年4月から東京都文京区に所在する東洋大学に勤務しているが，東京では，震災・原発事故はすでに終わっていることと捉えている学生が多い。前任校が，福島大学であり，そこで，2011年3月に自身が被災した経験をもとに，東洋大学の授業でも講義の1コマは，必ず震災関連の話をすることにしている。その際に，授業アンケートの自由記述欄で，「震災・原発事故はもう終わったものと考えていました」という記述が多くみられる。このような学生の記述は，決して特異なものではなく，東京，あるいは被災地以外の全国において，震災・原発事故に対する主流の意識を反映していると思われる。

　しかし，被災地の実態をみると，震災・原発事故は決して終わっていない。福島県をみても，そこから福島県外に避難している避難者数は，2017年5月31日時点の復興庁発表のデータでは，依然として3万5,818名にものぼっている。発電比率の縮小が予測される原子力発電で，先行して崩壊した福島第一原発の廃炉の技術工程すら目処がたたず，付随して廃炉費用そのものや，誰が，いつどう負担するかも，決まっていない。福島県東部を中心に，大量発生している放射性物質に汚染された廃棄物の処分工程も，もちろん見通しが立っていない。このほか，避難指示が解除された地域や，避難指示は出されていないものの依然として低線量被曝がみられる福島県東部地域の，今後のあり方についても見

通しが立っていない。

　見通しが立たないなか，内閣府・福島県・自治体が選択・実施している政策は，非常に明確である。2011年3月から，福島で一貫してとられている原子力災害に対する明確な政策は，除染復興集約型復興政策とも言うべき，「除染事業」である。そこに最大の予算が注ぎ込まれ，できるだけ避難区域を縮小し，住民の帰還を推し進める政策がとられていることは，予算規模の大きさから疑う余地もない。もちろん，帰還とは対照的な政策である「避難区域の拡大」「新都市建設」「保養」が政策の柱となることはない。

　この帰還を推し進める政策の理論的支柱について，東北・福島の実態から，大きく乖離した言説が，分野を問わず発信され，福島に居住したことがなく，現地調査と称した，数日間や数時間，福島を訪問しただけの自然科学分野の研究者により，帰還を推進する政策が多方面から打ち出されている。「サンプル数の少ない疫学を根拠にした福島安全説」「福島は工業県だから工業立地に補助金を出すべき」といった医学・工学分野の既得権益拡大のみならず，「明治維新の負け組が不遇をかこって原発の誘致に向かった」など，情緒的な風評が福島外部から発せられてきた。

　対照的に，福島に関わりながらも，他地域・国際比較の観点から，震災・事故の復興過程を研究している書籍は，数少ない。本書の執筆者は，福島大学・宮城教育大学に所属している研究者・実務家に加えて，震災後に福島で開かれた防災・震災復興関連の学会・会議に参加した，中国・台湾の研究者によって構成されている。その点で，福島に深く関わり，東北・福島の実態から乖離することなく，かつ，国際比較の視点も持ち合わせた内容となっている。

　このような内容により，本書では①震災・原発事故が地域経済に与える影響，②福島が今後向かう方向，③復興の先進事例との国際比較といったテーマを明らかにすることを試みている。

最後に，本書の刊行にあたって，中央経済社ならびに編集作業でご尽力いただいた市田由紀子編集次長に，お礼を申し上げる。

2017年7月

執筆者を代表して
藤本　典嗣

目　次

はじめに

第1部　総　論

第1章　原発災害からの復興政策
――実態と調整過程―― 2

1　災害復興政策の歴史的・制度的経路依存性　2
2　福島の原発災害とその後の復興の実態　4
　(1)　福島第一原子力発電所の事故と原発災害　4
　(2)　原発の被災地である福島の復興の遅れ　4
　(3)　原発の再稼働は着実に進んでいる　6
3　原発被災地の復興政策と
　　社会経済システムの調整様式との関係　7
　(1)　社会経済システムの調整様式の類型化　7
　(2)　原災地福島の復興政策と日本的企業単位の
　　　コーディネーションの関係　9
4　脱原発と持続可能なエネルギー戦略の構築と
　　社会単位の制度的調整　12
《考えてみよう》　13

第2章　地域経済論
――予算制約からみる除染と避難の代替性―― 15

1　避難区域の設定をめぐる議論　15
2　福島から発信される風評への反証　18

3 予算制約下における除染と避難の代替性 23
4 除染集約型復興政策の実態 25
5 除染と地域経済 26
6 他の原発立地地域と比較して 29
◀考えてみよう▶ 31

第3章 「福島問題」の東アジア地域への示唆
──台湾の視点から ──────────────── 33

1 東日本大震災への関心 33
2 「福島問題」が東アジア経済圏に与えた影響 35
3 「福島問題」が台湾の反原発運動に与えた影響 38
4 「東アジア核エネルギー」と共同参画 42
5 むすび 44
◀考えてみよう▶ 45

第2部　国際比較

第4章 大規模災害に対応する交通政策
──地域公共交通の運用 ──────────── 48

1 はじめに 48
2 ハリケーン・カトリーナの経験と
  災害時に対応した米国の交通政策 49
3 東日本大震災・原発事故による公共交通の対応 52
  (1) 緊急対応 53
  (2) 応急対応・復旧対応 56
4 災害時に対応した公共交通の「備え」 59
◀考えてみよう▶ 62

第 5 章 スマートシティ構築プロジェクト
—新たなエネルギーシステム構築の効果とその課題— 65

1 スマートグリッドとスマートシティ **65**
　(1) スマートグリッドとスマートシティの概念 **65**
　(2) スマートシティへの移行と期待効果 **67**
2 世界のスマートシティ構築プロジェクト **68**
　(1) 世界のスマートシティ構築プロジェクトの目的と特徴 **68**
　(2) 世界のスマートシティ構築プロジェクトの動向 **69**
　(3) 日本のスマートシティ構築プロジェクト **72**
3 スマートシティと地域活性化 **74**
　(1) 地域活性化を重視するスマートシティの構築方法 **74**
　(2) 地域企業にスマートシティが与えるビジネスチャンス **75**
4 スマートシティ構築上の課題 **77**

◖考えてみよう◗ **79**

第 6 章 震災時の物流復興
—救援物資の効率的な輸・配送に向けて— 81

1 汶川大地震の概要 **82**
2 汶川大地震の救援物資供給 **82**
　(1) 汶川大地震の物流フロー **82**
　(2) 汶川大地震における物資の入出庫プロセス **84**
3 救援物資の輸・配送現場における問題点 **84**
　(1) 現場ではケース単位の取り扱いが多い **84**
　(2) 現場スタッフの専門的技能が不足 **86**
　(3) 救援物資の備蓄制度が抱える問題点 **86**
　(4) 救援物資の供給側と物流サービスプロバイダーとの連携の欠如 **87**

4　救援物資における物流再構築のソリューション　87
　　(1)　パレット単位でのハンドリング　87
　　(2)　物流企業とボランティアにおいて定期的に専門訓練を行う　88
　　(3)　救援物資備蓄メカニズムの多様化　89
　　(4)　救援物資の供給と物流配送の標準化システムの確立　89
　5　雅安大地震の概要　90
　6　雅安大地震の救援物資供給　90
◖考えてみよう◗　92

第7章　グローバル復興教育
―Fukushima Ambassadors Programの可能性－93

　1　3.11の被災地福島の現状　93
　　(1)　課題先進被災地としての福島　93
　　(2)　福島の復興に向けた取り組み　95
　2　3.11後の福島における主要な教育プロジェクト　96
　　(1)　創造的復興教育　96
　　(2)　「生き抜く力」を育むための福島防災教育　97
　　(3)　アカデミア・コンソーシアムふくしま（ACF）　98
　3　被災地福島の復興教育を取り巻く
　　4つのグローバル・トレンド　98
　　(1)　仙台防災枠組　98
　　(2)　持続可能な開発目標（SDGs）　99
　　(3)　持続可能な開発のための教育（ESD）　99
　　(4)　21世紀型能力（OECD Education 2030）　100
　4　グローバル復興教育の福島モデル試論
　　―Fukushima Ambassadors Program　101
　　(1)　FAPの概要　101

(2)　FAPの目的・モデル日程・実績　**102**
　　　(3)　アウトカム（プログラム受講の成果）　**103**
　　　(4)　FAPの現状と課題　**105**
◀考えてみよう▶　**108**

第8章　地震メカニズム
—東北地方太平洋沖地震以降の地震活動———— **109**

1　20世紀以降に発生した大きな地震　**109**
2　東北地方太平洋沖地震の
　　前震・本震・余震・誘発地震について　**112**
3　首都圏直下地震の歴史について　**120**
◀考えてみよう▶　**123**

第3部　ケーススタディ

第9章　タイ大洪水
—復興プロセスと諸アクターの役割———— **126**

1　タイにおける大洪水の原因と被害の概要　**126**
　　　(1)　大洪水の原因　**126**
　　　(2)　大洪水による被害　**128**
2　タイ政府の大洪水に対する復旧・復興政策　**130**
　　　(1)　緊急洪水対策（2011年10月〜12月）　**130**
　　　(2)　中期的な復旧政策（2012年）　**131**
　　　(3)　長期的な復旧政策（2013年〜）　**132**
3　大洪水に対する諸アクターの支援・復興活動　**134**
　　　(1)　感染症対策—タイ厚生省・疫学局
　　　　　（Bureau of Epidemiology）　**134**

(2) 首都圏の水道水供給—タイ首都圏水道公社
　　　　（MWA：Metropolitan Waterworks Authority）　**135**
　　(3) 洪水に対する大学の役割
　　　　—チュラロンコン大学（Chulalongkorn University）　**136**
　　(4) 日系企業とタイ政府をつなぐ役割
　　　　—日本貿易振興機構（JETRO）バンコク事務所　**137**
　　(5) 国際的支援の役割
　　　　—国際協力機構（JICA）タイ事務所　**138**
　　(6) 国際協力NGOの役割
　　　　—特定非営利活動法人ADRA Japan　**139**
　4　タイにおける政情不安と洪水対策の遅れ　**140**
　◀考えてみよう▶　**141**

第10章　スマトラ沖地震と津波
　　—アチェの復興プロセス ————— **144**

　1　スマトラ沖地震・津波とアチェ　**144**
　　(1) スマトラ沖地震・津波の概要　**144**
　　(2) 特異な状況下にあった最大の被災地アチェ　**146**
　2　被災地アチェの復興プロセス　**148**
　　(1) 緊急救援期　**149**
　　(2) 復興（復旧・再建）期　**151**
　3　アチェの復興事例の評価　**155**
　◀考えてみよう▶　**157**

第11章　中国四川大地震
　　—ペアリング支援型の工業復興を中心に ————— **159**

　1　災害復興における工業復興政策の意義を考える　**159**

2 中国四川大地震による工業被害と立地要因の変化　161
　　(1) 中国四川大地震による工業の被害状況　161
　　(2) 中国四川大地震による新規工場の立地決定要因の変化　162
3 大型自然災害からの復興に向けた
　ペアリング支援型工業政策　163
　　(1) ペアリング支援政策とは　164
　　(2) 中国四川大地震における産業復興に向けた
　　　　ペアリング支援　165
　　(3) 中国四川大地震からの工業の復旧・復興の現状　168
4 ペアリング支援型工業復興政策の限界性　170
◖考えてみよう◗　171

第12章　921台湾大地震
―災害リスクガバナンスと地域コミュニティ　173

1 はじめに　173
2 災害社会学からみた台湾大地震の影響　175
3 被災地復興とレジリエンス　177
4 南投県鹿谷郷の復興過程
　―地域コミュニティの発展と役割　180
5 むすび　181
◖考えてみよう◗　182

第13章　ネパール・ゴルカ地震
―仙台枠組の実践に向けて　184

1 防災に関する国際的な枠組み　184
　　(1) 国際社会での防災に関する日本の役割　184
　　(2) 国連防災の10年　185

(3)　兵庫行動枠組　**186**
　　　(4)　仙台防災枠組　**186**
　2　災害と災害復興に対する考え方　**188**
　　　(1)　世界の災害の状況　**188**
　　　(2)　より良い復興（Build Back Better）　**189**
　3　ネパール・ゴルカ地震の被害　**190**
　　　(1)　ネパールの概況　**190**
　　　(2)　地震の概要　**191**
　　　(3)　カトマンズでの被害　**191**
　　　(4)　山間部での被害　**192**
　4　復旧・復興と支援活動　**193**
　　　(1)　被災直後の救援，支援　**193**
　　　(2)　震災復興に向けた取り組み　**194**
　　　(3)　Build Back Betterと次の災害に向けた日本の支援　**195**
　5　復興へ向けた課題と対応　**196**
　　　(1)　住宅再建の課題　**196**
　　　(2)　住宅再建支援　**197**
　　　(3)　脆弱な人々に届く復興支援　**197**
　◖考えてみよう◗　**198**

第14章　ハイチ大地震
　　　　　——復興におけるマクロバランス　　**200**

　1　ハイチの概要　**200**
　　　(1)　二重統治のハイチ　**200**
　　　(2)　中米，カリブ諸国の中のハイチ　**201**
　2　ハイチ大地震と防災力　**204**
　　　(1)　2010年1月12日のハイチ大地震　**204**
　　　(2)　防災力と被害の関連　**206**

3　マクロ経済，統治の不安定性と国際援助型復興　209
　(1)　マクロバランスの赤字と海外からの援助　209
　(2)　ハイチ復興の構図　210
　(3)　国際援助の監視機関——HRFの役割　212
4　おわりに　216
◖考えてみよう◗　217

第15章　ハリケーン・カトリーナ災害
——アメリカの都市社会地理　220

1　はじめに　220
2　米国都市社会地理とインナーシティ問題とジェントリフィケーション　221
　(1)　インナーシティ問題とセグリゲーション　221
　(2)　ジェントリフィケーション・再開発・復興　222
3　ニューオーリンズとハリケーン・カトリーナ災害と脆弱な地区や人々　223
　(1)　ハリケーン・カトリーナ　223
4　復興過程にみるジェントリフィケーション　227
5　おわりに　230
◖考えてみよう◗　233

索　引　235

総　論

第1章
原発災害からの復興政策
―実態と調整過程

1　災害復興政策の歴史的・制度的経路依存性

　自然災害は，それが有する強い歴史性と地域性ゆえに，被災地域の長期的な社会経済発展過程で累積されたさまざまな問題を表面化させる傾向がある（岡田［2012］）。例えば，2011年の東日本大震災は，日本経済におけるグローバル化の深化と「東京一極集中」の進行がもたらした深刻な地域間格差，ならびに被災地域経済の周辺化，過疎化，および高齢化の現状を明らかにした。

　また，2008年の中国四川大地震では，1990年代以降の中国における輸出主導型成長果実の分配に預かれず，若い人は東南沿海部，都市部へ出稼ぎに行き，高齢者と子供たちが留守をしていた貧しい内陸山間部の厳しい社会経済実態が明らかになった。そして，2010年のハイチ地震や2015年のネパール地震では，グローバル市場経済へ統合できず，社会経済発展が遅れている貧困地域，およびそこで暮らす人々の厳しい経済状況を明らかにしている。

　その一方で，いったん大型自然災害が発生すると，その復旧・復興には，厖大な資源，資金，人力，および知恵が長期にわたって投入されることから，復興政策や復興事業の内容によっては被災地域の社会経済システムが大きく変化する可能性もある。とりわけ，被災地域では産業構造，就労形態，および人々の生活様式の大転換が起きる可能性がある。

　そして，復興事業には，中央政府，地方自治体，企業，個人，NPO／NGO，国際社会などのさまざまなアクター（主体）が参加するが，復興における諸ア

クターの役割，およびその集約としての復興政策と復興事業は，その国と時代における社会経済システムのレギュラシオン様式と深くかかわる。ここで，レギュラシオン様式とは，ある社会経済システムを構成するさまざまなアクターの利害と役割を調節しながら，当該システム全体の再生産を可能にする調整様式（ゲームのルール）を指す。

　すなわち，災害発生以前から当該社会経済システムにおいて存在し，当該社会のあり方を方向づけてきた社会経済システムのレギュラシオン様式が，災害復興政策の形成過程とその内容を決定するのである。例えば，東日本大震災以降に日本政府が打ち出した「民間主導の創造型復興」という復興戦略と政策は，災害発生以前から存在する，主に企業が社会経済システムの再生産や諸アクターの役割を規定する日本的企業主義レギュラシオン[1]の帰結であると言える。

　そして，中国の2008年四川大地震における，短期間（約3年間）の集中的な復興支援を通じて復興を成し遂げ，被災地域の発展を20年も前進させた「国家主導の成長型復興」は，中央政府の強いリーダーシップと行政コントロールに基づいて経済成長と制度改革を遂行してきた中国の国家主導の調整様式の特徴を如実に表している。また，アメリカの2005年のハリケーン・カトリーナ（ニューオーリンズ）における「惨事便乗型」（ナオミ・クライン［2011］）とも言われた復興政策では，「自由主義市場経済の信念に基づく災害と復興対策」，「民間企業による政府運営」を打ち出したが，それは市場メカニズムの役割を過度に信奉するアメリカの市場的調整の伝統に依拠するところが多い。

　本章では，原発事故の被災地である福島の復興を題材として，原災地福島の復興政策と社会経済システムの調整様式との関係を明らかにする。とりわけ原災地福島の復興政策が，日本的企業主義レギュラシオン様式に強く規定され，方向づけられていることを理論的に説明し，原発被災地の復興に資する新しいエネルギー戦略の構築について議論する。次節ではまず，福島の原発災害からの復興の実態を俯瞰する。

2 福島の原発災害とその後の復興の実態

(1) 福島第一原子力発電所の事故と原発災害

　2011年3月11日に発生した東日本大震災とそれに続く東京電力福島第一原子力発電所の事故からすでに6年余りが経過した。中央政府が当初に計画していた集中復興期間も終了し，東北被災地の復興事業に対する国の政策的支援は一段落した。この間，地震と津波の被害が大きかった岩手県，宮城県の太平洋沿岸地域では，新しい堤防と道路が建設され，街や住宅の再建も進み，企業の経営活動も軌道に乗ってきた。しかし，地震と津波による被害に加えて，原発災害に見舞われている福島県の状況は大きく異なる。

　特に，放射能汚染度の高い福島第一原発の周辺地域（福島県浜通り地帯）では，復興はもとより，一時避難を余儀なくされた地域の中には，いまだに帰還の目途すら立たない市町村もあり，福島第一原発の立地周辺地域の復興の足取りは重い。そして，今もなお10万人近くの人々が生まれ育った故郷を離れたまま避難生活を続けており，原発事故によって世界的に有名になった「フクシマ」をめぐる風評被害は根強く，経済再建と県民の生業の復興を妨げている。

　このような福島における復興が他の地域に比べて遅れている原因に関しては，原発災害とその他の自然災害との相違，すなわち福島が被った原発災害の特殊性からその大半が説明される。実際，原発事故による被害を除けば，福島県の太平洋沿岸地域における地震と津波の被害は，岩手県や宮城県よりも小さく，復興の様子は全く違っていたはずである。例えば，日本政策投資銀行の推計によると，福島県の資本ストックの推定被害率は約6％であり，岩手県の約13％，宮城県の約12％の半分程度であった。

(2) 原発の被災地である福島の復興の遅れ

　図表1-1は，東日本大震災の以前と以後における福島県の主な経済指標の推移を示している。震災から約5年目の2015年度においても鉱工業生産は震災

図表1-1 ●福島県における震災前と震災後における主要経済指標の推移

	経済指標	2010年	2011年	2012年	2013年	2014年	2015年
生産関連	鉱工業生産指数	100	88.9	92.5	90	92.7	88.1
	大口電力使用量（10^6kWh）	6,478	5,595	5,919	5,480	5,715	5,714
	公共事業着工総工事費（億円）	1,519	1,631	3,670	6,856	9,605	6,684
	新規住宅着工戸数（千戸）	9.3	7.8	11.4	15.2	15.2	15.6
	着工建築物工事費予定額（億円）	2,728	2,307	3,166	4,553	5,378	5,649
消費関連	百貨店売上高（億円）	331	311	349	353	349	343
	スーパー売上高（億円）	1,904	1,867	2,020	2,072	2,162	2,197
	福島県温泉旅館利用者（万人）	273	246	254	268	252	255
	消費者物価指数―食料	100	99.8	99.6	98.1	102.1	104.9
	消費者物価指数―教養・娯楽	100	94.3	93.8	91.4	94.8	97.6
労働市場関連	有効求人倍率	0.42	0.59	0.96	1.24	1.41	1.46
	新規求人数（千人）	8.5	11.6	14.6	15.6	16.1	16.0
	常用雇用指数	100	92.9	101.7	101.2	100.4	102.8
	実質賃金指数	100	103.2	102.4	100.0	100.2	100.0
金融財政関連	民間金融機関の貸出金（百億円）	383.1	390.6	394.1	402.7	409.7	421.7
	実質預金（百億円）	665.2	736.8	796.2	867.4	920	978
	信用保証申込件数（千件）	13.58	19.24	10.79	9.99	10.5	10.1
	信用保証申込金額（百億円）	13.8	29.2	12.5	10.4	12.0	12.2

（出所）とうほう地域総合研究所『福島の進路：主要経済指標』[2014年1月，2016年9月]に基づいて筆者作成。

前の水準を下回り，企業の生産・経営活動の復旧・復興の足取りは重い。それは大口電力使用量の減少，金融機関の貸出額の微増，信用保証申込件数と金額の低下から推察できる。その一方で，公共事業の総工費は震災前の約4倍，新規住宅着工戸数や民間建築物の工事費はともに約2倍へと増加し，建設工事中心の復興事業が多くなされている様子がうかがえる。

そして，福島県内の雇用は，政府が常に復興事業の成果としてアピールしている有効求人倍率と新規求人数では，震災前の水準を大幅に超えているが，新規求人のほとんどが短期的な非正規雇用であり，長期安定的な雇用の増加を示す常用雇用指数は，震災前とそれほど変わらない。すなわち，時限的な復興関連補助金による短期的な雇用の需要は拡大したが，半恒久的な予算措置や投資

活動に伴う長期的な雇用の需要はほとんど増えていないことが明らかである。

また，福島県民の生活の再建と復興に目を向けると，消費関連支出は震災後の激しい低下から回復してはいるが，震災以前に比べると微増である。その結果，消費者物価指数は，2014年4月から始まった消費税の引き上げによる上昇分を除くと，一向に改善されていない。その一方で，増え続けている実質預金の残高の推移をみると，県民の災害関連保険金や補償金などによる一時的な収入増は，不安な将来のために貯蓄に回されていることがうかがえる。

(3) 原発の再稼働は着実に進んでいる

しかし，このような福島における原発事故がもたらした自然環境的，社会経済的な甚大な被害，事故処理費用の国民負担の際限なき上昇，福島の原発事故を通じて原発の危険性を再認識して脱原発へ向かっているヨーロッパの情勢などを横目にしながらも，政府は停止中の原発の再稼働を進めている。福島の原発事故により，原発の安全性神話は崩れ，事故によって自然界に大量に放出された放射能汚染物の実態により，原発の環境親和性は崩壊した。さらに，増え続けている事故処理費用[2]により，原発のコストが決して安くないという事実が明らかになっている。

それでもなお，日本の電力会社は停止中の原発の再稼働に熱心に取り組み，政府は再稼働を許可し，原発立地自治体は再稼働を受け入れ，2016年末現在においてすでに3基（九州電力の川内原発1，2号機と四国電力の伊方原発3号機）の原子炉が稼働している。また，大津地方裁判所の再稼働禁止の仮処分により停止されている2基（関西電力の高浜原発3，4号機），政府が再稼働を許可した3基（関西電力の高浜原発1，2，3号機），そして原子力規制委員会の審査中にある18基の原子炉が再稼働に向かっており，2017年以降において再稼働がドミノ倒しのように続くことが懸念されている。

このような福島第一原発における過酷災害とその甚大な被害，さらに原発被災地の意向と感情を無視した原発再稼働の動きの背景にあるのは，やはり日本の原発政策のあり方を強く規定してきた日本的企業主義レギュラシオンの存在

である。すなわち，国の原子力政策に協力するという名の下で，大手電力会社と関連する原発メーカー，原発建設会社など，原発の建設と運営を通じて莫大な利益を享受してきた原発の利益集団[3]が，原発の再稼働と原発政策の維持を強く推し進めているのである。

その結果，福島原発災害からの復興の特殊性は，単に放射性物質の飛散によって汚染された経済と生活圏の復興の難しさだけによるものではなく，日本における原子力政策の決定をも含む社会経済システムの調整様式の限界性とも密接に関連している。なぜならば，前記のような福島の厳しい現実は，日本の右往左往する原子力政策の将来見通しと無関係ではない。すなわち，原発災害の被災地である福島の復興は，地方レベルでは原子力依存からの脱却を目指しているが，その復興に必要な財源の多くは依然として原発関連マネーに大きく依存しており，これからの日本における原発政策のあり方に大きく依存するのである。

例えば，復興の過程で福島に流れてきている福島第一原発の事業者である東京電力から原発災害の被災者に支払われた賠償金，厖大な除染関連費用と福島第一原発の廃炉費用，さらに浜通りに建設予定の汚染土などの中間貯蔵施設の建設費などは，すべて原発関連マネーであり，これからも長い期間，福島の復興は日本の原子力政策の影響を受け続けると考えられる。そして，この原子力政策と密接に関連する原災地福島の復興政策の形成と内容は，現代日本の社会経済システムの調整様式によって強く規定されているのである。

3 原発被災地の復興政策と社会経済システムの調整様式との関係

(1) 社会経済システムの調整様式の類型化

図表1-2に示すように，社会経済システムの調整様式（ゲームのルール）は，主たる調整主体と調整単位の違いから，5つのパターンに分類される。すなわち，主たる調整主体が市場か制度か，それとも国家かによって，市場的調

図表1-2 ●社会経済システムの調整様式の分類

調整単位	調整のパターン		
	市場的調整	制度的調整	国家的調整
企業単位の調整		企業単位のコーディネーション	関与（直接的／間接的）
社会単位の調整	市場	社会単位のコーディネーション	国家主導のコーディネーション

(出所) 厳［2011］に基づいて筆者作成。

整，制度的調整，および国家的調整に分けられる。そして，その調整が企業単位で行われているか，それとも社会単位で行われているかによって，制度的調整は「企業単位のコーディネーション」と「社会単位のコーディネーション」に，国家的調整は「関与」と「国家主導のコーディネーション」にさらに細分される。

ここで，アメリカなどのアングロサクソン型資本主義においては，価格メカニズムによる調整を基本とし，「市場的調整」が支配的な役割を果たすが，それを除く他の国々においては，市場の役割は限定され，「制度」や「国家」による調整の役割が強調されている。そのうち，日本や韓国などでは，企業内（ないし準垂直統合的な企業間）の協議と妥協，さらには命令をベースとする「企業単位のコーディネーション」が制度的調整の軸をなし，社会単位での調整の伝統を有するドイツや北欧諸国の制度的調整は，産業レベル，さらには社会全体における協議と妥協に基づく「社会単位のコーディネーション」を中心としている。

そして，国家的調整もその調整が企業単位で行われているか，社会単位で行われているかによって，国家が経済の管理範囲を縮小しつつも，国民経済の根幹にかかわる産業と企業（電力産業を含む）に関しては，直接的・間接的に影響を維持する「関与」と，主として「市場の失敗」や「外部不経済」を回避するために行われる国家による「規制」も含む，制度や政策の決定を含め，国家主導による社会的合意形成メカニズムとして理解できる「国家主導のコーディネーション」に区分できる。

もちろん，どの国においてもこれらの5つの調整パターンは併存しているが，各々の調整の比重とヒエラルキー構造には大きな違いがある。さらに，これらの調整パターンの組み合わせ，ならびに各々の役割は，社会経済システムの発展段階やその変容に伴い変化するのが一般的である。伝統的に市場的調整をベースとするアメリカにおいても，2008年以降の「金融主導型資本主義」の崩壊を目前にして，不良債権の買い取りや公的資本注入などによる大手企業の救済，複雑なデリバティブ商品に関する規制，金融機関の財務健全性強化など，既存の金融システムへの国家的調整の役割が拡大する傾向もみられる。

　その一方で，国際的・国内的マクロ経済環境の変容と経済動態の変化に対応できず，成長体制と調整様式の間の不整合性から生まれる構造的危機を克服できないまま，長期的な不況に陥っているのが日本である。すなわち，「企業主義的レギュラシオン」と呼ばれる企業単位のコーディネーションを基軸とする日本の調整様式は，グローバル競争の拡大と国内の少子・高齢化と格差・不平等の拡大による成長源泉の枯渇に直面しているが，高度・安定成長時代に成長を前提として作られた諸制度の抜本的改革は先送りされ，結果的に深刻な構造的危機に陥っている。

　構造的危機の場合，不況から好況への反転は自動的でなくなり，既存の諸制度形態の一部ないし全体を変えることなしには克服できない（宇仁ほか［2004］）。しかし，政官業の癒着構造をはじめ，既得権益を守ろうとする諸集団の抵抗は強く，さらには，このような構造的な問題を修正しようとする政治勢力の台頭もなく，日本経済は停滞し続けている。とりわけ，社会構成員全体が参加する「社会単位のコーディネーション」と「国家主導のコーディネーション」の不足が，1990年代以降の長期停滞をもたらした根本的原因であると考えられる。

(2) 原災地福島の復興政策と日本的企業単位のコーディネーションの関係

　原発事故発生後，国や東京電力の事故対応が右往左往し，福島第一原発事故

収束の展望ができず，復興に向けた取り組みが遅れていた福島県では，2011年7月に「脱原発」を基本理念とする『復興ビジョン』を取りまとめた。

当該ビジョンで打ち出した「原子力に依存しない安全・安心で持続的に発展可能な社会づくりを目指す」という理念と復興の方向は，国内の原発立地地域における今後の対応，日本政府および世界のエネルギー政策に大きな影響を及ぼした。とりわけ，原子力発電との共存共栄を謳い，原発に大きく依存しながら発展を遂げてきた福島県が，原発の事故を受け，原発の安全性とリスクを再評価した結果として「脱原発」を提起したことは，強い説得力を持つ。

しかし，福島県の復興ビジョンが訴えた原子力から再生可能エネルギーへの転換，さらに新しい地域社会や社会経済システムの構築にかかわる取り組みは，国家，地方政府，市町村，企業，地域住民，さまざまなNPO団体，研究機関などによる共同参加と協働によってのみ実現可能である。これまでの，原発立地地域として「原子力マネー」に依存してきた市町村，ならびに県の財政構造と原発関連雇用構造の修正，放射能被害を受けた農業・漁業・観光業の立て直しなどは，制度的経路依存性と既得権益集団の抵抗を受けることが予測された。

さらに，これまでに「原子力マネー」に依存しながら，戦後日本経済の発展過程で形成された「中心－周辺」構造がもたらした周辺地域の衰退を緩和してきた福島の原発立地地域発展政策の見直しは簡単ではない。日本の原発立地地域は，国の原子力政策を支え，原発を受け入れることを通じて国と原発事業者から，さらには関連企業の立地と雇用増加によって巨額の収入を得ている。

特に，他の先進国ではみられない日本特殊の制度である『電源三法』システムにより，福島第一，第二原発が立地している福島県，ならびに原発所在市町村，隣接市町村には，国家財政から巨額の金[4]が交付されてきた。さらに，原発という巨大な施設が立地することによって得られる固定資産税，法人・個人町民税，核燃料税収入，電力会社の寄付金受け入れなどは，原発立地自治体の財政収入の大半を占め，地域の産業構造も原発に大きく依存してきた。

もちろん，このような原子力マネーが，周辺地域の雇用を支え[5]，社会基盤整備に果たす積極的な役割は否定できないし，原発の建設が地元住民の厚生を

高める役割を果たしたことは確かである。しかし，交付金などの原発マネーを利用して新しい産業・企業を誘致し，地場産業を育成しようとする試みは失敗に終わり，原子力施設の誘致による地域振興は持続可能なものではなかった[6]。

さらに，政府の『エネルギー基本計画』（2014年）において原発がベースロード電源として位置づけられ，全国各地の停止中の原発の再稼働が進められている現在，原災地福島の脱原発を基本方針とする復興政策を具現化するのは簡単ではない。実際，ここ 5 年間の福島における復興事業が除染作業を中心としており，産業と雇用も除染事業に大きく依存している現状からも，原発立地地域が原発マネーの依存から脱却することは容易ではないことがわかる。

また，福島の復興ビジョンとほぼ同じ時期に公布された政府の「東日本大震災からの復興の基本方針」（2011年 7 月29日）では，「創造的復興」を基本理念として打ち出し，東日本大震災を「日本経済のさらなる成長」や「構造改革」の好機とみなす考え方が示された（岡田［2012］）。そして，被災地域の多くの地方自治体が策定した復興ビジョンと政策においても，さまざまな復興特区の構想が盛り込まれるなど，全国的な規制緩和の大合唱がみられたのである。

このような「創造的復興のための規制改革」の発想は，中心部に本社を置く大手企業やその団体（経団連，経済同友会），およびその利益の代弁者たちの謳い文句であり，日本の企業単位のコーディネーションの表れである。とりわけ，短期間で利益が創出できる復興事業に参入して利益を確保すると同時に，大災害を機に，国民的議論と合意を粗末にして規制改革を進め，長期的利益を確保しようと目論んでいる。これらの発想には被災地域の経済再建や地域住民の生活基盤再建は，単なる企業の短期的利益の追求の手段でしかなく，地域に根ざした経済構造の一層の破壊をもたらすだけである。

さらに，規制改革の具体的な施策として注目されている経済特区の構想においても，被災した各地域で新たな可能性を模索する動きよりも，中心部（東京，大阪）における規制改革特区の整備が先行しているのが実態である。実際，高齢者の割合が高く，中心部との経済的リンクが弱まり，長期にわたって衰退してきた周辺地域である被災地に新しい産業や企業が集積する可能性は極めて低

いと言わざるを得ない。特に，復興建設プロジェクトの多くは東京に本社を置く大手建設会社が受注し，復興需要の増加に伴う経済利益も中心部へ流れている実態をみてもわかるように，企業単位のコーディネーションを主とする現在の日本的調整様式の下では，被災地域の持続可能な発展の道は開けない。

4　脱原発と持続可能なエネルギー戦略の構築と社会単位の制度的調整

　電力生産と原発マネーに過度に依存し，また原発事故により放射線被曝を含むさまざまな被害を受けた原災地福島の復興は，国のバックアップはもちろん，地方自治体，市民，企業を含む地域社会のアクターのすべてが参加する大事業である。福島が，これらの復興に参加する諸アクターの利害と役割を調整しながら，地域のアクターが主導する復興戦略と政策を策定し，実施していく上で，原発を代替できる新しいエネルギー源を創出し，日本ないし世界の脱原発をリードすることは非常に重要な意味を持つ。

　これまでの日本における原発推進の必要性を支えた1つの重要な論理が，原発の環境親和性であった。原発の稼働段階におけるCO_2排出がほぼゼロであることから，地球環境問題への世界的関心が高まるなかで，原発による他の化石燃料の代替の必要性が謳われてきた。とりわけ，原発は日本の温室効果ガスの排出量削減を通じた地球温暖化抑制に向けた責務を果たす上で必要不可欠なエネルギーとされてきた。しかし，1990年以降の「失われた20年」の間，日本の原発設備容量は51.5％増加したが，温室効果ガス排出量は低下していない（実質的に1％増加）。ドイツ，イギリス，オランダ，デンマークなどヨーロッパの多くの先進国が，再生可能エネルギーへの転換を進め，温室効果ガスの排出量を減らしていくなか，日本の再生可能エネルギー利用量の増加率は5.3％にとどまり，主要先進国では最も低い水準となっている（和田［2011］）。

　このようなヨーロッパの先進国と日本の持続可能なエネルギー戦略における相違は，ヨーロッパ諸国における国民的議論と合意に基づく社会単位での調整

システムと，日本における企業主義レギュラシオンに基づく企業単位での調整システムの違いに由来する。上記のいずれの国においても，再生可能エネルギーの拡大と普及は，市民や自治体のような地域主体が主導しており，原発のあり方についても広範な国民的議論がなされている。ドイツにおける原子力政策の転換（2002年の脱原発決定，2009年の原発運転期間の延長，そして福島第一原発事故を受けての原発運転期間の延長期間方針の凍結）が代表的であるが，イタリアにおける新設原発の凍結，スイスの原発全廃（2034年までに），スウェーデンにおける原発建て替え法案の見直しの動きなどは，いずれも社会単位での制度的調整のメカニズムに基づく国民的大議論に基づいている。

　福島第一原発事故以降，原発の経済的効率性や環境親和性に関する政府と原発事業者の説明は厳しい批判にさらされている。特に，原発事故が原発立地地域－福島県の経済と人々の暮らしに及ぼした壊滅的な被害は，今後の日本における原子力政策の見直しと持続可能なエネルギー戦略の必要性を強調している。現在，「企業独占的な電力生産と供給システム」を見直し，「発送電分離」と「電力買い取り制度」を通じた新規参入の促進，「スマートシティ」の発想に基づく省エネと再生可能エネルギーの普及など，さまざまな課題が検討されている。

　しかし，これらの課題は，今までの日本社会における企業単位の調整をベースとした企業主義レギュラシオンのもとでは不可能であり，国家的調整と制度的調整に基づく社会単位の調整メカニズムを構築してはじめて実現可能なビジョンとなりうると考えられる。

◖考えてみよう◗
①社会経済システムの調整様式（レギュラシオン様式）とは何か？

②原災地福島の復興が遅れていることについて，その原因を考えてみよう。

③福島第一原子力発電所の事故発生後，一部の国では脱原発の動きがみられたが，日本では原発再稼働が断行されたのはなぜか？

●注

1　日本的調整様式としての「企業主義レギュラシオン」仮説の提起，詳細な解説に関しては，山田［2005］を参照されたい。
2　経済産業省の試算によると，2013年時点で11兆円であった原発事故処理費用が，2016年12月時点では21.5兆円となり，従来予想の約2倍に膨れ上がっている。
3　吉岡［2011］は，日本の原子力政策の決定が，原子力発電に利権を有する主なステークホルダーである，所轄官庁，電力業界，原子炉メーカー，政治家，地方自治体の有力者らによるインサイダーの利害調整に基づいていると指摘している。
4　福島県全体では，該制度が始まった昭和49年度から平成21年度までの間，累計2,694億円，単年度で最高額となった平成21年度では145億円が交付されている。
5　原発はその建設段階と，それ以降の運転，定期点検，さらには関連産業の進出などによる雇用拡大効果が大きい。特に，人口規模が小さく，他産業による雇用機会も乏しい原発立地市町村からみると，原発建設による雇用拡大効果は非常に大きい。清水［2011］によると，福島第一原発事故以前，福島第一と第二原発（計10基）によってもたらされる雇用創出は約1万人であり，今回の事故により第一原発の6基が廃炉になることによって，単純に計算しても6千人の雇用が失われる。
6　電源三法交付金を活用して原発立地市町村が行った，「ポスト電源開発」のさまざまな取り組みの整理，その問題点，および評価については，山川［1991］が詳しい。また，清水［2011］は，原発の建設が地域の本当の発展に結びつかないことは，電源三法を立案した当局者も認識したものであり，原発誘致による「地域振興」は，単なる電源三法の政策目的にすぎない，と批判している。

●参考文献

宇仁宏幸・坂口明義・遠山弘徳・鍋島直樹［2004］『入門　社会経済学』ナカニシヤ出版。
岡田知弘［2012］『震災からの地域再生』新日本出版社。
厳成男［2011］『中国の経済発展と制度変化』京都大学学術出版会。
清水修二［2011］『原発になお地域の未来を託せるか』自治体研究社。
ナオミ・クライン［2011］『ショック・ドクトリン―惨事便乗型資本主義の正体を暴く』岩波書店。
山川充夫［1991］「地域経済とポスト電源開発―福島県双葉地区の場合」日本科学者会議編『地球環境問題と原子力』リベルタ出版，112-124頁。
山田鋭夫［2005］「日本資本主義へのレギュラシオン・アプローチ」『季刊　経済理論』経済理論学会，42(2)，pp.17-27。
吉岡斉［2011］『原発と日本の未来』（岩波ブックレット802）岩波書店。
和田武［2011］『脱原発，再生可能エネルギー中心の社会へ』あけび書房。

第2章
地域経済論
―予算制約からみる除染と避難の代替性

1 避難区域の設定をめぐる議論

　福島第一原子力発電所の水素爆発と,それに伴う放射性物質の東日本太平洋沿岸の拡散は,福島県東部を中心に,放射能汚染地帯をもらした。この地帯における避難区域の地理的範囲は,首相官邸内の原子力災害対策本部(以下,対策本部という)が決定した。避難の根拠は,「年間空間線量が20mSvを超える」地帯であり,2012年4月より「帰還困難区域」と呼ばれ,福島第一原発から半径20km圏が主に該当する。

　線量が20mSv未満の地域は,避難区域に指定されていないが,この理由は,対策本部によれば「国際放射線防護委員会(以下,ICRPという)の勧告」に依拠するとしている。20mSv未満でありながら,5.2mSv以上を超える地帯が,福島県中通り(白河〜郡山〜福島と,中小都市が縦貫する地帯であり,約115万人が居住)を中心に,広範囲に存在する。一般に病院のレントゲン室に代表されるように放射能管理区域の年間被曝量上限値である5.2mSvを超える地帯は,チェルノブイリ事故では,事故5年後から避難区域に指定された(Voloshin V. et al. [1999])。しかし,日本の場合,5.2mSvを超える地帯は,「避難」ではなく,「除染」という対策がとられている。図表2-1の地図は福島県を示しているが,原発から主に20km圏内と北西部(飯舘村)を除いた地域は,除染という対策により,住民は原則として,避難せず,定住したままである[1]。また,全住民が避難していた帰還困難区域も,除染をすることで住民を帰還させる

図表2-1 ●除染と避難区域

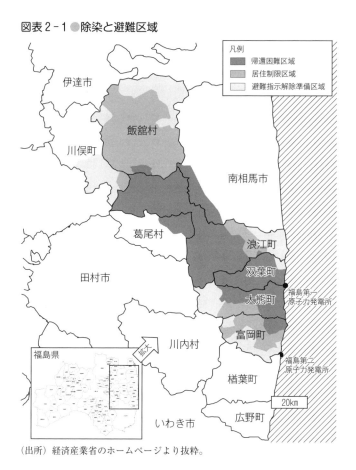

（出所）経済産業省のホームページより抜粋。

「避難指示の解除」により，避難が及ぶ地理的範囲を，できるだけ縮小させようとする対策が，2011年（平成23年）9月以降は，一貫してとられてきた。高空間線量が観察される帰還困難区域内を南北に縦貫する常磐道は，道路やその周辺を除染してまで2015年3月に富岡IC－浪江IC間を開通させることで新規高速道路として全通させ，並行して縦貫する国道6号線も，同じく道路とその周辺を除染することで，2014年9月より再開通させ，自動車は制限なく通行している。

なぜ，避難ではなく，除染なのかについて，ICRPが依拠する，一部の疫学のみならず，多方面から議論されている。疫学は，前例の少なさから，本章では考察の対象外とするが，福島県中通りから，全事業所・全住民が避難しない，させない，させられない理由について，「旧ソ連のような社会主義かつ計画経済の国では，強制避難ができるが，日本のような資本主義かつ市場経済の国では，強制避難ができない」「日本は国土が狭く，避難先の土地がない」「東北新幹線，東北自動車道などの大動脈が縦貫する，福島県中通りを避難区域にすると，人流・物流が止まり，経済が回らなくなる」「東北人は我慢強く，農耕民族であり，先祖代々の土地を守るため定住して逃げることができない」「農山村地帯が多く，コミュニティの結束が強いため，逃げることができない」といった言説・見解が，テレビ・新聞・雑誌などのマスメディア報道で流布しているのみならず，学問分野において各々の専門家であるはずの大学研究者の著作においても，多々記述が散見される。

　これらの言説・見解は，生活感覚として捉えると，非常に納得のいくものである。福島県に居住している住民のみならず，福島県外からの来訪者でも，福島駅前・郡山駅前から半径1キロ圏にほぼ収まる中心市街地のみをみれば土地はないようにみえ，1キロ圏外の土地利用で多くを占める周囲の農地を見学すれば，そこで農家が代々土地を守っているようにみえる。福島県内外の一般住宅・仮設住宅を回れば，自治会・町内会がしっかり機能しているようにみえ，東北新幹線がなくなれば，福島から東京方面との往来をはじめ，他地域と往来が不便に感じてしまうのが，日常生活に根ざした生活としての感覚であろう。

　研究者仲間ですら，「約100万人にのぼる人口が居住する福島県中通りという地域から，人を避難させるのは非現実的である」という声が，よく聞かれる。生活感覚としては，「避難は非現実的」と言われて，納得するものの，しかし，なぜ「非現実的」であるのか，について，「疫学」は，もちろんのこと，「経済体制相違論」「交通本質論」「国土狭小論」「文化論」「コミュニティ論」は，正確な回答になってないと，本章では考える。むしろ風評ともいえるそれらの枠組みでは捉えきれない反証事例が，あまりにも多いからである。

2 福島から発信される風評への反証

　従来の議論は，根拠にとぼしいながらも広く流布しているという点で，まさに風評である。これら風評に対する反証事例を簡単にあげると，以下のとおりに集約される。第1に，経済体制相違論による説明の限界を指摘すると，まず，社会主義・資本主義や計画経済・市場経済という経済体制・経済システムの国別相違そのものが，原子力災害に対する避難区域の設定をもたらすわけではない。旧ソビエト連邦のような社会主義かつ計画経済の国ですら，資本主義・市場経済の側面はあり，チェルノブイリ原発事故により汚染された地帯から，他地域に向けて，完全に人・物・情報の移動を遮ることは不可能である。年間空間線量が5 mSvを超える区域からの強制避難は，チェルノブイリ事故において，法的には5年後とされているが，旧ソビエト連邦にも，市場経済の側面は存在し，居住・移動が選択できる層も，一定割合は存在した。それらの層は，空間線量が5.2mSvを超える地域からは，事故後は，いち早く避難している。対照的に，日本においても，社会主義・計画経済的な側面はあり，完全な人・物・情報の移動ができる層のみではない。現に，原発から半径20km圏を中心とした帰還困難区域は，計画経済として人・物・情報の移動が遮られている。単純化のため，計画経済的側面の強い経済活動の都道府県別比率を**図表2－2**で示すが，日本国内においても，計画経済的側面の比率において地域的差異が存在し，福島県をはじめとする東北地方は，その比率が比較的高い地域である。

　第2に，国土狭小論であるが，避難先の土地がないという議論にしても，東北の人口密度は，全国平均の半分以下であり，1990年に衆議院・参議院が国会移転を決議して以降，首都機能移転先として，「土地の円滑な取得の可能性」「自然環境との共生の可能性」における優位性を大々的にアピールしながら，立候補してきた福島・宮城を筆頭に，土地は十分に余っている。東北では人口密度が高いと考えられる福島県中通り地区ですら，その人口密度は日本の平均以下であり，福島県会津地区に至っては，ウクライナよりも低く，ベラルーシ

図表 2-2 ●国内の計画経済の地域別比較指標

順位	都道府県	2001	2013
1	島根県	40.3%	37.6%
2	鳥取県	32.7%	35.9%
3	岩手県	31.5%	35.8%
4	高知県	35.0%	35.1%
5	秋田県	33.8%	34.4%
6	福島県	31.5%	33.9%
7	青森県	35.8%	33.7%
8	長崎県	33.4%	32.1%
9	北海道	32.9%	31.6%
10	宮崎県	31.1%	31.6%
略			
13	宮城県	25.5%	29.3%
14	山形県	30.2%	29.2%
略			
38	兵庫県	22.9%	22.0%
39	群馬県	22.8%	21.8%
40	神奈川県	20.8%	21.2%
41	三重県	25.4%	20.7%
42	栃木県	21.2%	19.1%
43	滋賀県	20.0%	18.8%
44	大阪府	18.5%	18.6%
45	静岡県	20.6%	18.5%
46	愛知県	17.8%	16.7%
47	東京都	15.6%	15.9%

(注1) 行政そのものが事業所である場合，公共投資や公的規制に大きく影響を受ける「政府サービス生産者」「公共サービス業」「電気・ガス・水道業」「建設業」に該当する経済活動を計画経済とし，その比率の高い都道府県の順番に並べている。
(注2) 上位10位，東北地方の宮城県，山形県，下位10位の都道府県を掲載し，それ以外は省略している。
(出所) 「県民経済計算（各年度板）」に基づいて筆者作成。

と変わらない（**図表 2-3**）。人口密度を地域間・国際比較する限り，また，バブル期以降の首都機能の福島・宮城での誘致活動をみれば明らかなとおり，東

図表2-3 ●人口密度の地域比較

1km²当たり人口

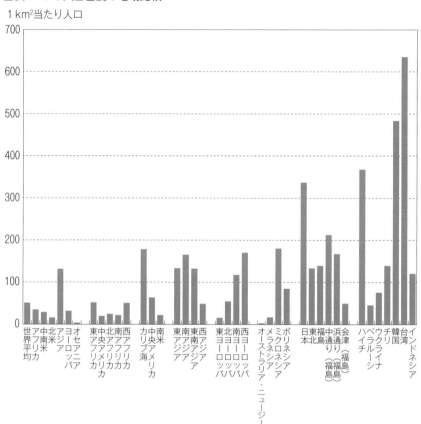

(出所) 総務省「国勢調査報告」に基づいて筆者作成。

北，北海道などの北東日本において，土地が狭く避難先の土地がないということはなく，誤った見解である。

　第3に，新幹線などが止まると経済が回らなくなるという議論にしても，南東北と他地域との高速交通網による中距離以上の旅客流動で，新幹線・高速バスが主流になったのは，1980年代以降，ここ四半世紀の歴史に過ぎない。新幹

線・高速バスと航空機は，中距離以上の旅客流動では，常に代替的な関係にあり，新幹線・高速バスが，対外的流動を独占する絶対的な交通手段として，南東北に存在する必然性はない。ましてや，運航頻度が少なく，巨額の借金を背負ってまで建設され，福島以北の沿線に大規模都市圏がない東北新幹線が止まったからといって，日本経済が回らなくなるほどの支障が出るはずもない。また，東北新幹線，東北本線，東北自動車道よりも，はるかに運行頻度が高い山陽新幹線，山陽本線，複数の地下鉄・私鉄・自動車道・都市高速が横断する阪神地区で往来がストップした阪神淡路大震災のときでも，日本経済が回らなくなった事実はない。「東北新幹線が止まると仙台，盛岡と東京の往来ができなくなるから，東北新幹線を止めることができない」というのは，仙台（宮城県），盛岡（岩手県）に居住している住民の生活感覚であり，事実とはかけ離れている。

　また，福島県・宮城県・岩手県をはじめ，東北地方は，いずれの諸県においても経済活動が，日本国内の中では不活発であり，全国平均より低い人口1人当たり所得水準しか計上されていない。全国との格差を是正するために，**図表2-2**でみられた建設業の比率の高さをはじめ，所得再配分などの財政トランスファーが多めに与えられてきている。地域間の域際収支をブロック別でみても，関東，中部，近畿，中国地方以外は，すべて赤字であり，東北地方も，赤字を計上している。その意味で，**図表2-4**にみられるとおりマクロバランスをみる限り，負の影響を日本の国民経済に与え続け，福島県中通りをはじめとする東北地方の地域経済の重要性が，国民経済において，高いということはありえない。

　第4に，日本人は農耕民族として先祖代々の土地を守るから土地から離れることができないという説にしても，東北人に限らず，日本人の多数が土地を所有することが可能になったのは，戦後の農地改革以後のことであり，先祖代々の土地を我慢強く守っている農業従事者が，現農業従事者の多数を占めることはありえない。**図表2-5**で示されるとおり，戦後の農地改革を経て，土地の所有化が一般化したのであり，福島も例外ではない。

図表2-4 ●地方ブロック別域際収支（2000-2010年）

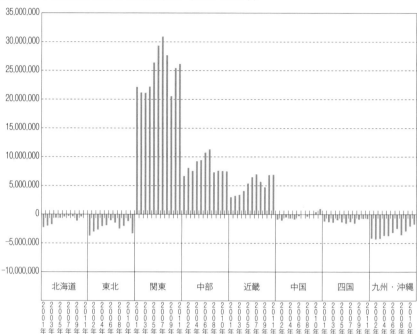

(注) 地方ブロック別の域際収支として，財貨・サービスの純移出入を計上している。
(出所)「県民経済計算（各年度版）」をもとに筆者作成。

　第5に，コミュニティの結束が東北では強いから避難できないという見解であるが，コミュニティそのものの定義が多岐にわたるために，把握そのものが困難である。そもその，コミュニティとは何を意味するのか，さらに，コミュニティを定義したところで，また，仮にコミュニティを，自治会・町内会・学校・宗教団体の教区・職場などにしたところで，それらのコミュニティが，世代・空間を超えて継続しているものを見つけることのほうが困難である。

　第1から第5までの見解に代表されるような生活感覚の視点・実体記述や描写では決して捉えきれない，全体像を捉える別の観点から，福島県中通りがなぜ避難区域にならないかの説明が必要である。なぜ避難区域にならないかについて，「除染」と「避難」が，災害復興に関する財政支出において代替的な関

図表2-5 ●農地改革による小作農の土地所有化

地方ブロック	改革前（1945年11月23日）			改革後（1950年8月1日）		
	農地総面積	小作地面積	小作地率（%）	農地総面積	小作地面積	小作地率（%）
北海道	725,887	353,603	48.7	747,786	45,806	6.1
東北	813,268	391,743	48.2	821,791	68,430	8.3
関東	873,961	442,064	50.6	881,501	107,551	12.2
北陸	425,889	208,689	49.0	424,962	38,692	9.1
東山	297,791	129,758	43.6	299,377	30,808	10.3
東海	342,891	138,737	40.5	345,575	42,711	12.4
近畿	352,315	158,310	44.9	351,532	46,896	13.3
中国	397,635	160,331	40.3	399,659	39,247	9.8
四国	220,462	95,991	43.5	219,425	21,804	9.9
九州	705,597	289,008	41.0	708,822	72,779	10.3
総数	5,155,697	2,368,233	45.9	5,200,430	514,724	9.9

（出所）農林省［1950］「農地等開放実績調査」より抜粋。

係にあることから始める必要がある。

3　予算制約下における除染と避難の代替性

　東日本大震災における被災地の住民が，避難か，その地に留まるかについて，馬奈木［2013］が，家計（個人）の効用最大化が居住地選択行動を決定するというHarris-Todaroのミクロ経済モデルを用いて，岩手・宮城・福島における被災地の住民が，避難（転出）するか，留まるかの分析をしている。このモデルは，家計の効用最大化から，避難行動を説明したものであり，国・自治体の予算制約は，要因として考慮されていない。被災地における実際の避難行動は，ミクロ経済モデルのように個人の効用最大化という抽象化されたモデルによって説明できない。実際の避難は，国・自治体が，どの程度の予算を，どの地域に配分するかという経済地理的な政策決定を踏まえた上で，区域が設定される。
　本章では，予算制約の観点から，原子力災害における避難について考えてみるが，広域的な避難をもたらした原子力災害は，チェルノブイリ事故と福島事

故のみである。放射能汚染地帯に居住する事業所・住民に対してとられた対策は，「除染」か「避難」である[2]。**図表2-6**は，除染と避難に配分される予算を，代替として捉えた。除染と避難にかかる費用の限界代替率は，国別に異なる。A国（日本など）は，原子力災害に伴う避難区域を，地理的に拡大させることに伴う追加的費用の発生は，除染を縮小させることで発生する追加的費用と比べて高い。逆に，B国（ベラルーシ，ウクライナなど）において避難区域を，地理的に縮小させることに伴い，追加的に除染を拡大させることで発生する追加的費用のほうが高い。原子力災害においては，避難は除染と代替関係にあるが，原子力に限らず，地震，津波，洪水など避難をもたらす災害においても，避難をどこまでの地理的範囲にするのかという問題は，予算制約の中で，別の対策とのトレードオフの関係で決定される。例として，津波・洪水は，将来の災害のリスクを伴う沿海・沿岸の危険区域で，避難せずに居住する住民に対しては，防波堤建設，家屋・事業所の建替の対策がとられる。地震（四川省地震）において，余震が継続的に発生する危険区域は，居住自体を禁止する対策をとっている。

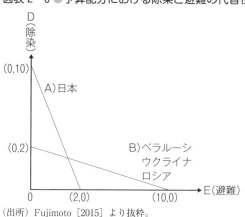

図表2-6 ●予算配分における除染と避難の代替性

（出所）Fujimoto［2015］より抜粋。

4　除染集約型復興政策の実態

　図表2-6の枠組みによれば，原子力災害によって生じた放射能汚染に対して，除染という対策が，福島中通りでとられているのは，避難区域を狭い範囲に縮小させることで，節約できる追加的費用のほうが，代替として除染を行うことで発生する費用よりも，大幅に低いためである。図表2-7のとおり，震災から3年9カ月が経過した2016年11月末までで，東京電力が，被災住民・被災事業所や事業主に支払った賠償額は，約6.5兆円に達する[3]。

　避難指示区域にかつて居住していた住民は，「強制避難者」として，東京電力から賠償を受け取る権利があり，同年11月で，約8.1万人が該当する。1人1月10万円弱がモデルケースとされる，精神的損害への支払いは，総額で，10,489億円にものぼっている[4]。震災から68カ月が過ぎた時点での数値であり，1カ月約152億円，1年約1,824億円の賠償金と計算できる。この支払いは，避難者が帰還できない限り，生存中は，永続的に発生する。

　福島県中通りを避難区域に指定すると，現在の避難指示区域の，約14倍の115万人にも，追加的費用として，賠償を支払わなければならない。単純計算すると，精神的損害だけで，1,824億円×14で，約2.5兆円の賠償金が，わずか1年間で発生してしまう。のみならず，営業損害，風評被害，間接被害や財物価値の損失・減少など，法人・事業主に対する賠償を加えると，現在の財政構造では，国家予算・地方政府予算から負担できる範囲を，軽く超える。図表2-7の表の合計値から，中通り地区を中心に支払われている自主避難賠償の3,629億円を差し引いた6.1兆円から，推計した1年間当たりの賠償額は，1.1兆円である。これを，14倍すると，15.8兆円である。営業損害，出荷制限による損害，財物価値の喪失や減少において，福島県中通りのほうが，原発半径20km圏と比して，その金銭的価値が高く，中通りの人口・事業所の多さに正比例して賠償が増えるとは考えられない。人口などの増加分に比例するのではなく，増加分に加重した形で賠償が増えるであろう。

図表2-7 ●東電の賠償額

賠償項目		2011～16までの 合意賠償額(億円)	%
個人賠償	(内訳)	19,185	29.4%
	検査費用	2,512	3.9%
	精神的損害	10,489	16.1%
	自主的避難	3,627	5.6%
	就労不能損害	2,556	3.9%
法人・個人事業主賠償	(内訳)	25,293	38.8%
	営業損害	4,826	7.4%
	出荷制限指示損害,風評被害	15,870	24.3%
	一括賠償	1,522	2.3%
	間接損害等	3,073	4.7%
共通・その他	(内訳)	15,252	23.4%
	財物価値の喪失又は減少等	12,402	19.0%
	住居確保損害	2,600	4.0%
	福島県民健康管理基金	250	0.4%
除染等		5,483	8.4%
合計		65,215	100.0%

(出所) 東京電力のホームページより。

　そう考えると，福島県中通りを避難区域にすることによる賠償は，営業損害や財物価値の喪失分や，若年層の生涯賃金の逸失分も含めてしまうと，ある一定の規模までは，エスカレート式に賠償が増加してしまうことも考えられる。

　対照的に，避難を避け，除染のみの対策とすることで，115万人の居住者を，福島県中通りに定住させることで，発生する費用は，除染のみの年間7,000億円以内に収めることができる[5]。中通りを中心に支払われている自主避難賠償は，現状では1回きりのものであり，すでに支払われた3,629億円から，大きく増加する可能性は低い[6]。

5　除染と地域経済

　復興庁は，2015年（平成27年）度の「東日本大震災復興特別会計」において，前年度12月に，総額3.64兆円の「予算概要」を発表しているが，「原子力災害

図表2-8 ●復興庁予算の概要

予算項目	2014年	2015年度
被災者支援	1,117	1,287
インフラ復旧，まちづくり	13,296	13,487
産業振興・雇用	1,306	1,675
原子力災害復興・再生	6,600	7,807
うち除染	5,104	6,439
地方交付税交付金	5,723	5,898
全国防災対策費	1,379	2,007
その他	6,978	6,872

(出所) 復興庁のホームページより。

からの復興・再生」にかかわる予算として6,600億円を計上し，その中で「除染等」にかかわる予算として5,104億円を計上している。また除染に関して，補正予算として1,500億円が追加的に計上された（**図表2-8**）。

　復興予算に「除染」が集中的に占めていることを，「除染集約型復興政策」とすると，福島に関しては，まさに，除染集約型の復興政策がとられている。除染の対象となる地域は，福島県が大半となる。対照的に，宮城県，岩手県においては，「廃棄物処理」「まちづくり」「防災対策」など多岐にわたる分野に予算が配分されている分散型復興政策とすると，福島の中通り地区に関しては，「除染」しか，復興のための手段はないかのような政策がとられている。

　図表2-9の写真のとおり，日常生活においては，福島市をはじめとして，福島県中通りの，家庭・事業所を問わず，庭や空き地には，黒袋に詰められた汚染物質を含有する土壌を，さらに青や緑のビニールシートで覆われて，仮置きされている光景が，日常の光景となっている。

　この予算措置が，福島県の地域経済に与える影響については，以下の2点にまとめられる。まず，第1に産業構造に占める建設業そのものの「復活」である。除染は，放射性物質を含有する土壌やコンクリを，空気噴射・水噴射で，その物質を移転させるか，含有している土壌，コンクリそのものを，別の場所に移動させる作業であり，土木事業そのものである。

図表2-9 ●除染後の放射性廃棄物

(出所) 福島大学近くの某所を筆者撮影。

　福島県をはじめ東北地方は，公共事業依存度が高く，その事業を受注する建設業の割合が高い地域の1つである。北海道地方とともに，都市・地域の経済規模がほぼ公共投資の配分額に沿っている地方ブロックであるが，小泉内閣の構造改革による地方圏の公共事業縮小という全国的な傾向，県知事の汚職事件による公共事業の一般入札導入や土木事業予算の削減という福島特有の要因もあり，2000年代は建設業が大幅に縮小していった過程でもあった。しかし，震災以後の福島県では，除染という土木事業を担う建設業の役割が再び増加している。

　第2の特徴は，福島県の産業構造においては，除染事業の拡大により再び主導産業となった建設業は，その産業連関において，域外（県外）とのつながりが多く発生していることである。除染事業そのものが，中央に本社を置くゼネコンが多く受注することに加え，復興需要による人手不足，産業廃棄物取扱の特殊性もあり，多くの人・資材を県外に依存している。

6 他の原発立地地域と比較して

　今回の原子力災害が，東海道・太平洋ベルト地帯，経済規模の大きな県庁所在都市の近くなど，人口密集地帯で起こっていたなら，巨額の被害額・賠償額の負担を担える主体はなくなり，「日本」の国民経済がパンクし，終わっていたという話をよく耳にする。浜岡，東海，島根原発のみならず，玄海，川内原発など原発の周辺人口が大規模な地域での事故を想定してのことであろう。
　しかし，福島第一原発の事故においても，福島県中通りを避難区域に含めていれば，その地域を金銭的に救済・賠償するだけの財政余力は国内ではどこにもないために，日本は終わっていた（いる）。今回の事故は，避難区域を，主に半径20km圏内とし，その後ろ盾となる，年間空間線量20mSv以上の区域のみを避難区域にするICRPの勧告を援用することによって，国民経済がパンクするのを防いでいる。福島県中通りという，人口・産業が低・中密度の地帯を避難させず除染に代替させることによって，かろうじて成り立っている[7]。この帰結は，地域経済の観点からみれば，除染集約型復興政策により，福島県に土木事業のバブルを生じさせている。
　福島県中通りから強制避難ができないのは，「国土が狭いから避難できない」「新幹線が止まると経済が回らなくなる」「住民が先祖代々の土地を守っている」「コミュニティの結束が強い」からでは決してないことは，本章で述べたとおりであるが，これらの言説が風評として流布することで，現状の「除染集約型復興政策」の構図をみえなくさせている。2015年（平成27年）度の福島県総合計画13の重点プロジェクトでは，

1　人口減少・高齢化対策プロジェクト
2　⑴環境回復プロジェクト
2　⑵生活再建支援プロジェクト
2　⑶県民の心身の健康を守るプロジェクト
2　⑷未来を担う子ども・若者育成プロジェクト

2 ⑸農林水産業再生プロジェクト
2 ⑹中小企業等復興プロジェクト
2 ⑺再生可能エネルギー推進
2 ⑻医療関連産業集積プロジェクト
2 ⑼ふくしま・きずなづくりプロジェクト
2 ⑽ふくしまの観光交流プロジェクト
2 ⑾津波被災地等復興まちづくりプロジェクト
2 ⑿県土連携軸・交流ネットワーク基盤強化プロジェクト

の中でも,最も予算規模が大きいのが除染を推進する「環境回復プロジェクト」であり,2,515億円が投入されている。この総合計画は,強制避難者・自主避難者の「帰還」を促す政策であり,「避難する区域,避難者数の拡大」は全く取り上げられていない。しかし,「帰還」を促す,すべての政策が実施され,「なぜ避難ではなく,除染なのか」の構図をみえなくさせる社会的装置の形成に役立っている。研究者さえも,この装置に取り込まれ,特に,除染・帰還を推進する分野に直結しやすい医学,農学,社会学において,この装置の理論的支柱となる研究者が多く出ている。

　福島第一原子力事故は,人口稠密地帯が稀薄で,地帯として人口密度が低い東北地方の太平洋沿岸で起こった。福島第一原子力発電所の半径20km圏人口は,泊原発,東通原発など圏内人口が10万人を割る地域に次いで,周辺人口が女川,大飯,伊方とともに少ない地域である。日本で最も人口密度が低い原発立地地域のうちの1つで起こった,福島第一原子力発電所の事故ですら,20km圏内に賠償を抑えようとしても,すでに6兆円の東電からの賠償金の発生が確定している。これに除染などの費用を加えると,6.5兆円を超える原子力災害への対策費用が発生している。

　この程度の額であれば,国民経済で負担できる額であるが,国内他地域の原発立地地域は,居住人口・事業所集積の規模や産業連関上の重要性において,福島第一原発よりも,はるかに大規模かつ高いケースが大半である。国内他地

域で，同様の原子力災害が発生した場合に，福島のケースと照らし合わせ，本当に国民経済で負担に耐えることのできる被害額・賠償額に収まるのか，一般・産・学・官・市民団体を問わず多方面から，より活発な議論がなされるべきであろう．

◀考えてみよう▶
① 本章の図表で出てくる地方ブロック別域際収支が，なぜ地方ブロックによって黒字・赤字になるのか，要因を考えてみてください．
② 日本とベラルーシで，原子力事故以降にとられた復興政策の相違点を述べてください．
③ 除染事業は，建設業の所得・雇用につながっている要因を考えてみてください．

● 注
1 強制避難区域に指定されていない区域から，避難している場合は，自己の意思による避難としてカテゴライズされ，「自主避難者」と呼ばれる．この数値の正確な捕捉は困難であるが，復興庁の発表によると，2016年12月9日時点で福島県からの自主避難者数は40,005人となっている．
2 これ以外にも一時的な避難として，保養所などがあるが，単純化のために，除染と避難のみを取り上げる．
3 あくまでも，受け取りの権利がある避難者数の推計値であり，実際に受け取っていない避難者もいるが，単純化のため本章では取り扱わない．
4 実際は，受取拒否や支払い手続きそのものをしていないなど，賠償の対象となりながらも，支払われていないケースもあるが，その実数についての捕捉は困難である．
5 賠償金の支払者は，東電であり，直接な財政支出ではないが，実際は原子力災害の事故処理費用として公的資金が大量に投入され，なおかつ，電力会社は公益事業であるために，源泉は国民負担である．また，避難や除染の対象区域も，首相官邸によって決定される．よって，ここでは，賠償金支払額を，政府予算の配分の1つとして仮定する．
6 福島県中通りを中心とした，年間空間線量が1mSv以上20mSv未満の地帯に居住する住民や，そこから自主避難した住民に対して，東京電力は，「自主避難者」への賠償という形で，申請があった場合は，原則1名8万円，追加的に4万円をそれぞれ1回に限り支払っている．また，妊婦，18歳未満の子供に関しては，1名40万円を，追加的に20万円を，それぞれ1回に限り支払っている．
7 この地域を高密度地帯としている記述も多々あるが，明らかな誤りである．福

島県の人口密度は全国平均の半分程度であり，福島県中通りという，中小規模の都市が立地するエリアでも，全国平均の人口密度にも満たない。交通をみても，東北本線は上下各1時間に1本，新幹線も1時間に上下各1時間に2～3本の運行であり，物流戦略上，ここで交通網が遮断されても，日本経済に与える影響は泊，東通を除く他の原発立地地点の半径80km圏の交通網と比べて微々たるものである。

● **参考文献**

環境省［2013］「除染関係ガイドライン（第2版）」。
星亮一・藤本典嗣・小山良太［2014］『フクシマ発　復興・復旧を考える県民の声と研究者の提言』批評社。
ベラルーシ共和国非常事態省チェルノブイリ原発事故被害対策局編　日本ベラルーシ友好協会監訳［2013］『チェルノブイリ原発事故　ベラルーシ政府報告書』産学社。
馬奈木俊介編著［2013］『災害の経済学』中央経済社。
Fujimoto N.［2015］, "Decontamination-oriented Reconstruction Policy in Fukushima Post 3.11: Real versus Administrative Boundaries," *Disaster Advances*, Vol. 8 (1), pp.53-58.
Voloshin V., Gukalova I. and Reshetnyk V.［1999］, "Geographic Aspects of the Socio Economic Consequences of the Chernobyl Catastrophe in Ukraine," *Proceedings of International Conference, Ten years after the Chernobyl catastrophe conference*, pp.189-97.

第3章
「福島問題」の東アジア地域への示唆
── 台湾の視点から

1　東日本大震災への関心

　東日本大震災は，日本統治時代から現在の若者を中心とした日本のサブカルチャー・ブームに至るまで日本に格別の親しみを抱いてきた台湾の人々にも大きな衝撃を与えた。周知のように，一般の人々のみならず台湾の中央政府，地方政府，主要政党，経済界，芸能界，宗教団体や慈善団体など台湾で広く関心を集め，支援と義援金の提供が盛んに行われたのである。最終的に台湾の政府筋や民間から集まった義援金の総額は200億円を上回る金額に達した。金銭的な支援のみならず，台湾から救援隊も派遣された。台湾政府からの派遣に加えて慈済基金会（仏教系の宗教団体）や青年ボランティア団体が被災地で救援活動にあたるなどその迅速な救援活動は日本の被災地の人々にとって大きな力となった。台湾でも高い人気を誇るソーシャル・ネットワーク，「フェイスブック」のニュースフィードにも日本を支援する人々のメッセージが多数寄せられた。

　台湾の地方政府の中でも古都，台南市政府は意欲的に福島県への支援を行っており，姉妹都市である仙台市に支援活動を行っている。また，台南を代表する企業グループ，奇美実業（ABS樹脂製造大手，傘下に世界有数の規模を誇る液晶パネルメーカーを持つ）も仙台市の被災地の復興支援を行ってきた。このほか，被災地の若者たちを励ますという意味をこめて，台南市政府や民間企業が協力して，日本の若者を台南市に招いて無料の短期ステイ（滞在）や中高

年対象のロングステイなどの機会を提供している。

　特筆すべきことは，このような台湾の福島県に対する支援活動は短期的な計画ではなく，長期的な視野に立って運営されている点だ。奇美グループ，財団法人樹谷文化基金会，台南市政府の共催による「仙台に愛を―仙台の学生さん，いらっしゃい」という支援プログラムは，2012年8月から2014年まで3年連続で実施され，仙台の高校生約300人を対象に台湾の歴史や文化に触れる機会を提供している。樹谷文化基金会の資金的支援を受けて，同プログラムの台南市青少年訪問団は航空費，滞在費免除で台南市を訪問，現地の青少年との交流，施設見学，伝統文化などを体験できる。毎回およそ1週間の滞在で，台南の素朴な農村地帯，繁華街のナイトマーケット，屏東地区の先住民部落等，台湾南部の生活に接することで，被災地の高校生が国際感覚を養えるようなプログラムとなっている。

　最近では，高雄福島南台湾日本東北友好会の設立計画や，南東北の老舗旅館，吉川屋が2013年夏，台湾南部で福島観光の魅力をアピールするなど，政府関係者や民間企業，一般市民による被災地復興支援の台湾各地への波及や，福島県から台湾へのアプローチも活発化している。このように，歴史的な背景から親日の傾向が強い台湾では，政府機関，民間企業，そして一般の市民に至るまで，東日本大震災後の復興活動に多大な関心を寄せ，金銭や物資の援助にとどまらず，被災地の人々へのメンタルな部分での長期的なサポートなど，そのきめ細やかな対応は他に類を見ない。本章では，まず福島問題が台湾を含めた東アジア経済圏に与えた影響について検討し，津波によって爆発事故を起こした福島第一原子力発電所をめぐる台湾政府や民間の対応を中心に分析し，台湾の反核運動や市民社会に与えた影響を考察する。最後に，東アジア社会における日本と台湾の連携関係が果たす役割を「『東アジア核エネルギー』への共同参画」というグローバルなコンセプトから捉え直し，今後の福島県の発展と台湾との協力関係のあり方について考察する。

2 「福島問題」が東アジア経済圏に与えた影響

　台湾の政府系シンクタンク，中華経済研究院は2011年4月28日，「東日本大震災と福島第一原子力発電所事故が東アジアの政治・経済に与える影響と台湾の対応」と題したシンポジウムを開催した（張・呉［2011］）。パネリストの林建山氏（民間のシンクタンク，財団法人環球経済社社長）も指摘するように，日本は欧米のほか，台湾や韓国，中国など東アジアのハイテク産業にキーパーツや原材料を供給しているため，東日本大震災による日本企業の供給量の減少が台湾の産業に与えるマイナスの影響が懸念された。日本国内では家電製品等の競争力が失われ，韓国，台湾および中国の同事業分野における急速な成長がやや誇張気味に語られているが，これらの東アジアで生産される家電製品のバッテリーや液晶パネルの製造に欠かせない特殊化学品，スマートフォンの製造に使われるICチップ等のキーパーツはいずれも日本製品の独壇場となっている。パネリストの蔡増家氏（国立政治大学国際関係研究センター所長）も指摘するように，東日本大震災が発生するまで，世界各国で大災害が発生した場合，そのマイナスの影響は国内にとどまる場合が多く，近隣諸国に与える影響は限定的だった。しかし，日本の場合，東アジア経済圏のサプライチェーンにおける川上部門のキーパーツや電子素材等を供給するという極めて重要な役割を担っている。また，日本企業は台湾，韓国，中国のエレクトロニクス産業にキーテクノロジーを移転してきた歴史があり，日本の東北地方には半導体メモリー，液晶パネル，自動車パーツ，太陽エネルギー関連製品の産業集積地が形成されている。東日本大震災の発生で，こうしたエレクトロニクス産業のグローバル・サプライチェーンが切断され，東アジア地域の産業に多大な影響を与えたことは想像に難くない。

　林氏は震災の影響で日本製品の供給不足が顕在化したことによって，これらの製品を代替的に供給できる新しいサプライヤーとして台湾の関連業者が注目されたり，日本企業のグローバル拠点（生産拠点としての役割）が震災等の危

機的状況を緩和するべく近隣地域の台湾や香港，シンガポールに設立される可能性を指摘している。日本政府は震災時のリスクヘッジとして台湾を含めたアジア地域に日本国内と同水準の生産拠点を構築し，日本国内で大規模な災害が発生し，サプライチェーンが切断された場合，海外の生産拠点で受注し製品を供給できるような危機管理システムを立ち上げる構想を検討している。台湾側の展望としては，このような日本の海外の生産拠点として台湾が機能し，日本と二人三脚でエレクトロニクス製品のキーパーツや素材，製造装置等を供給できるような協力体制を固めることである。

また，蔡氏は，東日本大震災の発生で日本と韓国および中国政府との政治的な緊張関係が一時的にせよ緩和された点を指摘している。日本と韓国および中国政府の間で核エネルギーの安全と東北アジア経済圏の連携関係を再構築するための話し合いが持たれたほか，中国政府は，それまで一貫して日本や韓国との経済提携関係の構築に消極的な姿勢を示していたが，震災後は自由貿易協定の提携にも意欲をみせている。震災後，韓国は実質的に日本のサプライチェーンの代替役として輸出額を大きく伸ばし，2011年の3月および4月の輸出貿易額は前年同期の水準をおよそ20％上回った。このように東日本大震災を通して，東アジア諸国は経済面においても日本と運命共同体であり，政治的な対立を乗り越えて協力体制を構築していくことを再認識したと言える。

一方，東日本大震災が東アジア経済圏に与えたもう1つの大きな衝撃は，食料供給の問題である。日本は東アジアにおいてエレクトロニクス製品のキーパーツ，原材料を台湾，韓国，中国へと供給したり，技術を移転するという役割を担っているが，日本で生産された食品もまたこれらの国々で消費されている。とりわけ台湾では，消費者の日本製品への信頼度が高く，日本の食品や食材なら安心という意識が定着していた。しかし，震災後，状況は一変した。津波の影響で，福島第一原子力発電所が爆発事故を起こし，放射能汚染の懸念を報じるニュースが台湾にもすぐに伝達されたためだ。

NGO組織の財団法人主婦聯盟環境保護基金会（以下，基金会という）台中支部は，2013年7月，震災後，放射能汚染を恐れて福島県から台湾の台中市に

移住した上前昌子氏を招いて，食品の放射能汚染被害についてセミナーを開催した。京都府出身の上前氏は夫の仕事の関係で福島県郡山市に転居，2011年3月11日の震災，原発事故の後，子供たちを連れて埼玉県に避難したが，その1年後に子供たちと共に台湾に移住した。

　上前氏は日本のマスコミが盛んに喧伝する「風評被害」という考え方に警鐘を鳴らす。風評被害という考え方を普及させることで，被災地住民や日本国民がいたずらにパニックに陥る危険性を回避できる。しかし，その一方で，放射能汚染の「実害」という問題を隠蔽しかねないからだ（上前［2013］）。上前氏によれば，台湾と日本では放射能汚染の食品基準値が異なる。台湾の基準値は日本より低いため，基準値の規制により日本国内で販売できない汚染地区の食品を台湾に輸出する可能性があるという。日常的にこれらの食品を摂取すると，放射能汚染物質が体外に排出されるよりも摂取する量が上回るため，汚染物質が体内に蓄積される。視力の低下，のどの痛み，発声が困難になる，頭痛，貧血，風邪や外傷が治癒しにくいなどの体調不良が現れる場合がある。上前氏は台湾で開催されたセミナーで，被災地の友人たちが肺に疾患を訴えたり，胃腸の具合が悪く下痢や軟便が続く，髪の毛が抜けるなどの症状を訴えているケース等，放射能汚染物質の摂取が身体に与える影響について実例をあげて説明した。

　台湾政府は福島を含む被災地周辺の県からの食品の輸入を禁止しているが，台湾の放射能汚染の食品基準値が日本より低いことから上前氏は，台湾の国民が政府に対して基準値の引き上げを働きかけることで台湾の食の安全を守るべきだと語った。日本を愛してくれる台湾の消費者が放射能に汚染された日本の食品を購入することが福島県の復興に結びつくわけではない，放射能に汚染された食品の輸入に規制をかけることが，真の意味での復興支援につながる，と。食品の生産者と消費者の双方が福島第一原子力発電所事故の被害者である点を政府に再認識させることによって，福島県の復興が実現すると上前氏は語る。台湾の人々は日本の制度について過度の信頼を寄せており，すべてにおいて日本は優れていると考えているが，今回の原発事故は台湾の人々に大きなショッ

クや日本に対する失望を与えた結果となり，大変申し訳ないと上前氏は台湾の人々の善意と日本に対する信頼への感謝と共に謝罪の気持ちを述べている。また，台湾の人々が日本に観光する場合，日本茶，乾燥シイタケ，日本近海で獲れたサンマやカツオ等の魚類は汚染が懸念されるので口にしないほうが懸命だとアドバイスした（主婦聯盟環境保護基金會台中分會［2013］）。

　2014年5月1日，台湾政府衛生福利部（日本の厚生労働省に相当）は，同月末から実施する「日台交流提携プラン」の概要を発表した。日本から台湾に輸入される食品で放射能汚染が懸念されるもの，例えば，生鮮および冷蔵水産品，乳製品，ベビーフード，茶類，肉・肉加工品等について日本政府に対し安全検査報告書の添付を義務づける内容となっている。一方，基金会は2012年以降，台湾政府に対して以下のような日本食品輸入に関するガイドラインの強化を求めている（主婦聯盟環境保護基金會台中分會［2014］）。すなわち，日本製品を輸入する場合の放射能汚染基準の厳格化である。基金会の調べによれば，中国政府は日本の10県市，米国政府は14県市，韓国政府は13県市で生産される食品について輸入を規制している。しかし，台湾政府は日本のわずか5県市で生産される食品にしか規制をかけていない。基金会は上前氏のアドバイスを参考に規制の強化，食品安全検査内容や結果の情報開示を台湾政府に呼びかけている。台湾と同様，日本の5県市で生産される食品にのみ輸入規制をかけている香港政府は2014年5月8日の時点で累計19万項目の日本で生産された食品のサンプリング検査を実施し，2011年4月1日以降，毎日，ネットで検査結果を公表している。このようなきめ細やかな情報開示が台湾政府にも求められている。このほか，1986年に制定された食品の放射能汚染基準値を見直し，食料自給率や台湾国民の食生活の変化等を考慮に入れた上で新しい基準値を策定する必要があるとしている。

3　「福島問題」が台湾の反原発運動に与えた影響

　台湾や日本の識者の見解からも容易に理解できるように，東アジア社会は日

本を中核として経済や産業の発展において緊密な結びつきがあり，日本と台湾，韓国，中国等の近隣諸国は災害等の非常時に備えて，政治的な緊張関係を乗り越えて協力体制を構築しなければならない状態となっている。エネルギー問題やその安全性を検討する場合にも，東アジア社会は地理的な近さから相互に連携する必要がある。

　2011年11月26日，NGO組織で台北市内に本部を置く台湾環境保護聯盟は「福島県の放射能被害が台湾に与えた影響」と題するセミナーを開催した。同年8月初旬に東京で開催された「ノーニュークス・アジア・フォーラム」に出席した国立台湾大学大気科学系（学部）の徐光蓉教授，台北医学大学公共衛生学系の張武修教授，国立台湾大学資工系（コンピュータサイエンス学科）の高成炎教授，台湾公視テレビの記者，張岱屏氏らがパネリストとして招かれ，福島県の放射能汚染が日本の国内，そして台湾等近隣諸国に与えた影響について意見を交換した（台湾環境保護聯盟 2011年12月13日）。

　台湾公視テレビの記者の張氏は台湾国内の被災地を数多く取材した経験がある。しかし，いずれも自然災害で，東日本大震災のケースとは異なる。そのため，福島県の取材に入るときはこれまで感じたことのなかった強いプレッシャーと恐怖を感じたという。放射能は無色で匂いもなく，人体に取り込まれたとしてもそれがどのような影響を及ぼすのか全く予想ができない。張氏は不安な気持ちを抱えたまま福島県の被災地に足を踏み入れた。震災直後は被災地に残された人々も多く，張氏が取材したある女性は，取材の最中は落ち着いた様子だったが，取材が終わって張氏がその場を離れようとすると，そっと「助けて」とつぶやいたという。被災地の状況は台湾のメディアを通じて伝えられ，多くの台湾の人々が日本人の受けたダメージを気遣い，胸を痛めた。

　日本の被災地の様子が台湾に伝えられると，台湾政府は日本の放射能汚染が台湾にも流出している事実を隠蔽しようとした。セミナーの司会を務めた台湾大学の徐教授によれば，福島第一原子力発電所で爆発事故が発生してからまもなく，台湾の研究者らが放射性の粉じんが台湾に飛散してきている事実を明らかにした。一方，台湾政府の行政院原子能委員会（原子力委員会）は2011年3

月13日の時点で福島の放射性粉じんが台湾に飛散する可能性は全くないと発表した。当時，原子能委員会の副主任委員であった謝得志氏は福島の放射能漏れは危険視する程度のものではないと発言していた。同年4月10日，原子能委員会は，福島の被災地から放射能漏れがあったとしても，14日までは台湾に直接の影響を及ぼさないと発表内容を修正した。しかし，上述のように中央研究院（台湾を代表する国立研究機関）地球科学研究所の観測結果によれば，3月20日の時点で台湾国内では放射性ヨウ素131およびセシウム137が検出されていたのである。

　台北医学大学の張武修教授によれば，福島第一原子力発電所の事故では，放射能汚染が半径60キロメートルを超える地点まで拡散していたが，日本の原子力安全委員会の防災指針は，避難区域を発電所からわずか半径20キロメートル離れた地点までとしていた。米国では避難区域を発電所から半径80メートル離れた地点と定めているが，台湾の場合は日本の基準をはるかに下回る半径8キロメートル以内と定めており，台湾政府の危機管理意識の甘さが指摘された。

　台湾はアジアで日本に次いで2番目に原子力発電所の建設を具体化させた国で，国営の台湾電力公司が台湾北部と南部に第一原子力発電所（所在地：新北市石門区），第二原子力発電所（所在地：新北市万里区），第三原子力発電所（所在地：屏東県恆春鎮）を稼働させている。第四原子力発電所の建設計画は福島の事故を背景に国内の反対運動の盛り上がりから計画が棚上げされた。馬英九総統（当時）は計画続行を主張しているが，国民党内部でも建設計画に反対する声が主流となりつつあり，台湾環境保護聯盟を中心とするNGO組織も国民投票で国民の意思を問うべきだと政府側に強く求めている（竹内［2013］）。

　台湾国内で第四原子力発電所の建設に反対する声が大きくなるなか，事態を重くみた張教授は，自身が主催するNGO組織，台湾輻射安全促進会（台湾放射能安全促進会）を通じて2011年8月以降，第一原子力発電所，第二原子力発電所，第三原子力発電所周辺の金門，石門，万里，貢寮および新北市，台北市在住の16歳以上の人々を対象にアンケートを実施し，1,463件の調査結果を回収した。大半の人々が原子力発電所の運営が人体に悪影響を及ぼすとし，でき

れば発電所周辺に居住したくないと回答したほか，原子力発電所の使用を期限つきで停止し，代替エネルギーへの移行を進めるべきであると答えている。さらに第四原子力発電所の建設についてもアンケート回答者のほとんどが反対意見を示した。

　福島第一原子力発電所の事故が台湾のエネルギー政策や市民運動に与えた影響は大きく，国立台湾大学社会学系（学部）の教授で，同大学リスク社会および政策研究センターの研究員として活躍している何明修［2014］氏によれば，従来の台湾国内の反原発運動は与党・国民党と野党・民進党の政治的闘争に利用されてきたという一面があった。しかし，福島問題をきっかけに台湾の原子力エネルギー問題は，このような政治的な対立関係から一般の人々を巻き込む形で大規模な市民運動へと変化を遂げたという。台湾で最初の反原発運動が実施されたのは，民主化の勢いで政党の結成が合法化された1989年当時にさかのぼる。現在の野党・民進党が2000年に政権を掌握するまで反原発運動の主役は民進党関係者であった。1990年代は反原発運動が民進党の政治活動と一体化しており，一般の市民も「反原発運動イコール民進党」といった目で見ていたという。しかし，民進党が政権を担った2000年から2008年までは与党としての政党運営上の方針転換から第四原子力発電所の建設を支持する傾向が強まり，民進党が野党時代に発揮していた社会運動の闘士というラジカルな印象が徐々に薄れていった。その結果，震災以降の反原発運動は政党のカラーが失われ，市井の人々が主役となり大規模な市民運動へと大きく変化したのである。

　原発事故が起こった直後の3月20日，台湾の反核市民グループは，約10年続いた沈黙を破り大規模なデモを実施した。そして2013年3月9日，前例を見ない規模の反核デモが台湾国内で実施され，約20万人の市民が参加した。台北地区のみならず，高雄，台中，台東と全国各地からデモに参加する人々が殺到し，デモ終了後に実施されたアンケート調査では，第四原子力発電所建設計画に反対する意見が全体の58〜69％を占め，賛成する回答者は全体の4分の1（18〜25％）にとどまった。2014年3月8日に実施された反核デモは悪天候に見舞われたが，それでも全国から約8万人が参加した。何教授の分析によれば，最近

3年間の反原発運動の最大の特徴は「脱政党化」であり，特に原発事故の後は，大規模な「市民運動」として政党の枠を超えて一般市民の支持者を集めた点である。その主な原因は，①民進党が反原発運動のリーダーとしての役割から距離を置くようになったこと，②以前にも増して多くの一般市民が反原発運動に参加するようになったことだと何教授は指摘している（何［2014］）。「福島問題」を直接のきっかけに，台湾の反核運動は一部の政治家や急進的な市民活動家だけでなく，広く一般化して市井の人々が日常的に反核問題に関心を抱き，ネットで関連の情報を集めたり，デモに参加するようになったのである。

4　「東アジア核エネルギー」と共同参画

　原発事故は，台湾の人々の日本に対する「高い技術力，信頼できる技術力」といったプラスイメージを崩し，大きな衝撃を与えた。そして，台湾の人々が核エネルギー政策に対して関心を持ち，自ら情報を収集しデモに参加するなど市民運動の発展を促した。政党や環境保護団体，学術界，市民団体が核エネルギー問題に強い関心を抱くようになり，東アジア全体で原発の問題を考えるべきだという考え方が主流となってきた。

　台湾の学術界，特に社会学では「科学技術と社会（Science, Technology and Society：STS）」の観点から「福島問題」をどう考えるかについて議論が活発に行われた。ここでは台湾の代表的なSTS研究者，傅大為氏（国立陽明大学STS大学院教授，同大学人文社会学院院長）の「福島問題」に対する考え方を紹介する（傅［2011］）。傅教授は，日本の原子力発電所建設は東アジアの地域性というコンテキストからとらえるべきだと訴えている。

　傅教授の分析によれば，戦後間もなく日本国民の7割以上が反核の立場をとっていた。しかし，その後，冷戦体制の影響で，米国が核の平和利用というイデオロギーを喧伝したため，反核あるいは原子力は悪であるという立場をとる国民は全体の3割程度に減少した。1957年，日本政府は原子力発電所の建設に乗り出し，地震大国にもかかわらず，1970年代までに原子力大国に急成長を

遂げるのである。日本政府は東日本大震災による津波の影響で発生した福島第一原子力発電所の爆発事故を「想定外」だったと表現したが，このことからも日本政府が東アジアという地域性を考慮せずに原発を建設していった状況がみてとれる。

　地震大国であり，津波の発生が予想される地域性を考慮できなかった，あるいは無視した背景には米国からの政治的圧力が考えられると傅教授は指摘する。原発事故発生後，台湾では日本から流れてくる放射能の影響で漁獲や野菜，果物の栽培，空気や水が汚染されるといった問題に恐怖を覚え，日本の失態を厳しく批判する人々も少なくなかった。台湾の場合，中国政府との政治的対立から国連に加盟することが難しく，国連加盟国で共有できる原発事故の情報を迅速に入手できない。また，同様の理由から台湾政府はCTBTO（包括的核実験禁止条約機関）の情報も利用できないのである。こうした台湾の置かれた国際政治上の特殊な立場から日本で原発事故が発生した場合，隣国にもかかわらず正確な情報を入手することが難しく，国民の恐怖が増幅される。台湾もまた日本と同様，地震が多く，また津波が発生しやすい地域である。傅教授によれば，このような地域性を考慮する考え方が「東アジア核エネルギー」のコンセプトである。欧米の原子力発電所問題といえば，核廃棄物処理，核原料の輸送などが中心だが，東アジア地域では地震と津波という問題を第一義に考える必要があるためだ。

　傅教授も指摘するように，アジアで原発問題を考える場合，欧米諸国との地域性の相違を考慮しなければ，まったく的外れな議論になりかねない。例えばフランスでは電力の80％以上を原子力発電所に依存しているが，だからといって台湾で原発を増やす根拠にはならない。なぜなら，フランスの原発はそのほとんどが内陸部に位置し，しかも地震が少ない地域だからだ。また，東アジア諸国では，たとえ優れた科学技術を開発し，核エネルギーをコントロールできると自負したとしても，大地震と津波の脅威までコントロールすることは至難の業である。しかも，日本や台湾などで原発事故が発生した場合，東アジア全域に汚染が拡散する。そこで，東アジア全体として，各国が核エネルギーの方

向性や利用方法について検討する必要がある。この考え方が傅教授が提唱する「『東アジア核エネルギー』と共同参画」である。前出の上前氏も日本が世界で唯一，原子爆弾の被害を受けているにもかかわらず，放射能汚染についてきちんと問題を整理してこなかった点を指摘している（上前［2013］）。東アジアという地震や津波など自然災害が頻発する地域性を考慮し，原子力エネルギー政策やそのリスク，事故が起きてしまった場合の住民の安全を守るためのリスクマネジメント，風力発電など再生可能エネルギーの開発を推進する，再生可能エネルギーのシステムを既存の電力網に取り込むことを可能にし，さらに電力を効率的に供給できる最先端の電力網「スマートグリッド」を導入するなどの地道な努力が重要である。

5 むすび

第1節で述べたように，日本は電子製品や食品のサプライチェーンにおいて東アジア社会をリードする重要な役割を担っている。日本国内で発生した大災害が工場施設にダメージを与えた場合，このような東アジア全域をカバーするサプライチェーンを切断するため，台湾，中国，韓国等東アジアの国々の産業や経済発展，生活面に多大な影響を及ぼす。また第2節で概観したように，日本で発生した福島第一原子力発電所爆発事故は，台湾の反原発運動が政党間の争いに利用される存在から脱却し，一般の市民の関心を広く集めることによって，成熟した市民社会の発展や台湾の民主化を後押しする成果をもたらした。第3節では，地震大国であり津波などの自然災害が頻発する東アジア諸国の地理的な条件を考慮した上での「『東アジア核エネルギー』と共同参画」という考え方が重要であるという台湾の研究者の提案を詳述した。このように，原発や再生可能エネルギー等のエネルギー政策は単に一国だけの問題ではなく，東アジア全体で協力して検討すべき課題となっている。

最近では，都市部を中心に地域社会やコミュニティが崩壊したと言われて久しい。一方，米国の社会学者，ロバート・パットナム（Putnam［2001］）や

ジェームズ・コールマン（Coleman［1988］）の分析によれば，人と人との間に生まれる関係性が深まり，拡大することによって互いに信頼できるような社会が創出され，コミュニティが形成される。コミュニティの中で人々が相互に信頼し合うことによって安心して生活することができ，大災害の発生やトラブルに遭遇しても人々が助け合って危機を乗り越えることができる。このような豊かなソーシャル・キャピタル（社会関係資本）が形成されることによって，さまざまなリスクを回避したり，解決することが可能だ（梶井［2014］）。東日本大震災においても，それまでコミュニティとは無縁に生きていた被災地の人々が個人では解決できない問題に遭遇し，誰かと助け合う「共助」の必要性を痛感したという（庄司［2014］，289頁）。今後はコミュニティがカバーする範囲を日本や台湾など一国にとどめるのではなく東アジア全体に拡大させ，東アジア社会全体で連携し，国を超えたコミュニティの形成を通じてエネルギー政策を検討し，リスクマネジメントを含めた相互扶助システムを構築する必要があるだろう。

◀考えてみよう▶

①日本のどのような製造業が台湾にも生産拠点を持っているだろうか。調べてみよう。

②福島第一原子力発電所爆発事故は台湾の市民社会の発展にどのような影響を与えたのであろうか？　反核運動など市民運動の視点から日台関係について考えてみよう。

③日本や台湾など東アジア諸国の多くは地震大国で津波などの自然災害が発生しやすい地域である。共通した地理的条件を考慮した「『東アジア核エネルギー』と共同参画」構想は東アジアの今後の発展と協調にどのような影響をもたらすであろうか？

●参考文献

〈日本語〉
上前昌子「福島第一原発爆発から台湾へ避難して」（『Eaphet Newsletter No.15』2013年7月1日）
　http://web.thu.edu.tw/mike/www/eaphet%20nl/15N/15N-uemae.html

公益財団法人仙台国際交流協会ホームページ
　http://www.sira.or.jp/japanese/blog/archives/2013/11/post-387.html
竹内孝之［2013］「台湾：第4原発に関する国民投票は実施されるのか？」『日本貿易振興機構（ジェトロ）アジア経済研究所海外研究員レポート』2013年4月。
　http://www.ide.go.jp/Japanese/Publish/Download/Overseas_report/1304_takeuchi.html
庄司知恵子［2014］「災害とコミュニティ」櫻井義秀・飯田俊郎・西浦功編著『アンビシャス 社会学』北海道大学出版会，275-292頁。
梶井祥子［2014］「地域社会とソーシャル・キャピタル―ソーシャル・キャピタルは地域社会をどのように支えているか」櫻井義秀・飯田俊郎・西浦功編著『アンビシャス 社会学』北海道大学出版会，235-256頁。

〈中国語〉
傅大為［2011］「大海嘯，福島核災，與東亞的科技與社會」『科技，醫療與社會』第13期，9-14頁。
「coolanews府城報」2012年8月8日。
　http://mypaper.pchome.com.tw/coolanews/post/1323134937
公視テレビ公式ホームページ
　http://www.pts.org.tw/
何明修［2014］『邁向「公民運動」：福島事件後的台灣反核運動』。
　http://rsprc.ntu.edu.tw/zh-TW/17-articles-category/environmental-justice/76-towards-a-citizens-movement
台灣環境保護聯盟『講座―日本福島核災對台灣的啟示』。
　http://www.tepu.org.tw/?p=5155
張君瑋・呉泰毅［2011］『日本地震與核災對東亞（東協）政經勢之影響與我國之因應 座談會 講者發言紀要』。
　http://www.aseancenter.org.tw/upload/files/OUTLOOK_003_05.pdf
主婦聯盟環境保護基金會台中分會『為什麼輻射食物如此危險？』2013年8月4日。
　http://www.huf.org.tw/essay/content/1947
主婦聯盟環境保護基金會台中分會『本會針對衛福部落實強化日本輸臺食品源頭管理新聞稿之聲明』2014年5月9日。
　http://www.huf.org.tw/essay/content/2392

〈英語〉
Coleman, S. James［1988］"Social Capital in the Creation of Human Capital," *The American Journal of Sociology*, 94, pp. S95-S120.
Putnam, D. Robert,［2000］*Bowling Alone: The Collapse and Revival of American Community*, New York; Simon & Schuster.

第2部

国際比較

第4章
大規模災害に対応する交通政策
―地域公共交通の運用

1 はじめに

　大規模災害に対応する交通政策は，平時（pre-disaster phase），災害時（during disaster），復興時（post-disaster phase）の異なるフェーズに応じて進める必要がある。なかでも，災害時の地域公共交通（地方鉄道や乗合バスなど）は，避難などの緊急対応のほか，平時とは異なる被災者や支援者のニーズをカバーする応急対応，サービスやネットワークを回復する復旧対応が必要であり，いずれも，市民の暮らしを守り，被災地の復興を進める上で欠かせない役割を担っている。しかし，東日本大震災・東京電力福島第一原子力発電所事故（以下，原発事故）の被災地では，公共交通事業者自体が甚大な被害を受け，限られたリソースの中で，災害時の対応にあたらなければならなかった。

　一方，災害時の交通政策を円滑に進めるためには，平時の「備え」が不可欠である。わが国では，災害対策基本法に基づき，各地方公共団体が地域防災計画の策定を義務づけられているが，東日本大震災・原発事故被災地の公共交通は，どのように対応したのだろうか。また，海外では，大規模災害時における公共交通の運用をどのように計画しているのだろうか。

　本章では，米国の災害時における交通政策と公共交通の運用に関する特徴を整理した上で，東日本大震災や原発事故による被害を受けた日本の事例との比較を試み，大規模災害時における地域公共交通の対応に求められる視点を明らかにする。

2　ハリケーン・カトリーナの経験と災害時に対応した米国の交通政策

　2005年8月末に米国南東部を襲ったハリケーン・カトリーナ（Hurricane Katrina）は，ルイジアナ州最大のニューオーリンズ市で陸上面積の8割を浸水させ，インフラの被害や火災のほか，何千人もの市民が数日間にわたって孤立を余儀なくされるなど，甚大な被害をもたらした。米国において，災害時に対応した交通政策の必要性が広く認識されるようになったのは，このカトリーナによる被害がきっかけになったと考えられている（National Cooperative Highway Research Program［2013］）。特に，移動困難者（transportation disadvantaged）のほか，災害時に「影響を受けやすい人々」（vulnerable populations）に対応した公共交通の運用を地域公共交通計画の中で示すことが求められるようになった。

　Litman［2006］は，カトリーナによる被害は，「計画や運用上の重大な失敗が原因で災害になった」と述べた上で，交通面での課題を以下のように指摘している（主な点を筆者抜粋）。

- 自家用車を運転しない人に対する効果的な避難計画の欠如
- 被害リスクが最も高い地域に住み，特別なニーズのある人々を最優先に避難させるといった優先順位の欠如
- 避難のために公共交通を必要とする市民が無料で利用できる，もしくは運賃の補助がなかった
- 道路交通におけるバスや相乗り乗用車（High-Occupancy Vehicles），作業車両の優先策がなかった
- 近距離バスやスクールバスを活用した「避難実施計画」を実行できなかった
- 避難するための自動車交通が集中する道路で，反対車線と路肩が使用でき

たケースであっても，使用しなかった
- 避難道路において車両のレンタルやガソリンの配分を調整できなかった
- 避難のために公共交通やスクールバス，貸切バスや鉄道を使用しなかった

ハリケーン前の予測では，主要な自動車専用道路のすべての車線を市街地から避難する交通に充てることで，自家用車による避難が有効に機能すると考えられていた。実際，2000年に策定された「ルイジアナ州南東部ハリケーン避難計画（The Southeast Louisiana Hurricane Evacuation and Sheltering Plan）」でも，ハリケーン避難の主な手段は自家用車など個人所有の車両であると述べられている（Litman [2006]）。その結果，カトリーナの避難では，渋滞が発生し，時間を要したほか，燃料がなくなったり，車両故障が発生したりするなどの事態が発生したが，自家用車を利用できた人々は，市街地外のホテルや知人の住居などに避難できた（Randal O'Toole [2005]）。しかし，カトリーナの避難で最も問題にされたのは，自家用車を利用できない市民の避難であった。「ルイジアナ州南東部ハリケーン避難計画」では，スクールバスや地方自治体のバス，政府が所有する車両は，避難の援助が必要な個人のために使用できると記されていたが，うまく機能しなかった。ニューオーリンズ市では，市内の10カ所から避難所へ輸送するバスを用意したが，広域避難所（スーパードーム，ニューオーリンズ・コンベンションセンター）は，水や食料，医療や安全が十分に担保されなかったため，感染症や犯罪の発生などが問題になった（Litman [2006]）。また，都市圏の公共交通を運営するニューオーリンズ地方交通局（RTA）はハリケーンの「避難実施計画」を策定しており，乗務員は，人々や車両を守るため，家族や公共交通で避難しなければならない市民を乗せて車両を避難させることが求められていたが，ほとんど実行されず，浸水したスクールバスの車庫もあった。さらに，公共交通機関を利用して避難しなければならない市民のなかには，低所得者（約26,000世帯（Randal O'Toole [2005]））が多く含まれていたが，避難の際にも，通常の運賃を支払うことが求められたため，避難すること自体がためらわれた（Litman [2006]）。このように，甚大な被害を受けたニューオーリンズの市街地には，自家用車を利用できず，災害

時に「影響を受けやすい人々」(vulnerable populations) が取り残される結果になったのである。

　こうしたなか，米国内では，さまざまな政府機関が公共交通計画の現状を調査した。米国内の州，準州，75の主要都市圏を対象にした米国運輸省（DOT：Department of Transportation）と米国国土安全保障省（DHS：Department of Homeland Security）の合同調査（2006年）では，自立やコミュニケーション，交通や医療といった生活を営む上での機能のうち1つ以上の支援を必要とする人々の避難計画については，カトリーナのような大規模災害を対象として策定されたケースは，ほとんどなかったと結論づけている（National Cooperative Highway Research Program（以下，NCHRPという）［2013］；TRB［2011］)。この調査では，州法で定められている，入院患者や介護施設の入居者などの避難計画とは切り離されている点が特徴であり，災害時に「影響を受けやすい人々」(vulnerable populations) をより広く捉えようとしていることが読み取れる。

　米国運輸省（DOT：Department of Transportation）の一部局である連邦公共交通局（FTA：Federal Transit Administration）は，2006年に「公共交通機関における災害対応と復旧（Disaster Response and Recovery Resource for Transit Agencies）」というレポートをとりまとめ，公共交通に関する災害対応や復旧のベストプラクティスや事前の準備について記載するとともに，災害時に「影響を受けやすい人々」(vulnerable populations) について，経済状況，居住地，健康，年齢，個人的特性，身体機能や発達状態，効果的なコミュニケーション能力，慢性疾患や障害が再発した人々と位置づけた（TRB［2011］)。これを受け，現在では，災害時に「影響を受けやすい人々」(vulnerable populations) に対して，復旧期までのあらゆる場面でニーズに応えることが連邦法において要求されている。しかし，米国会計検査院（GAO：Government Accountability Office）の報告（2006年）では，州政府や地方自治体が，多様かつ常に変化する移動困難者のニーズをどう把握するかが課題であることに加え，一部の交通機関がこうした責任を避け，災害時に「影響を受

けやすい人々」(vulnerable populations) の緊急対応に適切に対処できていないケースがあることを指摘した (NCHRP [2013])。

　一方，2006年にFTAが取りまとめたレポートは，2013年に「緊急時と災害時における公共交通機関の対応と復旧 (Response and Recovery for Declared Emergencies and Disasters; A Resource Document for Transit Agencies)」として改定され，災害や事故のほか，テロ行為にも対象が拡げられた。また，生活を営む上での機能の支援を必要とする人々の多くが公共交通を利用し，避難にも時間を要することから，公共交通機関は，連邦，州，地方の緊急事態管理センターと連携して事前 (平時)，災害時，復旧時の各フェーズにおいて，車両や乗務員を確保することが要求されており，同レポートは，関係主体や各種事業制度との連携について具体的に記述している (FTA [2013])。

　このように，災害時に対応した米国の交通政策は，災害時に「影響を受けやすい人々」(vulnerable populations) に主眼を置き，想定される緊急対応や災害対応の場面を増やしながら (例えば，テロ行為)，平時，災害時，復旧期の各フェーズで切れ間ない支援を目指そうとしていることが読み取れる。日本では避難行動要支援者が類似した対象に位置づけられているが，米国の場合は，経済状況や英語でのコミュニケーションが困難な人々，さらには，介助犬や盲導犬などに限らず，ペット[1]を連れた人々まで対象に拡げており，障害者や要介護者を中心とした日本よりも広範である。一方で，こうした施策の契機となったハリケーン・カトリーナは，事前に来襲が予測できる災害であったが，これから述べる東日本大震災による津波被害は，地震の発生から来襲までの時間差がほとんどなかった可能性があり，すべての大規模地震を予測することは困難であった。そのため，地震被害の多い日本の災害時における交通対応は，平時 (事前) からの「備え」が一層重要になる。

3　東日本大震災・原発事故による公共交通の対応

　次に，日本における大規模災害のケーススタディとして，東日本大震災と原

発事故を取り上げる。災害時における公共交通の論点として，Litman［2006］は，以下の5点をあげている。

- 災害時と事前，事後の避難
- 緊急物資の輸送やサービスの提供
- 捜索や救出作業
- 検疫
- 交通インフラの復旧作業

これらの項目は，災害時の公共交通に求められる機能でもあるが，避難をはじめとした緊急対応，被災者や支援者のニーズをカバーする応急対応，サービスやネットワークを回復する復旧対応に整理することができる。また，災害や事故の種類により，とるべき対応は異なる。そこで，被害状況の異なる3つの市をケーススタディとして，東日本大震災や原発事故による公共交通の対応を整理したい。青森県八戸市（震災時人口24万人）は，甚大な津波被害を受けた東北地方太平洋沿岸に位置する市町村の中で仙台市といわき市に次いで人口の多い都市であるが，市街地自体は大きな被害を免れた。岩手県大船渡市（同4万人）は，市街地に甚大な津波被害を受け，市内を運行する岩手県交通の営業所も流出した。福島県南相馬市（同7万人）は，津波被害の一方で，原発事故による避難や屋内退避を余儀なくされ，原子力災害による影響が色濃くなっている。

(1) 緊急対応

東日本大震災による津波からの避難は，前章に述べたハリケーン・カトリーナとは異なり，襲来時期を数日前から予測して，事前に避難を開始することは不可能であった。そのため，地域のバス，鉄道が避難者を輸送する余裕は，ほとんどなかったと言える。一方で，東日本大震災の発生が午後2時台であったことから，鉄道やバスの営業中に津波警報が発令されたケースもあるが，乗客

や乗務員の被害は全国的にもわずか[2]であった。しかし，鉄道施設のほか，バスの営業所や車両は，甚大な津波被害を受けた。岩手県交通大船渡営業所（大船渡市）は，津波で全壊したほか，所有する31両の車両のうち9両が流失する被害を受けた。発災時は，交通需要のピークではなかったため，多数の車両が営業所で待機していたが，休憩中の乗務員や大型免許を有する事務員らが市内立根町にある回転場（高台にある社有地）などに避難させ，車両被害を可能な限り食い止めた。同営業所では，津波災害時のマニュアルは整備されていなかったものの，2010年2月に発生したチリ地震の際に，岩手県沿岸地域では大津波警報が発令され，同様に車両を避難させた経験があったことが結果として役に立ったとされる[3]。このことから，緊急対応を想定した「訓練」を行うことが災害時の公共交通運用を円滑に進める上で重要になることが読み取れる。

　一方，ハリケーン・カトリーナの経験から，米国が重視するようになった災害時に「影響を受けやすい人々」（vulnerable populations）への対応は，東日本大震災でも課題になった。内閣府では，2006年3月に「災害時要援護者の避難支援ガイドライン」（平成18年3月）を示したが，東日本大震災の被災地全体の死者数のうち65歳以上の高齢者は約6割になり，障害者の死亡率は，被災住民全体の死亡率の約2倍になった。また，消防職員・消防団員の死者・行方不明者が281名，民生委員の死者・行方不明者も56名にのぼり，多数の支援者も犠牲となった（内閣府［2013］）。図表4−1は，南相馬市の介護老人福祉施設「ヨッシーランド」（現在は取り壊されている）であるが，津波に逃げ遅れた36人が亡くなった（1人不明）。介護施設などの避難計画は，各施設の決定に委ねられているため，施設や職員が保有する自動車で避難を開始したものの，周辺の道路は自動車による避難で渋滞[4]していたため，円滑に進めることができなかった。

　2013年6月に改定された災害対策基本法では，それまで用いられてきた「災害時要援護者」に代わり「避難行動要支援者」が位置づけられた。これは，「当該市町村に居住する要配慮者のうち，災害が発生し，又は災害が発生するおそれがある場合に自ら避難することが困難な者であって，その円滑かつ迅速

図表 4 - 1 ●津波被害を受けた「ヨッシーランド」

(出所) 筆者撮影。

な避難の確保を図るため特に支援を要するもの」(同法第49条の10) と定義され，名簿の作成が市町村に義務づけられた。具体的な対象は，各市町村の決定に委ねられるため，福島県内[5]においても，喜多方市（人口約5万人）が19,886人を対象にしているのに対し，県内最大の人口を擁するいわき市（人口約35万人）は，喜多方市よりも少ない18,362人としており，人口に対する割合には，差がみられる。ただし，内閣府［2013］では，生活の基盤が自宅にある方のうち，①要介護認定3〜5を受けている者，②身体障害者手帳1・2級（総合等級）の第1種を所持する身体障害者（心臓，じん臓機能障害のみで該当するものは除く），③療育手帳Aを所持する知的障害者，④精神障害者保健福祉手帳1・2級を所持する者で単身世帯の者，⑤市の生活支援を受けている難病患者，⑥上記以外で自治会が支援の必要を認めた者を「A市」の避難行動要支援者として例示しており，こうした人びとは，各市町村に共通して対象にされていると考えられる。そのため，米国における，災害時に「影響を受けやすい人々」（vulnerable populations）の概念よりは限定された範疇であると言

える。

　次に，原発事故による避難でも交通面での課題が残された。南相馬市は，市内小高区（旧小高町）を中心としたエリアが東京電力福島第一原子力発電所から半径20kmの範囲にあったことから，2011年3月12日の1号機水素爆発（15時36分）の後，避難命令が出された（同日18時25分）。しかし，震災直後から市内のすべての公共交通機関が運休となり，南相馬市では，3月15日から約10日間をかけて，市外へ向けて市民の一時避難を実施し，約5,000人の市民が福島県内のほか群馬県や新潟県へ集団避難した。しかし，原子力災害に関する情報が交錯し，市外のバス事業者が市内まで入れない状況にあったことから，近隣の川俣町や二本松市等に中継地を設けて，市内と中継地との間を市内バス事業者や市の保有車両等で誘導し，中継地から各地へ市民を避難させる方式をとった。また，同月15日の2号機水素爆発（6時10分）の後には，原ノ町駅や市役所など中心部が含まれるエリア（原発から半径20〜30km圏内）で屋内退避が指示（同日11時）され，避難命令の有無にかかわらず，多くの市民が自主的に避難を開始し，市内のバス事業者も事務所や車両を一時市外へ退避させた。そのため，避難に用いるバス車両を円滑に確保することができず，多くの市民が自家用車で避難することになり，幹線道路では深刻な渋滞を引き起こすことにもつながった。

(2)　応急対応・復旧対応

　図表4-2は，ケーススタディとした3つの市を運行する民営の乗合バス事業者を対象に，東日本大震災の発災後から2011年4月末までの応急対応や復旧対応の状況を整理したものである（吉田［2016］）。

　市街地に甚大な津波被害を受けた大船渡市では，全壊した岩手県交通大船渡営業所が発災の2日後に，大船渡市の依頼を受けて仮復旧し，米軍などのレスキュー隊の輸送のほか，各避難所から自衛隊が設置した入浴施設までの送迎など，平時とは異なる目的に対応した。また，3月19日には盛岡市までの路線を再開させ，内陸の都市部へのアクセスが確保された。4月に入ると，市民の買

図表4-2 ●乗合バス事業者（民営）による応急対応と復旧対応

市（県）	事業者	震災後～2011年3月中	2011年4月
八戸市 （青森）	南部バス	(3/11) 八戸市19時以降全路線運休 (3/12) 平常運行 (3/13) 終日運休 (3/14～31) 土曜日ダイヤ運行 (3/18～) 高速バス盛岡線再開 (3/20～) 高速バス仙台線再開	(4/1～) 平常運行
大船渡市 （岩手）	岩手県交通	(3/11) 営業所が津波で全壊 (3/13) 市内の社有地で営業所を仮復旧 (3/19～) 急行バス盛岡線再開	(4/4～) 市内路線運行開始 (4/22～) 陸前高田市への路線バス運行再開 (4/28～) 高速バス仙台線再開
南相馬市 （福島）	福島交通 新常磐交通 はらまち旅行(注)	原発事故後，各社の営業所機能は市外へ避難	(4/15～) 原町・仙台線開設 　　　　（はらまち旅行） (4/22～) 市内路線再開 (4/27～) 相馬・原町線再開

(注) 現：東北アクセス。
(出所) 筆者の調査に基づき作成。

物や通院，通学，通勤など日常生活における移動手段を確保することを目的として，大船渡市が岩手県交通と地元の交通事業者に運行委託を行い，市内8路線で無料バスの運行を開始した。このうち，岩手県交通が担当する7路線は，すべて県立大船渡病院と市役所前，市街地の商業施設「サンリア」を経由しており，1日に概ね4往復程度の運行であった。こうした運賃無料化の取り組みは，大船渡市以外でも多くの被災市町村で行われた。津波被害により，預貯金があってもすぐに引き出せる状況になかったことから，現金を持ち合わせていなかった避難者も少なくなかったことが背景にある[6]。また，応急仮設住宅の整備後は，市内の無料バスが仮設住宅団地から利用できるよう経路が変更されるとともに，段階的に有償化され，通常の乗合バス路線として位置づけられるようになった。

このように，被災市町村が無料バスを運行したり，応急仮設住宅からの移動手段を確保したりすることが重点的に進められた背景として，国土交通省の制度的あるいは財政的な支援によるところが大きい。まず，地域内の移動手段の

確保に関しては，地域公共交通確保維持改善事業の中に，特定被災地域公共交通調査事業がメニュー化された。同事業は，地方運輸局長が指定した特定被災地域の仮設住宅や残存集落等から生活関連施設を結ぶ移動手段の提供のほか，今後の移動手段確保に向けた調査費を措置するものであり，定額[7]の上限を定めて財政支援を行っている。補助の受け入れにあたっては，協議会方式を必須とせず，県や被災市町村，もしくはこれらの地方公共団体が指定した公共交通事業者やコンサルタント等も対象となっており，多忙な被災地行政の中にあっても，円滑に移動手段が提供できるよう配慮されている。

また，東日本大震災の被災地では，地域内のバスよりも，地域間のバスが先行して復旧したことも特徴的である。被災地域における新規の地域間輸送を一時的に分担する場合に，貸切バス事業者等の参入を可能にしたほか，先述の特定被災地域では，乗合バスの国庫補助制度である地域公共交通確保維持事業（地域間幹線系統）の補助要件が緩和され，複数市町村に跨がる路線の利用者数が震災を契機に著しく減少した場合や新規に路線が開設される場合でも，財政支援を受けやすくした。不通だった東北新幹線やJRの在来線，三陸鉄道などの代替手段としての役割が想定されていたが，南相馬市など，原発事故の被災地では，避難指示区域の設定にかかわらず，（自主的な避難も含めて）従前の居住地とは異なる市町村で避難生活を送っているケースが少なくない。さらに，すでに避難指示が解除された地区においても，商店や医療機関をはじめ生活関連施設が再開していない場合もあり，都市間における移動手段の確保が津波被災地と比較して重要になった。

こうした災害時の公共交通を支援する制度は米国にも存在する。公共交通機関緊急援助プログラム（Public Transportation Emergency Relief Program）は，連邦公共交通局（FTA）により所管されており，大規模災害や緊急事態の発生を受け，公共交通機関の運行主体に対して，設備や施設の復旧や移設，避難など緊急対応のための運行費，一時的な交通サービスの提供などを対象に必要額を定額で支援するものである。支援の対象や金額は，運輸長官（The Secretary of Transportation）が決定し，運行費については，災害の発生から

1年間に限り対象(ただし,運輸長官の判断で2年間の延長が可能)となる。近年では,2012年に発生したハリケーン・サンディによる甚大な被害に対応して,100億ドル余りが支出されている(Kirk［2016］)。

ところで,東日本大震災にみられる公共交通の制度的あるいは財政的な支援は,今後発生する大規模災害時でも実施されるという担保はない。一方,米国の公共交通機関緊急援助プログラム(Public Transportation Emergency Relief Program)は,財政措置の内容は別として,制度自体は常設されていることが特徴である。したがって,日本の場合,市町村や公共交通事業者が災害時に対応した公共交通政策を平時に立案するインセンティブが働きにくい状況にあると考えられる。

4 災害時に対応した公共交通の「備え」

災害時の公共交通は,前節で述べたように,平時とは異なる対応をしなければならない。一方,東日本大震災における公共交通の応急対応では,燃料の供給や乗務員の確保にバス事業者の苦慮がうかがわれた。南部バス(八戸市)の場合,発災から半月余りの間,運行回数の少ない土曜日や日祝日のダイヤを平日にも適用し,燃料や乗務員の確保が困難ななかで,できるだけ多くの路線で運行を維持した。また,ガソリンの調達が困難になり,社員の出勤にも支障することを避けるため,乗務員の送迎バスを運行し,輸送力確保に貢献した。しかし,今回は「うまく対応できたこと」が次の災害でも有効に機能するとは限らない。そこで,震災の経験をアーカイブし,災害発生以前から備えておくべきことを明確に定めることが有効である。青森県八戸市は,2012年度末に「災害時公共交通行動指針」を策定した。

災害時における自治体や関係主体の行動指針は,災害対策基本法に基づき策定される地域防災計画に定められている。図表4-3は,八戸市地域防災計画(地震編)の抜粋である。同市を運行する路線バス事業者は,公営企業である八戸市交通部のほか,南部バス,十和田観光電鉄の3者がある。このうち,八

図表4-3 ●八戸市地域防災計画（地震編）抜粋

第1章　総則	処理すべき事務または業務の大綱
東日本旅客鉄道㈱ （八戸駅）	1　応急資材の確保に関すること 2　災害警備体制の確保に関すること 3　列車運転の安全と輸送の確保に関すること
県トラック協会三八支部 南部バス㈱ 十和田観光電鉄㈱ 日本通運㈱八戸支社	1　災害時における災害対策要員及び物資等の輸送の確保に関すること

第2章　防災組織	分担事務
運輸班（八戸市交通部）	1～3　省略 4　バス緊急輸送の確保に関すること 5　バス運行路線の確保に関すること 6　バス運行の広報に関すること 7～8　省略

戸市交通部は，「バス緊急輸送の確保に関すること」など，運行に関する事項が分担事務に含まれているが，南部バスと十和田観光電鉄は，物流事業者とともに「災害対策要員及び物資の輸送の確保に関すること」が処理すべき事務に位置づけられている。同市内には，八戸市交通部が運行していない地域があり，民間バス事業者であっても，八戸市交通部と同様の事務を担うことが適当である。また，鉄道事業者に関しては，JRから経営分離された第3セクターの青い森鉄道が位置づけられていない。つまり，地域防災計画に位置づけられた内容が災害時のモビリティ確保に向けた実質的な指針になっていなかったという課題があった。

　八戸市災害時公共交通行動指針は，東日本大震災の経験に基づいて，災害発生により想定される公共交通運用の場面（図表4-4）を設定し，公共交通事業者個々の対応可能性やリスクを整理した。その上で，行政や事業者相互の連携が必要になるケース（図表4-5）を定めたが，事前に「取り決め」をしておかないと，災害時に運用できない事項も多いことが読み取れる（吉田［2014］）。

図表4-4 ●災害発生により想定される場面

			緊急対応期			応急期	復旧期
			当日	3日間	1週間	1ヶ月間	1ヶ月以降
			避難・救援・安否確認			避難所生活	仮設住宅生活
運行	安全確保		運行中に乗客と乗務員が被災				
			事務所内の職員が被災				
	サービス提供	インフラ被害対応	道路が被災して定期路線バスを運行できない				
			鉄軌道，駅舎，電力供給施設等が被災したため，代替バス運行の必要性が発生				
		需要への対応	被災者の避難所までの移動などの緊急的な輸送の需要が発生			通院や入浴などの最低限の交通確保のための臨時的な輸送の需要が発生	仮設住宅への移行に伴い，通勤通学，買物などに関わる公共交通需要が変化
			遠隔地への移動のため，高速バスや新幹線との接続の需要が発生				
	交通資源の確保	施設	社屋等が被災				
		車両	バス車両が被災して，路線バスを運行できない				
		燃料		燃料不足により，路線バスを運行できない			
		人	乗務員が被災またはマイカー通勤者の燃料不足により通勤できず，乗務員が不足				
			職員が災害対応しており，運行にあたる職員が不足				
情報	情報収集及び発信	伝達	停電や基地局の被災により，平常時の通信・連絡手段が使用できず，情報を伝達できない				
		収集	各関係機関で情報収集しなければいけないので，その労力がかかる上，情報も不足				
		発信	日々変化する公共交通の運行情報を地域住民等に情報発信しきれない				

(出所) 城平ほか [2013]。

図表4-5 ●公共交通の主な連携対応場面

サービス提供（インフラ）	道路が被災して定期路線が運行できない場面で，バス事業者間だけでは対応できず，行政の調整が必要となった場合，バス事業者，交通事業者，道路管理者，交通管理者で協議し，代替運行路線および運行条件を決定する。
サービス提供（需要の対応）	通院や入浴施設などの最低限な交通確保のために臨時的な輸送の需要が発生した場面で，現行の運行路線では対応できない場合，八戸市都市政策課からバス事業者に運行依頼と運行条件を提示して，東北運輸局と協議し，臨時的な輸送を実施する。
交通資源の確保（車両）	バス車両が被災して，路線バスを運行できない場面において，数台程度が必要な場合，バス事業者同士で融通する。
情報収集	行動指針を適用する災害や被害が発生した場合，交通事業者，道路管理者，交通管理者は，60分以内に情報連絡網に沿って八戸市都市政策課に状況連絡を行い，同課が一元管理する。
情報発信	一元管理した交通事業者の運行情報を八戸市役所，中心市街地，八戸駅の3拠点，ラジオ，「ほっとスルメール（市が運営する防災メーリングリスト）」等を活用して発信する。

(出所) 城平ほか［2013］をもとに筆者作成。

　災害時における公共交通の運用に関して，米国の場合，連邦政府が指針や支援制度をあらかじめ示し，災害時に「影響を受けやすい人々」（vulnerable populations）に主眼を置いた指針を地方自治体は「平時」に準備していた。しかし，日本では，地方公共団体と公共交通事業者が災害時対応を「平時」に議論する素地が弱かったと考えられる。また，避難行動要支援者への対応と交通政策との具体的な連携は，ほとんど図られていない。「災害大国」とも言われる日本において，これらの課題は，もっと重視されるべきである。

◀考えてみよう▶
①自分の住む地域で大規模災害が発生したとき，どのような交通問題が起こりうるだろうか。
②災害時に対応した交通政策には，どのような視点が必要だろうか。
③災害時に対応した交通政策を「平時」に立案するためには，どのようなきっかけが必要だろうか。

●注

1 ただし，2013年のFTAによるレポートでは，「動物を連れた利用ができない公共交通機関であっても，障害者の介助で必要な場合は常に受け入れなければならない」（FTA［2013］, pp.2-5）と記されており，プライオリティはあるようだ。
2 一方で，震災の発生時刻が下校時と重なったことから，幼稚園などのスクールバス利用者の被害はみられた。
3 同営業所への筆者ヒアリングより（2011年8月）。
4 2016年11月22日の早朝に発生した，福島県沖を震源とするマグニチュード7.4の地震でも，福島県と宮城県の沿岸に津波警報が発令されたが，自家用車避難による渋滞が再び問題となった。
5 避難行動要支援者数は，福島民報社が2017年1月14日現在で調査した数字である（『福島民報』2017年1月15日付）。
6 壊滅的被害を受けた陸前高田市から大船渡市内の病院やスーパーに向けた移動手段をNGOが運行するなど，外部のボランティアによるインフォーマルな輸送も避難者のモビリティ確保に貢献した。
7 当初は1市町村当たり年間3,500万円を上限としていたが，2013年度より有償運行の場合に限り年間4,500万円に引き上げられ，2014年度からは経由する仮設住宅の数に応じて有償運行の場合は3,500～6,000万円に設定されている。

●参考文献

FTA［2013］Response and Recovery for Declared Emergencies and Disasters: A Resource Document for Transit Agencies.
National Cooperative Highway Research Program［2013］A Guide to Regional Transportation Planning for Disasters, Emergencies, and Significant Events: FINAL RESEARCH REPORT.
Todd Litman［2006］Lessons From Katrina and Rita: What Major Disasters Can Teach Transportation Planners.
Matherly, D., J. Mobley, B. G. Ward, B. Benson, N. Aldrich, E. Nichols, G. Robinson, and R. Thomas［2011］Communication with Vulnerable Populations: A Transportation and Emergency Management Toolkit, TCRP Report 150.
Randal O'Toole［2005］"Lack of Automobility Key To New Orleans Tragedy," The Thoreau Institute.
Robert S. Kirk［2016］Emergency Relief for Disaster-Damaged Roads and Transit Systems: In Brief.
国土交通省総合政策局［2012］「地域モビリティ確保の知恵袋2012」。
内閣府（防災担当）［2013］「避難行動要支援者の避難行動支援に関する取組指針」。
吉田樹［2014］「東日本大震災被災地における移動ニーズとモビリティ」福島大学国際災害復興学研究チーム編著『東日本大震災からの復旧・復興と国際比較』八朔社。

吉田樹［2016］「被災地における地域公共交通の復旧プロセスと公共交通施策」『住宅』no.716, pp.72-81。

城平徹・吉田樹・室谷亮・畠山智・井上幸光［2013］「災害時における地域公共交通の提供方策―八戸市地域公共交通会議による検討を事例として」『土木計画学研究・講演集』46, CD-ROM。

… 第 **5** 章
スマートシティ構築プロジェクト
――新たなエネルギーシステム構築の効果とその課題

1 スマートグリッドとスマートシティ

(1) スマートグリッドとスマートシティの概念

　2011年の東日本大震災と福島第一原子力発電所事故は，原子力安全神話の崩壊と大型基幹電力システムの災害脆弱性を露呈した。また，当時の電力システム問題が社会的問題となり，太陽光・風力・地熱・バイオマスなど多様な再生可能エネルギーの大量導入に加えて，省エネやエネルギー効率の向上に関心が高まった。その解決策として，基幹電力網にさまざまな再生可能エネルギーを有効活用する小規模・分散型の電力システムを加えるエネルギーミックスと新エネルギーシステムであるスマートグリッドとスマートシティに全世界が注目した。また，地理的にわずか2％の面積を占めている都市に，世界の54％が住んでおり，2050年にはエネルギー消費（66％），CO_2排出量（70％），人口成長（90％），富の創出（80％）など都市集中化が急速に進むと予測されるなかでさまざまな都市問題が注目を浴びている（United Nations［2014］）。その問題に対応するために，各国の中央政府と地方自治体は安全性と生活の質の向上を目指して新しい都市計画を策定している。その1つが本章で分析を行うCO_2排出量の削減とエネルギー消費量の節約，信頼性の高いエネルギー供給，効果的な行政・交通サービス提供などを目的としたスマートシティプロジェクトである。

　「スマートグリッド（Smart Grid：次世代送電網＝賢い電力網）」とは，①電力システムのスマート化（ICTの積極的な利用），②発電から消費までの電

力の流れのスマート化，③消費者側のエネルギー管理，④再生可能エネルギーの大量導入，⑤電気自動車（EV）や宅内の家電機器と応用サービスの導入を通じて構築される安定的かつ高効率の次世代電力管理システムを指す。スマートグリッド登場の背景として，CO_2削減など環境問題の解決，再生可能エネルギーの普及と安定的な電力供給システムの構築，省エネ家電・EVおよびエネルギー関連技術開発の進展，生活の質の向上を目指す社会システム構築のニーズなどがあげられる。その中核的な構成要素は，スマートメーター（Smart Meter）と変電自動化（Substation Automation：SA），送・変電監視システム（Supervisory Control And Data Acquisition：SCADA），高圧直流送電（HVDC），マイクログリッド，IHD（In-Home Display），エネルギー管理システム（Energy Management System：EMS）などがある。この主要なシステム要素は，単独ではなくシステムに結合されてからその効果が発揮されるという特徴がある。今後，各要素は持続的に成長し，独立した産業として発展すると予測されている。

　このスマートグリッドの構築メリットは，各参加主体が持つ目標と参加動機などによって異なるが，電力網の信頼性（電力や消費者の損失低減），経済性（電気代と送電ロス削減，分散電源による収入増大・エネルギー機器輸出増大・雇用の増加など），環境性（CO_2の削減），安全性（災害時の安全性）などの向上があげられる。最も重要なのは既存のエネルギー源と再生可能エネルギー源を結合させ，供給側・需要側の両方における電力需給と管理を最適化することにある。

　「スマートシティ（Smart City：環境配慮型都市）」とは，スマートグリッドの電力インフラ，交通・上下水道などの都市インフラ，医療や介護・教育・防災・治安など生活面のインフラを結合させて快適な暮らしを実現する次世代型のスマートな都市というのが世界共通のイメージである（図表5-1）。

　このスマートシティは，エネルギー問題解決だけではなく，生活の質の向上および地域経済の活性化を図る政策の中核として位置づけられている。

　スマートシティの運用モデルと関連機器・システムの確立は該当地域の活性

図表 5-1 ●スマートシティのイメージ

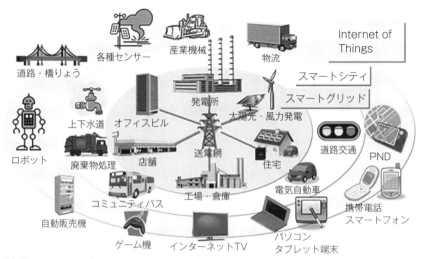

(出所) NTTデータ (http://www.nttdata.com/)。

化以外でも国内産業の輸出産業化や経済成長のチャンスを与えると期待されている。しかし，世界的に多様なパターンをみせながら展開されるスマートシティの発展過程において，保有技術の現地最適化と他のインフラやシステムとの統合パッケージ化は容易ではない。そのため，保有技術の国際標準化の獲得と実証事業の成果を反映した持続的な技術とシステムの改良と改善が求められる。

(2) スマートシティへの移行と期待効果

スマートグリッドの期待効果の中では，電力インフラの強化と効率性向上が最も重要である。より具体的には，①再生可能なエネルギーを通じたエネルギー地産地消やエネルギーシステム運営コストの削減，②該当地域の経済活性化と新たな地域づくり，③関連産業の育成と企業収益の向上，④地域のエネルギー・交通・自然環境・社会システムとの連携による新たな未来都市の構築，⑤ICTと家電・自動車などを結合した新たな機器とサービスの開発と創出など

があげられる。

　また，スマートシティは，スマートグリッドを基盤とした省エネ（スマート家電），発電（太陽光・風力・地熱・バイオマス発電など），蓄電（蓄電池），制御（スマートメーター）を同時に達成できる効果以外にも，多くの地域課題を解決するので，その価値が注目されている。スマートシティの構築パターンは，該当地域の立地条件と経済状況，関連産業の技術と成熟度などの状況に加えて構築動機や目的によって異なる。しかし，スマートシティへの移行で，既存のエネルギーシステムと関連ビジネスは必然的に急変する。その上，電力と情報の融合，さまざまな産業と技術分野の融合が促進されることによって，新しい産業，事業，市場が創出されるので，関連産業と社会を取り巻く環境も大きく変化するようになる。特に，主要プレイヤーである電力・通信会社と，さまざまな分野から参入した各企業の経営環境と事業領域は急変し，スマートシティは単なる電力インフラや都市インフラではなくビジネスインフラとして機能すると予測されている。

2　世界のスマートシティ構築プロジェクト

(1)　世界のスマートシティ構築プロジェクトの目的と特徴

　現在のスマートシティは，研究開発段階を経てさまざまな機能と技術を統合するシステムを検証する実証段階や初期産業化段階まで進化した。また，国際エネルギー機関（IEA）が2030年の世界市場を2兆9,880億ドル規模まで成長すると見込んでいるなど急成長が続くと予測されている。しかし，さまざまな産業から用いられた技術・製品・サービスによって構築されるスマートシティは，各プロジェクト別にその目的と発展方向などが異なり，その発展パターンを予測することは難しい。しかし，その発展過程や目標をみると以下のような共通的な特徴が読み取れる。

　世界のスマートシティの構築目的をみると，以前は都市の競争力向上と都市部住民の生活の質の向上を目指して地域の特徴や課題を重視した形での構築を

試みるケースが多かったが，最近ではエネルギー節約，CO_2排出量削減，再生可能エネルギーの普及，スマートグリッド導入，関連産業育成など国家レベルの課題を重視した形の試みが主流になっている。その各国・各地域におけるスマートシティ構築事業は，それぞれ異なる目的と推進戦略で多様なタイプで展開されている。

これらに共通するのは①ICTを活用した新エネルギー管理システムを導入し，エネルギー生産と消費の効率性を重視するスマートグリッドに，さまざまな都市インフラを結合することで都市問題の解決，②再生可能なエネルギーによる分散型電力システムの導入拡大，③既存の大型・集中型電力システム強化による電力インフラの効率化と安定化，④関連産業育成と地域経済の活性化，⑤生活全般における質の向上，⑥国際市場を意識した技術標準化と輸出産業化，⑦CO_2削減と環境問題の解決などを強調することである。

このスマートグリッド構築プロジェクトには，異なる技術体系・商品やサービス・目標や参加動機を持つ多数のプレイヤーが参加している。しかし，その活動には①独自の戦略的目標の達成，②連携を通じた新たな商品・技術開発およびテスト，③新ビジネスの探索とビジネスモデルの確立，④消費側の反応把握などを目指した活動を行っている共通点がある。

(2) 世界のスマートシティ構築プロジェクトの動向

これまでの分析を通じて，スマートシティをエネルギー・行政・交通・福祉・環境・防災など主な都市機能の強化と向上を目指した先端都市モデルであると定義できる。また，これは多様な発展パターンをみせながら発展している。

各国のパターンは，①老朽化された電力インフラの強化策，②急増する電力需要の対応策，③電力需給の管理策，④大規模集中型電力システムの補完策，⑤新たな産業育成策，⑥関連産業の成長策，⑦地域活性化策など，自国事情を色濃く反映して異なった背景や状況の中で推進されている（**図表5-2**）。

そのため，各国のスマートシティ構築戦略もエネルギー資源の状況や国内産業の技術性と成熟度などによって内容と推進方向が異なる。しかし，各国の実

図表5-2 ●スマートシティの発展パターン

	目的	該当地域	機能・能力
供給信頼度強化型	・老朽化した電力網を更新 ・保全コストを抑制しつつ，供給信頼性を向上	・米国（東北部など）	新送電・配電網設備 停電監視，障害解析 系統安定化技術など
再生可能エネルギー大量導入型	・再生可能なエネルギー発電の積極的導入 ・低炭素型の街づくり	・欧州，日本，韓国	再生可能エネルギー 分散電源，蓄電技術，PHEVなど
急成長需要充足型	・急成長する新興国のエネルギー需要を充足 ・盗電を含むロスを削減	・インド ・ブラジル	新規電源 新たな送電・配電網 遠隔監視，遠隔操作
ゼロベース都市開発型	・低炭素型の新都市構築 ・社会システム一式の輸出	・ポルトガル ・中国（沿岸部） ・シンガポール	エネルギーインフラに，生活，ビジネス，交通などを含む社会システム一式

(出所) NEDO[2010]『スマートシティの技術の現状とロードマップ』。

証事業では，①関連事業の展開に必要な課題の導出と解決策の探索，②スマートシティ活性化を促進させるために政府の役割と支援策を点検，③政府主導の実証事業後に民間部門の投資誘因策を探索，④新ビジネスの探索とビジネスモデルの確立，⑤地域エネルギー活用を通じた地域経済と地域産業の育成策の探索，などを重視する共通点がみられる。スマートシティの最終目的は既存の優位性を十分に活用しながら異業種・産業との連携を通じた関連産業育成と地域活性化にあるので，異分野の技術とサービスを連携させて，新たな価値を創出することが重要である。したがって，その実証プロセスを通じて各主体の適切な役割分担と連携を促進する体制を構築し，最適なビジネスモデルを確立し，明確な段階別目標と検証項目を定めて実証事業を計画的に実施するべきである。

米国では，送電網の老朽化対策，停電対策と安定的な電力供給対策として，電力系統のレベルアップが国家的な課題として認識された。これらを背景として，スマートグリッドの構築プロジェクトは，①次世代電力網の構築，②新・再生可能エネルギーの積極的な導入，③雇用の創出，④経済活性化を目標とし

て，民間部門の関連技術開発と事業主導，政府部門の法的財政的支援によって推進されている。

「Grid2030」（2003年策定）では，1段階（～2010年）：スマートメーターの普及，2段階（～2020年）：スマートグリッドの普及率50％，3段階（～2030年）：全国的スマートグリッド構築，を目指す段階的ロードマップがある。その後も強力なスマートシティ支援関連法案を策定して100件以上のプロジェクトに膨大な投資を行って，世界市場先占を目指した意欲的な研究開発とスマートシティ構築事業を推進している。

EUは世界的にみて再生可能エネルギーの普及が最も進んでおり，再生可能エネルギーとICTの結合を通じた既存電力網の安定的な制御と省エネ化，電力取引の活性化を目標とした政策を推進している。2006年から「Smart Grids Vision & Strategy」を通じて，再生可能エネルギーの積極的な導入への効果的なスマートシティの構築を急いでいる。また，2008年末から「Climate and Energy 20-20-20 Package」を推進し，1990年を基準として再生可能エネルギー比重の20％増加，温室ガスの20％削減，エネルギー効率性向上を通じたエネルギー消費20％削減を目指している。また，EU版のスマートグリッド標準モデルといえるFlatFormを開発し，2022年までスマートメーター普及率100％を推進している。

中国のスマートシティプロジェクトは，地域間のエネルギー資源不均等解消と送電網の強化を構築目標としている。2013年1月には北京，上海，広州など90件のスマートシティ構築モデル都市を選定した。それ以外にも，スマートシティの構築を推進している320の都市があり，スマートシティ構築支援事業期間中（2011-2015年）に合計5,000億元を投入するなど意欲的な姿勢をみせている。しかし，広い都市面積と電力消費の過度な都市の集中などの問題があり，短期間のインフラ構築や収益・効率性向上は難しいので，送電網強化を急ぐことに集中している。

韓国では，2010年に「スマートシティ2030」を策定し，済州島(チェジュ)で世界初および世界最大級のスマートシティ実証実験を展開した。この実証実験は，スマートな電力網（Smart PowerGrid），スマートな運送（Smart Transport），スマートな再生可能エネルギー（Smart Renewable），スマートな電力消費（Smart Place），スマートな家電（Smart Electricity）の5つの分野から構成され，先進的な技術開発とビジネスモデルの創出を目指すことを国家プロジェクトとして位置づけている。そして，電気自動車関連インフラの構築と輸出産業化を支援する政策の一環として，スマートシティ特別法を策定して実施している。

そのほか，インドは急速な電力消費量の増加対応と貧弱な電力インフラの強化を目指して，ブラジルは送配電時の損失低減と電力網の信頼性向上を目指してスマートグリッド構築に力を注いでいる。

(3) 日本のスマートシティ構築プロジェクト

日本は世界に誇る安定的な電力需給インフラを保有しているが，エネルギー消費量が多く，エネルギー資源の海外依存度が高いというエネルギー面の課題，さらに企業成長と産業成長を可能にする新しいビジネスの創出という経済面の課題を持っている。この状況を踏まえて，安定的なエネルギー需給システムの構築と国・地域の経済活性化という2つの目標達成を目指してスマートシティの構築を推進している。その特徴は，①再生可能エネルギーの積極的な導入を重視すること，②既存産業の競争力とその基盤を活用して新産業の創出と成長を図ること，③都市インフラと社会的インフラの結合で都市機能をレベルアップすること，④経済産業省の「産業構造ビジョン2010」で新産業分野として戦略的に選定された先端産業分野の企業が多数参加すること，などがあげられる。

その試みとして，日本版のスマートシティ構築を目指した「次世代エネルギー・社会システム実証事業（2010-2014年）」が横浜市，豊田市，けいはんな学研都市（京都府），北九州市で実施された。この事業では段階別の実証計画に沿って関連機器・システムの運営面の安定化と性能面の改良を目的とするさ

まざまな実証研究が以下の目標をもって進められた。

- 横浜市：①「広域大都市型」，②既成都市機能スマート化モデル，③再生可能エネルギー大量導入と市民参加の促進，④地域エネルギー管理システム（Community Energy Management System）の構築，⑤世界展開可能なソリューションの構築
- 豊田市：①「戸別住宅型」，②家庭とEVを中心としたエネルギー利用の最適化，③低炭素交通システム構築，④商業・公共施設等エネルギー利用最適化
- けいはんな学研都市：①「住宅団地型/新技術型」，②エネルギー地産地消の達成
- 北九州市：①「地方中核都市型」，②新エネルギーを利用する街区として構築，③街の省エネシステム化，④次世代交通システム構築

また，東日本大震災復興支援事業の一環としての「スマートコミュニティ導入促進事業」では，2012年に被災地域の8都市（福島県会津若松市，岩手県宮古市，釜石市，北上市，宮城県気仙沼市，石巻市，大衡村，山元町）を選定し，被災地域の復興と地域活性化を目指して実施されている。

これらの実証事業では，地域内でエネルギー分野のみならず社会全般のイノベーションを促進させる目的で①電力の有効利用，②熱や未利用エネルギーを含めたエネルギーの効果的利用，③新たな地域交通システムの構築，④都市インフラの再構築など細部項目が定められている。その意義は，①関連産業の強化と関連分野の世界主導を目指すこと，②国家レベルでエネルギー産業の競争力強化を図ること，③地域と企業レベルで新たなビジネスの創出可能性を実証することにある。この地域レベルの実証事業に参加するプレイヤーは，①電力，②家電（スマート家電），③情報通信，④電力網（電力系通運用，配電自動化），⑤関連産業（鉄鋼・造船・自動車・建設），⑥半導体（電力用半導体）など部品や素材レベルから統合システムまで幅広い分野に及んでいる。したがって，

スマートシティ実証事業の重要な目的には，多様な異種産業間の相互協力を通じた新たなビジネスの創出とビジネスモデルの確立が含まれている。

3　スマートシティと地域活性化

(1) 地域活性化を重視するスマートシティの構築方法

　スマートシティの構築には，エネルギー分野の転換だけではなく，地域産業の復活と雇用や収入の増加など地域活性化に貢献できる社会システムの再構築を目的として含んでいる。そのため，各地域におけるスマートシティ構築は，新たな事業と産業の創出，社会的システムの創出を通じた地域活性化を実現する中核的ツールとしての意味を持つ。したがって，各地域のプロジェクトは世界の発展動向を的確に把握しながら以下の点を重視し，地域活性化に貢献できる構築戦略を推進する必要がある。

　第1に，各プレイヤー間・機能間・部門間の最適的な連携の仕組み設計を行うことが求められる。これは各プレイヤーの資源と能力に基づいた連携と協働を促進させる役割分担を行うことである。例えば，民間企業は事業全体の管理とエネルギーコントロールセンター構築，電力企業はデマンドレスポンス開発，地方自治体は災害時電源確保と再生可能エネルギーの普及拡大，地域住民の意識向上と参加誘因を担当するなど適切な役割分担を定めて協働のシナジーを高める必要がある。

　第2に，各参加主体が目的を明確に設定し，その目標達成を目指すことが求められる。明確な目標意識によって，主体的参加と積極的な導入が促進できるし，各自の参加メリットの最大化と能動的な活動も可能になる。同時に各プレイヤーの利益創出と地域社会の発展につながる明確なスマートシティ構築ビジョンと具体的な計画の策定によって，地域主体が期待するエネルギー需給の安定性，地域の特化資源を活用した産業のさらなる発展，新産業と企業の誘致，雇用と収入の増加，特色ある地域ブランドの確立など目的達成ができる。

　第3に，協働の促進やシナジー効果を誘発する仕組みを設計することが求め

られる。スマートシティは多様な産業からの多数企業が参加するので，独自の活動より協働を通じた，産業間の枠を超えた活動によって新たなビジネスや価値が創出する可能性が高い。そのため，相互協力と信頼に基づく協働しやすい環境造成と促進策を用意する必要があり，協働のシナジー創出を重視するべきである。

最後に，国際標準化された技術やシステムを取り入れたグローバルモデルだけではなく，細かい地域のニーズを反映したローカルモデルとしての両側面を重視しながら構築することが求められる。スマートシティの発展は，政府主導から地域社会主導へ，国内専用モデルから国際展開用モデルへ，H/W（ハード・ウェア）中心からS/W（ソフト・ウェア）と日常生活中心へ発展すると予測されている。このような世界の発展動向と展開パターンに注目しながら，地域活性化に貢献できるものとして構築するべきである。

これらの点を要約すると，相互連携と協働を通じた価値創造できる，長期的な視点での将来的な波及効果を最大化できるモデルとして確立することである。

特に，地域特性を反映したスマートシティ構築や関連ビジネス展開において，地域特性を理解する地域中小企業が果たす役割は大きい。関連した地域産業の振興を図るためには，大手企業の技術開発動向と取り組みを分析し，地域のシーズと合致する開発課題やニーズを的確に把握し，地域需要に対応できる事業展開が重要である。その活動を通じて地域内での事業活性化，新たな雇用の創出や収益の増大など新たな価値が生まれてくる。

(2) 地域企業にスマートシティが与えるビジネスチャンス

スマートグリッドと関連するビジネスには，中核の電力や通信ビジネス，再生可能エネルギー発電，スマートメーター，スマート家電，プラグインハイブリッド車や電気自動車，情報通信分野などがある（**図表5-3**）。スマートグリッド構築時，短期的には新たな電力システムの構築に必要となる膨大な電力設備の新設および交代需要や新たな市場創出による雇用や収入の増加が期待される。中長期的には，分散電源装置と電力保存装置（Battery），家電と電気機

図表 5-3 ●スマートシティの産業構造と要素技術

(出所) 各資料より筆者作成。

器,建設,自動車など多数の産業分野に新たなビジネスチャンスを与えることが期待できる。

　このスマートグリッドの基盤にさまざまな社会インフラや都市インフラを付加したスマートシティは,極めて幅広い分野に強いインパクトを与えるものになる(図表 5-1)。したがって,スマートシティの効果分析には,スマートグリッド構築による直接的かつ短期的な効果だけではなく,多くの関連産業で確立されたシステムおよび機器と装置の融合と結合による新たな価値創造と市場創出,参加企業と産業の持続的な成長,消費者便益の創造と強化などの間接的・長期的な効果をより重視するべきである。

　この効果は,該当国の経済発展レベルと該当分野の初期市場規模,再生可能エネルギーと関連産業の技術レベルと競争のレベル,社会インフラ,地域の特性,産業支援政策と制度,地域のエネルギー源別の賦存量と特性などさまざまな要因の影響によって内容と発展方向と規模が異なるようになる。また,多数の参加プレイヤー間の連携と協働を通じた異質的な経営資源と技術の融合を促進させる活動を通じてシナジー効果が生まれるので,新たなイノベーションの創出,新技術・製品・サービスの創出と促進を重視した観点での仕組み確立が最も重要とされる。

該当の構築地域においても，地域内の発電と送配電システムなどエネルギー部門関連ビジネスの活性化，製造や組み立てから施工と運営など多数の地域内関連産業の振興などの効果が期待できる。さらに，地域内のエネルギーや環境問題の解決，関連技術を持つ域外企業と地域企業のビジネス展開による地域活性化と新たな雇用と収益創出など多数の直面課題解決を可能にする。したがって，地域のスマート化，つまり都市基盤インフラと生活インフラのスマート化を通じた復興や地域活性化を検討している自治体ではスマートシティの構築を地域再構築と地域活性化を目指す重要な政策のツールとして積極的に検討すべきである。

4　スマートシティ構築上の課題

　多くの先端産業では，他産業の異なる技術体系に基づいた異質的な経営資源の活用による「融合と統合を通じた新たな創出」を重視する。これは，単なる異質的な技術の組合せや新製品の開発を越えて，新たなビジネスの創出を意味する。スマートシティにおいても，さまざまな形態の連携と相互協働を促進する仕組みをどのように構築するのかが重要な課題である。また，確立した機器やシステムの効果を確認する実証事業成果を収益性がある事業化や安定的なビジネスモデル化までいかにつなげるかも重要な課題である。そして，国内外での実証事業成果を反映した信頼度の高いスマートシティ・モデルを確立させ，それを海外展開に必要な国際競争力を獲得するまで強化する課題解決もスマートシティの成功に欠かせない。そして，異質的な経営資源をもって参加するプレイヤーと消費者をどのように誘引し，いかに関係性および相互連携を形成させ，最終的には収益性あるビジネスとして発展させていくのかという課題に対する回答も欠かせない。

　そのため，スマートシティの成功には，地域と参加プレイヤーニーズの的確な把握，国際的に通用できる技術とシステムの開発，相互連携によるシナジー効果を極大化できるビジネスモデルの確立，安定的な運営システムと運用ノウ

ハウの確立などが重要であると再強調できる。

　スマートシティの構築において，最も重要な課題として，まず「連携の促進」をあげることができる。スマートシティ参加者における相互連携と協働の必要性認識の強さと狙いは事業の形態によって異なる。例えば，既存事業の製品やサービスをもって参加する参加者は，①既存ビジネス基盤を活用した新事業進出に必要な新製品とサービス開発とコスト削減，②既存事業に新事業を加えることによる利益と収益率の向上を重視する。異分野からの新規参加者は，①参入時のリスクと不確実性低減，②早期市場獲得による収益性確保・事業モデルの確立，③新機器やサービスのシステム化と標準化，⑤早期の市場規模の拡大などを重視する。このように狙いは異なるが既存事業と新事業の連携を通じて，①産業と地域の優位性強化，②初期リスクと不確実性の低減で効果的なRD&D（Research, Development and Demonstration）とビジネスモデルの確立，③地域内での新ビジネス創出を向けた相互協力，④地域使用者の誘因で新製品やサービスの普及や早期市場の形成などの問題解決を図ることができる。

　次の重要な課題として，「参加リスクの低減とメリットの可視化」をあげることができる。スマートシティのような巨大プロジェクトの実施には多くのリスクが存在する。同分野産業や関連技術確立の初期段階に必然的に存在する不確実性とリスクの軽減や収益性のあるビジネスモデルの確立，初期市場の形成，既存システムや技術体系との統合，魅力ある関連サービスの開発，事業全体をリードする主体選定の問題，各主体間の役割分担と利害衝突の解決，多数参加者の参加誘因，地域活性化へつなげる仕組み構築などの直面問題とリスクを軽減することはプロジェクト実施に欠かせない。特に，多数プレイヤー間の協働は利害関係の衝突や葛藤という深刻な問題を発生させる。この問題を解決するため，全般的なスマートシティ特性と構造分析を通して各プレイヤー間の利害関係を把握し，お互いに悪影響を与える要因を排除する必要がある。その際，全体目標と段階的活動を明確に定義し，下位目標と事業活動に関する戦略を具体化する必要がある。

　また，スマートシティの構築には，多様な技術に基づく製品とサービスの開

発を始め，製造から設置と運営に必要な膨大な投資などに長期間を要する場合が多い。その際，供給側は投資コストより高い収益や新ビジネスの成長可能性，需要側は関連機器やサービス導入コストより高い明確なメリットを重視する。両側がメリットを認識した上で，長期的にコストを負担することで構築されるものである。そのため，プロジェクト立案時の長期的かつ効果的な支援策の策定と実施を先行させ，民間部門の積極的な参加を呼び掛けることが重要である。

東日本大震災以後からその価値が再評価されたスマートグリッドやスマートシティは，エネルギー部門のみならず社会全般のイノベーションを引き起こすツールとして，都市のインフラ再整備や経済活性化，防災対策のツールとして認識され，先進国から新興国まで世界各地で構築中である。本章では効果的なスマートシティ構築に求められる諸要因を検討するために国際比較を通じた考察を行った。しかし，未だに産業発展の初期段階にあること，旺盛な研究開発と実証事業の成果を踏まえたさらなる商品やサービス開発段階にあること，その発展モデルや発展方向に関するデファクトスタンダード（事実上の標準）の未形成段階にあることなどの制限で，多くの研究課題を残した分析にとどまった。スマートシティの成功的な構築には関連技術変化だけではなく，国際社会や国内・各地域の変化やニーズを素早く把握し，その変化に対応するようにスマートシティ・モデルを発展させていく姿勢と仕組みが必要だろう。

◀考えてみよう▶

①近い地域で推進されるスマートシティ構築事業を調べてみよう。

②スマートシティによって変化する日常生活上の変化を調べてみよう。

③海外と日本のスマートシティプロジェクトの目標とその特徴を調べて評価してみよう。

●参考文献

柏木孝夫［2012］『スマートシティ』時評社。
大和総研［2015］「スマートシティの可能性」2015年3月24日。
佐々木純一郎［2013］『地域経営の課題解決』東友館。
澤山弘［2012］『躍動する環境ビジネス』金融財政事情研究所。
塩崎賢明・西川栄一・出口俊一［2009］『世界と日本の災害復興ガイド』ともがわ出版。
日経BPクリーンテック研究所［2011］「世界スマートシティ総覧2012」。
尹卿烈［2012］『スマートグリッドにおける連携活動と事業開発に関する研究』福島大学地域創造第24巻第1号。
環境省ホームページ　http://www.env.go.jp/
United Nations［2014］「Revision of World Urbanization Prospects」.

第6章
震災時の物流復興
― 救援物資の効率的な輸・配送に向けて

　地震，特に大地震が発生した後は，人の死傷以外に，住宅，インフラなどの被害もよく発生するので，一時的に通常の生活ができなくなることが多い。その原因の1つは，被災地への物流が分断されたからであると考えられる。通常の物流は生産工場から，卸売，小売を経由し，家庭または人までの流れになる。企業は製品の品質を保障しつつ利益の最適化を追求し，家庭または人は自分の好きなものを購入する。それは社会経済活動の一環である。震災のとき，物流の主導者が企業から政府またはNGO（非政府組織）に，物流の役割が普通の社会経済活動から人命と健康を保障する救援活動に変わる。震災時の物流は震災後の復興に直接つながっているので，極めて重要である。

　しかし，大震災が起こったときは，被災地への物流が一層難しくなることがよくみられる。その原因は次のように考えられる。(1)被災地への道路が寸断され，平時のようにトラックで物を輸送することができなくなる。(2)被災者が多数であることに加え，被災者によって必要となる物が違うので，物資の品種も数量も多くなる。(3)一般的に，人間が飲まず食わずで生き延びられる限界は72時間とされているので，地震発生から72時間以内には水と食品を被災者に届けなければならない。(4)通信手段がない場合は，被災者数と位置情報が入手できない。加えて，震災の震度，地域の自然環境，産業環境，国などの要素により，救援方法が異なることが多くみられる。本章では，近年発生した中国四川省の汶川大地震と雅安大地震を例として，その物流を考察する。

1　汶川大地震の概要

　2008年5月12日14時28分,四川省汶川地域を震源とするマグニチュード8.0の大地震が発生し,四川省を含む広い範囲に甚大な災害をもたらした。地震による死者は約7万人にのぼり,負傷者数は約37万人に達し,行方不明者は約1万8千人になった(鄭[2008])。四川省,甘粛省,陝西省の3省にわたる被災地域は,合計41県(市,区)であり,被災総面積は10万km²以上に達した。

　地震発生当日,中央政府と関連部門ではすぐに最高レベルの災害対応システムを始動させ,中央レベルでの支援物資の備蓄物の配布をはじめとした,迅速な救援活動を展開した(王[2009])。全国各地から救援部隊とボランティア,そしてさまざまな救援物資が四川地域に集まり,成都がその中心地となった。救援物資の輸・配送効率を上げ,厖大な支援物資がもたらす物流混雑を和らげるため,成都市は空港,成都東駅,新築の展覧会センターなどを仮設物流拠点に指定した。そして30社以上の大中規模の物流業者を集め,救援物資の輸・配送と現場作業を行うとともに,ラジオ,新聞などを通じて救援物資の輸送車両を調達した。これらの活動は,大量救援物資の保管,輸・配送に大きな役割を果たした。

　一方,今回の災害救援活動を通して,緊急支援の物流システムが抱える多くの問題点も明らかになった。例えば,救援物資の入出庫管理が混乱した,プロセスが複雑であった,輸送効率が低い,物流現場で作業員の対応が遅れた,救援物資準備制度は妥当ではない,などの問題である。本章では,これらの問題を分析し,再構築のためのソリューションを提案する。

2　汶川大地震の救援物資供給

(1)　汶川大地震の物流フロー

　救援物資の物流フローは,図表6-1のとおりである。汶川大地震の救援物

図表6−1 ●汶川大地震における物流フロー

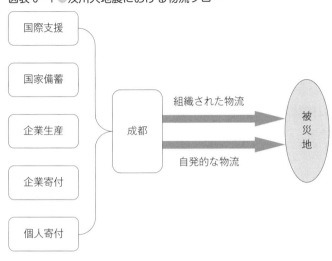

資の主な供給方式は，国際支援，国家備蓄，企業の生産，企業の寄付と個人の寄付などの5つに分けられる。交通の利便性の高い四川省の行政の中心である成都市が，救援物資の主な中継地点となり，救援物資の受け取り，保管，そして被災地への輸・配送において中心的な役割を担った。国際救援物資は，航空機で成都に運ばれ，国際空港近くの空港国際物流パークに一時保管された。国家備蓄の救援物資は，全国の各備蓄地から航空または陸上輸送で成都（空港，成都東駅，新築の展覧会センターなど）まで送られてきた。企業の生産による救援物資は2種類あり，1つは国家と企業との契約備蓄，もう1つは政府の請求に基づく一時的な企業生産であった。企業と個人が寄付した救援物資は種類が多く，規格も多様であった。

　これらの救援物資は主に2つの方法で被災地に送られた。1つは政府と民間組織が被災地へ届ける方法，もう1つは企業と個人から自発的に直接被災地へ送られる方法である。地震発生直後は被災地への道路は非常に混雑していた。企業と個人による自発的な配送は，車両の数が多く，震災によって減少した被災地へ向かう道路が渋滞したことから，政府と民間組織が大量の救援物資を適

時に被災地へ配送することもできなくなった。その後，救援物資は，企業と個人の自発的な配送を取りやめ，政府の統一管理により輸・配送する形に変更された。

(2) 汶川大地震における物資の入出庫プロセス

多くの救援物資は仮設の物流センターに一時的に保管され，被災地に配送することとなる。救援物資の入出庫プロセスは物資管理の大切な一環である。成都市物流協会［2008］の資料に基づくと，そのプロセスは図表6-2と図表6-3のとおりである。

多くの救援物資は，図表6-2と図表6-3のような入出庫プロセスのとおりで管理されていたが，現場ではさまざまな混乱が生じ，上記のプロセスで管理しにくい場合もあった。たとえば，入庫指示がないのに，企業寄付の物資が届いた。大量の個人寄付の物資が届いたが，その中身を全部チェック，記入することが難しかった，などである。今後，それらの問題解決および効率をいかに改善するかなど多くの課題が明確になった。

3　救援物資の輸・配送現場における問題点

(1) 現場ではケース単位の取り扱いが多い

物流現場では，救援物資はケース（箱）単位で輸送されるのが一般的であったため，作業に多くの人手が必要となった（図表6-4，図表6-5）。このようなケース単位の物資のハンドリングは，現場の作業量および作業時間を増加させるとともに，救援物資の輸・配送効率の低下にもつながった。また，現場における作業人数（特にボランティア）の増加により，管理が難しくなったこともあった。物流の視点からみれば，中国の救援物資の輸送現場で機械化がまだ進んでいないこと，パレットなどの貨物取りまとめ用の荷台は企業でのみ使用されていることなど，循環的な流通メカニズムがまだ整っていないことも原因の1つだと考えられる。

図表6-2 ●汶川大地震における救援物資の入庫プロセス

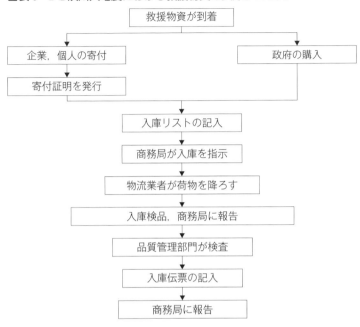

図表6-3 ●汶川大地震における救援物資の出庫プロセス

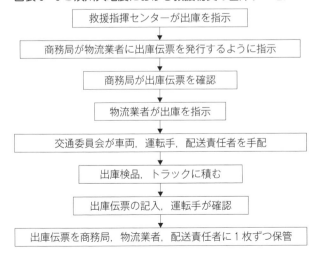

(2) 現場スタッフの専門的技能が不足

救援物資の輸・配送現場で作業を担ったのは主にボランティアであったが、そこには学生、会社員、農民、企業家、医師などさまざまな職種の人が集まっていた。多くのボランティアが物流現場での作業経験がなく、専門知識も持っていなかったため、物流現場は一時、大変な混乱ぶりをみせた。作業の方法も統一されていなかったので、バラバラであった。その結果として、救援物資の在庫状況の把握、輸・配送などさまざまな現場管理に問題が発生した。これらの問題点を解決するためには、救援物資の物流現場作業向けのボランティアは普段から必要な訓練に参加し、経験を積んでいくことが必要であることが明らかになった。

(3) 救援物資の備蓄制度が抱える問題点

中国には国、省、市、県の各レベルで救援物資を備蓄する制度がある（皺・李・王［2004］）。しかし、区・村など小さな行政単位における備蓄はほとんどなく、住民が自分の家で物資を備蓄する習慣もない。この体制は小さな災害への対応には問題がないが、汶川大地震ほどの大規模な災害には対応が困難であった。備蓄物資の種類、数量と保管場所の把握などの問題のほか、長距離輸送や、迅速な供給も難しかった。汶川大地震のときは、支給された救援物資の

図表6-4 ●救援物資の保管場所

図表6-5 ●救援物資の輸・配送の様子

ほとんどが政府からの救援物資であり，住民自らが緊急時に備えておいた物資はほとんどなかった。結果，巨大な自然災害が発生した後，必要な救援物資を輸・配送する作業量は非常に多かった。現在の救援物資備蓄メカニズムでは，物資の量にかかわる規定や参考となる基準がなく，物流能力の制約と救援の緊急性との矛盾を有効に解決することは望めない。したがって，救援活動の効率が悪く，救援コストが高くなる傾向にある。

(4) 救援物資の供給側と物流サービスプロバイダーとの連携の欠如

現在の中国の救援メカニズムは国家主導である（賀［2009］）。政府は購入もしくは寄付の形で救援物資を供給側から入手している。救援物資の輸・配送，特に配送は，物流サービスプロバイダーに指令・依頼するか，あるいは物流サービスプロバイダーが自主的に救援活動に参加する。政府，物資の供給側，物流サービスプロバイダーなどの3者間の関係は，図表6-6のとおりである。

このような災害救援体制では，物資供給側と物流サービスプロバイダーの間のコミュニケーションと協働はほとんどなく，物流効率が落ちることにつながりやすい。例えば，物資供給側の荷台と物流サービスプロバイダーの運搬機械の規格が一致せず，物流現場作業が非常に不便になった事例が多くみられた。供給側と物流サービスプロバイダーが利用した包装，計量単位も一致していなかったことから，救援物資の数量確認も難しくなった場合があった。その結果，物流サービスプロバイダーが長時間をかけて数量を再確認しなければならなかった。

4 救援物資における物流再構築のソリューション

(1) パレット単位でのハンドリング

救援における物流現場ではパレット単位でのハンドリングが物流効率化につながる。それを実現するため，パレットの流通体制と現場での簡単なマテハン

図表6-6 ●救援物資にかかわる政府，供給側と物流サービスプロバイダーの関係

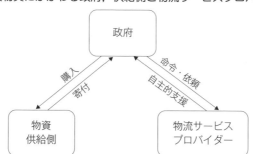

（マテリアルハンドリングの略。物流の効率化のための装置）設備が必要となる。このようなシステムは，省力化と省人化が実現する上，輸・配送効率も向上し，救援と復興のスピードを速めることが可能になる。例えば，1パレットの平均積み付け数を30ケースとする場合は，ケース単位でのハンドリングだと荷捌き回数は30回で，パレット単位でのハンドリングは1回で終わらせられる。そうなれば，効率が30倍に上がることが可能となる。

(2) 物流企業とボランティアにおいて定期的に専門訓練を行う

　ボランティアが物流にかかわる専門的な知識や技術を持っていないことは一般的に理解できる。災害救援には，作業者の労働耐性と緊急性の要求が高いので，平時から緊急事態を想定した訓練が必要となる。救援物流のボランティアは定期的に物流企業と物流現場で共同訓練を行い，専門技能を身につけ，物流企業と物流ボランティア間の協働作業能力を高めることが重要である。さらに，物流ボランティアがいつでも救援活動に参加できるように人員を確保することも救援物資の現場管理と物流作業が順調に行われることにつながる。このことによって，物流現場が混乱することを避け，救援物資の物流効率を向上させることが可能になる。

(3) 救援物資備蓄メカニズムの多様化

　まず，現在の中国での避難所の数はまだ少ないため，その設置も加速しなければならない（叶・王［2010］）。四川大地震では応急テントの需要が想像以上に多かったことから，その供給が一時的に間に合わないという事態が発生した。その原因の1つとして，中国の緊急避難所の数が大変少なかったことがある。緊急避難所の設置は，自然災害への対応だけでなく，応急テントの需要を大幅に減らすことができる。それに，応急テントの輸送と設置に費やした人員，車両，道路などの資源を他の救援物資のために使えるので，救援物資の輸・配送効率と救援活動の効果を向上させることが可能である。

　次に，"静"と"動"を結合した物資備蓄システムの構築が必要である。"静"とは，家庭，コミュニティ，県，市，省，中央政府など各レベルの物資備蓄を指す。家庭とコミュニティでの備蓄は住民がすぐ使えるので，災害時の物資供給の重要な方法の1つとなる。これを静態的備蓄という。そして"動"とは，流通備蓄および静態的な備蓄の間の動態的な調整メカニズムである。ここで流通備蓄とは，政府と企業の間で契約に基づいて調達する緊急時の物資供給のことである。緊急時がいつになるのかがわからないことから，このような備蓄は政府の負担を減らすことが可能となる。静態的な備蓄との間の動態的な調整メカニズムは現在でもあるが，どのように調整したら救援の対応能力が向上し，コストを低減させるかが今後の課題となる。

(4) 救援物資の供給と物流配送の標準化システムの確立

　先述したとおり，通常，物資の供給側と物流サービスプロバイダーは政府との連絡が多く，双方の直接な情報交換は少ない。それにより，救援物流現場ではさまざまな問題が発生しやすい。災害の不確実性のため，物資供給側と物流サービスプロバイダーは，普段から交流を深めることは難しい。この問題を解決するため，両者間の救援物資供給，および物流輸・配送システムの標準化を確立する必要がある（図表6-7）。緊急災害が発生した際に，救援物流にかかわる各部門は標準化されたシステムに基づき，物流の各プロセスを順調に進め

図表6-7 ●救援物資にかかわる各部門間関係の改善図

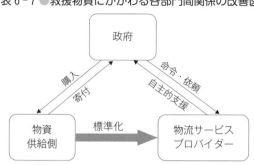

ることが可能になる。

5　雅安大地震の概要

　汶川大地震の5年後，2013年4月20日8時2分，四川省雅安市芦山県を震源とするマグニチュード7.0の大地震が発生した。四川省，重慶市，陝西省などにわたる広い範囲が被災し，地震による死者は196人，負傷者数は1万1,470人，行方不明は21人になった。被災総面積は12.5万km^2以上に達した。

　汶川大地震と同様，地震発生の当日，災害対応システムを始動させて，政府と民間組織が地震救援活動を展開した。物流に関しては，政府はすぐに対応し，地震の1時間後には，現地の物流業者が成都市物流協会を中心とする「成都市物流業界4.20雅安地震災害救援指揮部」を設置した。前回の汶川大地震の救援経験を活かし，雅安大地震の救援物流がより順調に推進していた。

6　雅安大地震の救援物資供給

　雅安大地震は汶川大地震と似ているところが多くある。例えば，震度が大きい，震源地は成都市までの距離が近い，被災地の範囲が広い，救援の参加者は政府，軍隊，民間組織などである。救援物資は各方向から成都を経由して，被

災地に輸・配送する。前回の救援経験についても今回の救援に活かせたことがたくさんあった。物流現場にかかわる点について考察する。

　汶川大地震の発生時に，政府と軍隊も，民間組織も，企業と個人も被災地に物資を運んだため，被災地への道路渋滞がひどかったが，今回は地震の発生直後から政府が高速道路料金の免除，通行許可などの手段で，被災地への高速道路網を確保し，迅速な救援物資を輸送するための条件がつくられた。今回は，成都だけでなく，救援活動の現場の近くにも物流センターを設置した。各方面から運ばれた物資はここで仕分け作業ができたため，被災地へ配送するのがより効率的に行えた。

　現場作業については，汶川大地震発生直後の現場には，物流の専門技術や経験を問わず，ボランティアが参加していたので，短い時間で大量な物資を仕分ける現場が一時的に混乱した。こうした汶川大地震の経験により，最初に専門の物流業者が現場に入るようにした。救援物資の調達，保管および配送などは一元管理することにより，現場作業はより順調に行われた。物流業者のほか，沢山のボランティアも活躍することができた。

　物流企業の集まりは，雅安大地震と汶川大地震とで違うところがある。汶川大地震のときは，政府も企業も大規模な震災の経験が不足していたため，大量な救援物資の輸送，保管，荷捌きなどのノウハウがなく，地震発生直後は混乱したことがあった。その後，政府の指導により，成都市物流協会などの民間組織が会員企業を呼びかけ，物流現場が順調になった。雅安大地震のときは，発生直後に民間組織が積極的に会員企業を集め，現地入りし，救援物資輸送の実務を担当した。雅安大地震の物流現場では，ケース単位の保管と配送もあったが，パレット単位の保管と配送が見られ，効率が上がるようになった。

　汶川大地震と雅安大地震の救援物資の輸・配送を比較すると，雅安大地震の際には汶川大地震の経験を活かし，よりスムーズに行い，被災者に必要な物を速く届けることができた。それにより，被害がある程度に抑えられ，地震後の復興にもつながった。こうした震災などの大規模災害の復興過程で発見された問題点と，その解決に向けた取り組みは，今後の大規模自然災害からの復興に

役立つと思われる。四川省の汶川と雅安で発生した大地震からの復興過程では，中国の緊急救援能力が注目され，同時にそのコストにも関心が集まった。緊急救援物資の輸・配送をいかにして，多くもなく，少なくもなく，適切なところに適切な量を輸・配送できるかは，中国のみならず，他国においても大きな課題となっている。世界中の救援物資の輸・配送の経験を交流し，お互いに学んでいくことが必要である。平時において，災害発生時の対応をよく準備しておくことは極めて重要である。

◀考えてみよう▶

①大震災後の救援物資の輸・配送はなぜ難しいのだろうか。

②汶川大地震の救援物資の輸・配送現場の問題とそのソリューションは何であるか。

③雅安大地震の救援物資の輸・配送は汶川大地震のどんな経験を活かして効率が改善されたか。

●参考文献

鄭長徳［2008］「四川省汶川特大地震の被災地の人口統計の特徴に関する研究」『西南民族大学学報（人文社会科学版）』，中国語，2008(9)：21-28。
王宏偉［2009］「汶川地震における緊急救援活動の成功経験と示唆」『防災科学院学報』，中国語，11(2)：72-81。
成都市物流協会［2008］『決戦生命線』，中国語，成都市物流協会。
皺銘・李保俊・王静愛［2004］「中国救援物資の備蓄拠点の適正分布に関する研究」『自然災害学報』，中国語，13(4)：135-139。
賀梟［2009］「非政府組織による災害救援活動の制度分析」『法制と社会』，中国語，2009(8)：217-218。
叶明武・王軍［2010］「都市部における避難所建設の理論探求と実証分析」『資源環境と発展』，中国語，2010(3)：28-30。

第7章
グローバル復興教育
―Fukushima Ambassadors Programの可能性

　本章では，東日本大震災・東京電力福島第一原発事故の被災地福島の復興にとって教育が果たす役割について考察する。その際，震災以降福島大学が実施してきた「Fukushima Ambassadors Program」を事例として取り上げ，復興教育の福島モデルの可能性について考えてみたい。

1　3.11の被災地福島の現状

(1)　課題先進被災地としての福島

　2011年3月11日14時46分，東北の三陸沖を震源とするわが国観測史上最大規模（マグニチュード9.0）の巨大地震が発生した。それに伴って発生した津波は，死者約1万5,878名，行方不明者2,713名という甚大な被害をもたらすことになった。また，巨大地震によって発生した津波が東京電力福島第一原子力発電所を直撃し，電源喪失によって当時運転中の1～3号機がメルトダウンを起こし，圧力・格納容器の破損によって大量の放射性物質が放出されることになったのである。

　福島にとって「3.11」とは，地震・津波という自然災害と原子力発電所事故という原子力災害が同時発生した「複合災害」なのである。複合災害としての「3.11」は放射線被曝に対する健康不安，除染，避難・帰還，補償・賠償，中間貯蔵施設建設，風評被害，差別・偏見など，被災地福島に多くの難問をもたらすことになった。

　岩手，宮城と比べて，3.11の被災地福島の復興に伴う困難性は，以下の3点

に集約できよう。

　第1は，原発事故からの復興を実現する上での技術的困難性である。メルトダウンを起こした複数の原子炉の廃炉，大量に飛散した放射性物質の除染，原発事故に起因する放射性物質の管理・貯蔵など，被災地福島はこれまで人類が経験したことのない試練に挑まなければならないのである。

　第2はコミュニティの特異な分断状況である。今回の原発事故の責任をどのように考えるべきか，自分たちの故郷に戻れるのか，あるいは戻るべきなのか，さらには，福島で生活するのは本当に安全なのか。これらの問いかけに対して福島で暮らす人々は程度の差こそあれ，今も葛藤しているのである。加えて，被災の範囲や程度に応じた補償・賠償をめぐる不公平感が人々の間に存在しているのも事実である。このような状況を乗り越え，コミュニティの絆をいかにして再生させるのか。

　第3は，被災地福島に対する誤解や偏見である。原発事故後，「福島では生活できない」，「福島産の食品は危険である」といった科学的根拠に基づかない先入観，誤解，偏見が海外において根強く浸透してしまった。このような誤解や偏見に加えて，震災から6年が経過した今日，「風化」という問題も深刻化している。

　まさに，「3.11」の被災地福島は「課題先進被災地」と言えるのである。この場合の「課題先進」とは，世界の他の地域や過去の災害被災地がこれまで経験したことのない難問に直面していること，そして，そこでの課題に対する取り組みが今後他の被災地のモデルになることを意味する。

　福島に限らず，今回の「3.11」は，高齢化，地域の過疎化，人口流出等，災害発生以前にそれぞれの被災地が直面していた問題をクローズアップさせることになった。その意味で，課題先進被災地としての福島は，①3.11以前に存在していた難問（人口減少，高齢化，少子化，地域の過疎化等），②3.11によって発生した難問（放射線被曝への健康不安，避難・帰還，廃炉，除染，賠償・補償等），③3.11後に深刻化した難問（風評被害，偏見・差別，家族やコミュニティの信頼関係や絆の分断等）という3つの難問を乗り越えていかなければ

ならないのである。

(2) 福島の復興に向けた取り組み

　2011年7月に政府が策定した「東日本大震災からの復興の基本方針」では，復興期間を平成32年度（2021年度）までの10年間とし，復興需要が高まる平成27年度までの5年間を「集中復興期間」と位置づけている。また，2015年6月に定められた「平成28年度以降の復旧・復興事業について」においては，復興期間の後半5年間（平成28～32年度）が「復興・創生期間」とされ，10年間の復興期間の復旧・復興事業財源として，総額約32兆円が確保されている[1]。

　2012年7月13日に閣議決定された「福島復興再生基本方針」では，『福島の再生なくして日本の再生なし』の理念が掲げられ，①安全・安心な生活環境の実現，②地域経済の再生，③地域社会の再生の3つの目標が定められている。そして，「原子力災害からの復興及び再生に当たっては，地域のコミュニティの維持や福島県内外の避難者，帰還者，避難しなかった者すべての住民の一体性・絆の確保を図りつつ，避難者の支援やふるさとへの帰還の支援，公共インフラの復旧・整備等の復興まちづくりを進めるとともに，社会の基本的な支えである治安，教育，医療，保育，介護等について住民の必要に沿った質の高い支えを再建し，住民一人一人が災害を乗り越えて豊かな人生を送ることができる地域社会を再生することに取り組む」ことが明記されている[2]。

　このような政府レベルでの取り組みと並行して，福島県の「福島県復興ビジョン」では，①原子力に依存しない，安全・安心で持続的に発展可能な社会づくり，②ふくしまを愛し，心を寄せるすべての人々の力を結集した復興，③誇りあるふるさと再生の実現，の基本理念に基づき，「福島の未来を見据えた対応」として未来を担う子ども・若者の育成への取り組みの重要性が強調されている[3]。

　また，2012年12月以降に福島県が策定した「福島県復興計画」では，①原子力に依存しない安全・安心で持続的に発展可能な社会づくり，②福島を愛し，心を寄せる全ての人々の力を結集した復興，③誇りあるふるさと再生の実現の

3つの理念が掲げられ，①安心して住み，暮らす，②ふるさとで働く，③まちをつくり，人とつながる，の3つの目標を実現するため，さまざまな主要プロジェクト（環境回復，生活再建支援，県民の心身の健康を守る，未来を担う子ども・若者支援，農林水産業再生，中小企業等復興，再生可能エネルギー推進，医療関連産業集積，ふくしま・きずなづくり，ふくしまの観光交流，津波被災地等復興まちづくり，県土連携軸・交流ネットワーク基盤強化）が進行中である[4]。

2　3.11後の福島における主要な教育プロジェクト

　課題先進被災地としての福島の復興にとって，教育はどのような役割を果たすのか。福島で展開すべき復興教育プログラムとはどのようなものであるのか。ここでは，3.11後に福島で展開されている3つの主要な取り組みについて概観したい。

(1)　創造的復興教育
　3.11後，中央教育審議会教育振興基本計画部会は，被災地東北における未来型教育モデルを開発し，それを全国に普及していくことを目指し，「創造的復興教育」というビジョンを提示した。本ビジョンにおいては，被災地で展開すべき教育の4つの基本的方向性として①社会を生き抜く力の養成，②未来への飛躍を実現する人材の養成，③学びのセーフティネットの構築，④絆づくりと活力のあるコミュニティの形成，が示され，「大学やNPO，ボランティア，地域住民等の多様な主体による協働型の教育」，「予測困難な社会の中で，自ら学び考え行動できる力を養う教育」，「グローバル社会に対応した，新たな価値を創造・主導するイノベーティブな教育」，「ITの活用を含む多様な学びの場の確保により，誰でもアクセス可能な教育」，「故郷愛や絆に根ざした，復興を支える地域の人材を生み出す教育」の重要性が指摘されている[5]。
　2013年6月14日に閣議決定された第2期教育振興基本計画（平成25〜29年

度)では，東北各地で展開されている教育プロジェクトについて,「今後の我が国の教育の在り方に大きな示唆を与えるものであり，こうした東北発の未来型教育モデルづくりを被災地だけでなく，我が国全体で発展させていけるような支援を行う」と改めて明記されている。そして，このような東北発の未来型教育モデルの有する特徴として，①持続可能な地域づくりに貢献できる人材の育成，②「教授中心」から「学習者中心」へ,「受動的で静的な教育」から「能動的で創造的な学習」への転換，③多様な主体との協働による学習環境の構築，④地域復興の歩みそのものが学びの対象となり，相乗効果で地域の復興も後押しする取り組み，の4つが指摘されている[6]。

福島に関連した創造的復興教育プロジェクトとしては,「OECD東北スクール」[7]や「双葉郡教育復興ビジョン」[8]等があげられる。

(2) 「生き抜く力」を育むための福島防災教育

3.11後，文部科学省は防災教育の重要性を改めて認識し，各学校に児童生徒等を災害から守るための防災マニュアルとして「学校防災マニュアル（地震・津波）作成の手引き」，さらには各学校の学校防災のための参考資料「『生きる力』を育む防災教育の展開」を配布した。

このような動きを背景にして，福島県教育委員会は福島県独自の防災教育の確立をめざし，2014年2月に「『生き抜く力』を育む福島県の防災教育」を作成している。この中で，福島県における防災教育が取り扱うべき6つの内容として，①「生き抜く力」を育むための福島県の防災教育，②教育課程における防災教育の位置づけ，③防災教育・防災管理・組織活動の再認識，④学校安全全体の推進（災害安全と交通安全・生活安全との関わり),⑤安全・安心な地域づくりと学校の役割，⑥持続可能な社会をつくる防災教育の構築とされ，各地域・学校が具体的に取り組むべき事項として，①安全点検，避難訓練などの防災管理・防災マニュアルの継続的な改善，②防災教育の基本理念の理解と各学校での展開，③県・市町村・学校の連動した防災研修，④3.11を風化させないための教育活動の4つが明記されている[9]。

(3) アカデミア・コンソーシアムふくしま（ACF）

「アカデミア・コンソーシアムふくしま（ACF）」は，2009～2011年度に実施された「大学教育充実のための戦略的大学連携支援プログラム（文部科学省）」の継承事業として，2012年度「大学間連携共同教育推進事業（文部科学省）」に採択されたプロジェクトである。ACFの目的は，3.11によって加速・深刻化する地域人材育成の危機を踏まえ，福島県内にある16すべての大学・短大・高専（福島大学，会津大学，福島県立医科大学，いわき明星大学，奥羽大学，郡山女子大学，東日本国際大学，福島学院大学，日本大学，放送大学，会津大学短期大学部，いわき短期大学，郡山女子大学短期大学部，桜の聖母短期大学，福島学院大学短期大学部，福島工業高等専門学校）が，テクノアカデミー3校および行政・経済の諸団体とともに，大学間連携を通じて「課題探求・解決力を持ち，情報発信力が高く，つなぎ・導くことができる人材=『強い人材』」を育成することにある。福島大学が代表校として事務局を担当している。ACFの枠組みにおいて，①地域の産業諸機関との連携の下ですすめるモデル的教育プログラム，②逆境を逆手にとった「強い人材」育成，③大学生が発信する「入学前教育」，④グローバル教育推進プログラム，⑤「開かれた内部質保証システム」のモデル開発，の5つのプロジェクトが展開されている[10]。

3　被災地福島の復興教育を取り巻く4つのグローバル・トレンド

次に被災地福島の復興教育を構想する際に看過できない最近のグローバル・トレンドについて述べたい。

(1) 仙台防災枠組

東日本大震災を踏まえ，2015年3月14～18日まで宮城県仙台市で第3回防災世界会議が開催された。国連加盟国，国連機関代表，NGO等，約6,500人が本

会議に出席し，関連事業を含めると15万人以上が国内外から参加した。本会議の目的は，2005年に採択された「兵庫行動枠組」を継承する新しい国際防災ガイドラインを策定することである。本会議の成果文書として，「仙台防災枠組2015〜2030」が取りまとめられた。

「仙台防災枠組」では4つの優先行動（①災害リスクの理解，②災害リスク管理のための災害リスクガバナンスの強化，③レジリエンスのための災害リスク軽減への投資，④効果的な対応のための災害準備の強化と回復・復旧・復興に向けた「より良い復興」）と7つの目標（①死亡者数，②被災者数，③経済的損失，④重要インフラの損害，⑤防災戦略採用国数，⑥国際協力，⑦早期警戒及び災害リスク情報へのアクセス）が明記されている[11]。

(2) 持続可能な開発目標（SDGs）

国連創設70周年の2015年，9月25〜27日までニューヨークの国連本部に各国の首脳が集まり，「我々の世界を変革する：持続可能な開発のための2030アジェンダ（SDGs）」（国連文書A/70/L.1）を採択した。「ミレニアム開発目標（MDGs）」を継承したSDGsは，「万人のための教育（EFA）」，「国際識字の10年（UNLD）」，「持続可能な開発のための教育（ESD）」の理念や目標をも包摂する野心的な取り組みである。SGDsの前文は，以下のように述べている。

> 我々は，人類を貧困の恐怖及び欠乏の専制から解き放ち，地球を癒し安全にすることを決意している。我々は，世界を持続的かつレジリエントな道筋に移行させるために緊急に必要な，大胆かつ変革的な手段をとることに決意している。我々は，この協働の旅路に乗り出すに当たり，誰一人取り残さないことを誓う[12]。

(3) 持続可能な開発のための教育（ESD）

2002年9月，南アフリカのヨハネスブルクサミットで開催された「世界首脳会議（WSSD）」における日本の提案を踏まえ，同年第57回国連総会は2005〜

2014年までの期間を「国連持続可能な開発のための教育の10年（DESD）」に定めた。

「持続可能な開発のための教育（ESD）」とは，人類が将来の世代にわたり恵み豊かな生活を確保できるよう，気候変動，生物多様性の喪失，資源の枯渇，貧困の拡大等，人類の開発活動に起因する現代社会におけるさまざまな問題を，各人が自らの問題として主体的に捉え，身近なところから取り組むことで，それらの問題の解決につながる新たな価値観や行動の変容をもたらし，もって持続可能な社会を実現していくことを目指して行う学習・教育活動である[13]。

DESD期間終了後，2015年9月の国連総会で採択された「持続可能な開発のための2030アジェンダ」の教育目標（ゴール4）達成のためのガイドラインとなる「教育2030行動枠組み」が同年11月のUNESCO，加盟国政府，INGO等のハイレベルな会合で採択されている。

(4) 21世紀型能力（OECD Education 2030）

OECDは，2015年に「Education 2030」を立ち上げた。これは，加盟国共通の課題である教育改革に関して，2030年の世界に子供たちに求められる新たな学力と教育のモデル開発を目指すプロジェクトである。本プロジェクトは，90年代末以降OECDが手掛けてきた「キーコンピテンシー」策定作業の延長線上に位置づけられるものである。現時点では，2030年の世界に求められるコンピテンシーについて「知識」，「スキル」，「人間性」を有機的に関連づけ，2015～2018年にかけて検討する予定である。

OECDが2000年以降実施してきた「生徒の学習到達度調査（PISA）」では，2015年には「協働問題解決能力」が投入され，2018年のPISAでは「グローバル・コンピテンス」を測定する予定である。

4 グローバル復興教育の福島モデル試論 —Fukushima Ambassadors Program

　以上，3.11の被災地福島の復興に向けた教育分野での主要な取り組み，および被災地福島の復興教育を構想する上で無視できない重要なグローバル・トレンドについて論じてきた。本節では，これらの考察を踏まえ，福島大学が2012年から運営している短期プログラム「Fukushima Ambassadors Program」を紹介し，その概要や学習の方法，実績，成果，課題などを考察することで，被災地福島におけるグローバル復興教育のあり方について考えてみたい。

(1) FAPの概要

　Fukushima Ambassadors Program（以下，FAPという）とは，2012年以降これまで10回実施されている福島大学の多文化混住型短期留学プログラムである。"多文化混住型（mixed-group dynamics）"とは，専攻分野や出身大学などが異なる学生同士が，共通するテーマに基づいた学習プログラムを受講することで，従来にはない新しい発想が創出されることに重点を置くプログラム形態である。FAPでは，海外の大学から放射線科学や社会学などを学ぶ優秀な留学生を約2週間のプログラムに招き，福島大学およびコンソーシアム加盟校の学生とともに被災地等を回りながら，課題先進被災地福島の「3つの難問」について理解を深めている。

　このプログラムは，さまざまなアクティブ・ラーニング手法を取り入れることにより，語学だけに頼らないコミュニケーション能力を養うとともに，フィールドワークや課題解決型学習を中心としたカリキュラムを使って福島の未来を支える「知識」「発信力」「レジリアンス」を養成する（次項のモデル日程を参照）。これまで，アメリカやドイツを中心に7カ国131名の留学生が，のべ460名以上の福島県内の学生とともにプログラムに参加しており，地域住民との交流や有識者による講義など，福島県全体を巻き込んだ積極的な課題解決

図表7-1 ●Fukushima Ambassadors Programの理念

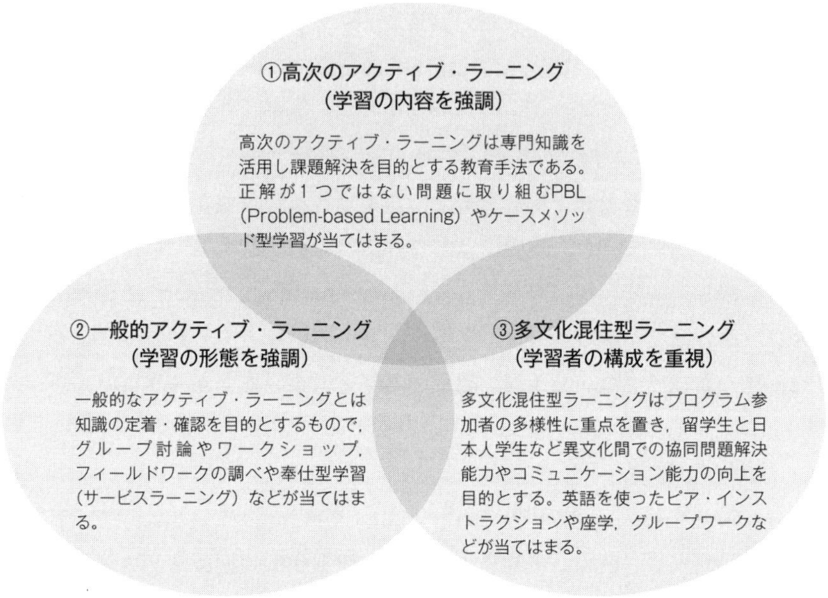

①高次のアクティブ・ラーニング
（学習の内容を強調）

高次のアクティブ・ラーニングは専門知識を活用し課題解決を目的とする教育手法である。正解が1つではない問題に取り組むPBL（Problem-based Learning）やケースメソッド型学習が当てはまる。

②一般的アクティブ・ラーニング
（学習の形態を強調）

一般的なアクティブ・ラーニングとは知識の定着・確認を目的とするもので，グループ討論やワークショップ，フィールドワークの調べや奉仕型学習（サービスラーニング）などが当てはまる。

③多文化混住型ラーニング
（学習者の構成を重視）

多文化混住型ラーニングはプログラム参加者の多様性に重点を置き，留学生と日本人学生など異文化間での協同問題解決能力やコミュニケーション能力の向上を目的とする。英語を使ったピア・インストラクションや座学，グループワークなどが当てはまる。

型教育を通して，参加者全員がプログラム終了後も福島の現状を世界に発信する「Ambassador（友好外交官）」として活躍することを目指している。

(2) FAPの目的・モデル日程・実績

当初FAPが企画された背景には，福島の復興に資する"グローカル人材"を育成するという狙いがあった。この場合の"グローカル人材"とは，「被災コミュニティの再生」，「世界への正しい情報発信」，「復興を通して得た知識・教訓の共有」などといったローカルな"ミッション（使命感）"と，「異文化コミュニケーション力」や「グローバルな視点での課題発見・解決力」といった"グローバル・コンピテンシー"の2つを兼ね備えた人材のことである。そのため，プログラムのカリキュラムはグローバルな資質を有し，福島を取り巻く状況の特殊性を踏まえつつ，専門的な既有知識を使って福島が直面する困難な

諸課題に実践的・主体的に取り組む人材の育成を目的にしており，主に次の3つの教育手法と概念を用いて構成されている（図表7-1）。

プログラムで採用している教育手法については，これまで実施してきたプログラム行程「モデル日程」に示されている（図表7-2を参照）。

プログラム日程を作成する上での留意点として，福島の難題を包括的に理解できるよう，時系列に福島の「過去」，「現在」，そして「未来」の課題を取り上げ，さらにはそれぞれの相関性を明確化することで，短期間での状況の理解を深めている。また，英語で講義を行い，住民との対話も通訳者の話す英語を中心に展開することで，福島や非英語圏からの学生にとって，英語を使って世界に福島の情報発信を行う実用的な学習の場となるよう，配慮をしている。そのためには，使用する単語集の作成と配布など，事前研修にも工夫が行われている。さらには，行程の中で座学と，座学に関連したアクティブ・ラーニングを交えて行うことで，効率的な知識の定着が行われるよう，行程を組み立てている（図表7-2）。

なお，上記はあくまでモデル日程であり，実際のプログラム内容は関係機関との継続的なヒアリングを参考に，その都度復興の状況や有識者の問題意識に合わせた最新の内容となるよう調整を行っている。例として，2013年までのプログラムでは旧警戒区域（現帰還困難区域）の立ち入りを制限していたが，線量の大幅な減少や自治体の復興計画の遂行に基づき，行動範囲を毎年増やし第9回目の実施からは，第一原子力発電所の視察も内容に取り入れている。さらには，本プログラムは年に2回（夏，冬）実施され，それぞれ「被災地における持続可能な社会作り」，「放射能汚染の実態」等といった異なるテーマに沿ってカリキュラムを構成することによって，勉学・研究テーマとの関連性が高い学習内容を提供しながら，同じ関心を持つ学生同士のコミュニケーションを通した深い学びと知識の定着を可能としている。

(3) アウトカム（プログラム受講の成果）

FAPでは，プログラム開始時と帰国前にアンケートを行うことで，参加学

図表7-2 ●Fukushima Ambassadors Program「モデル日程」(過去のプログラム行程より作成)

1日目(オリエンテーション) 主たる教育手法: →TBL(チーム基盤学習) →ピアラーニング	・プログラム趣旨,福島の現状について講義 ・協同型アイスブレーカー(フォト・オリエンテーリングなど) ・日本人学生主導の日本語講座,書道体験など ・医療関係者および参加者のうち,放射線防護を専門とする学生による放射線による健康リスクに関するディスカッション
3日目～4日目 (福島の過去の課題) ねらい: 震災によって過去に福島にもたらされた様々な被害や課題に関する生きた知識を身につける 主たる教育手法: →調べ学習 →奉仕型学習(Service Learning)	・政府関係者による除染や復興に関する政策のレクチャー ・農業総合センターなどにて食の安全への取り組みについて学習 ・農家等にて,住民が実際に感じる放射線への不安とこれまでの対策についての対話や政策面への要望のヒアリング ・農作物の収穫と線量測定を実際に体験 -------- ・津波被災地視察,津波被災者宅でのホームステイ ・福島沖で獲れる魚の線量測定や試験操業についての講話 ・帰還困難区域の視察(復興拠点や中間貯蔵施設など)
6日目～8日目 (福島の現在の課題) ねらい: 福島が現在直面している課題について,理想と現実との違いに気づき,理解する 主たる教育手法: →発見学習 →IBL(Inquiry-Based Learning) →LTD話し合い学習	・福島第一原子力発電所,福島第二原子力発電所の視察 ・地元住民との,原発事故と今後の対策についてのディスカッション ・遠隔技術開発センターにて,廃炉の進捗状況についての講座 ・廃炉研究施設視察,バーチャルリアリティを使っての原子炉建屋疑似ツアー -------- ・被災地における課題について,社会学的考察による講義 ・避難指示解除区域(南相馬市小高地区など)での帰還支援ボランティア活動 ・仮設住宅および復興住宅での国際交流イベントの企画・実施(足湯,なみえ焼きそば作り,昔遊びなど)と,日本人学生による通訳を介した住民との対話 ・被災地で住民支援を続けるボランティアとのグループ対話
9日目～10日目 (福島の未来の課題) ねらい: これまでの経緯を踏まえ,これから福島が進もうとしている方向性や共有したい教訓を理解し,既有の知識とのつながりを考える 主たる教育手法: →PBL型ワークショップ →ケースメソッド学習	・避難指示解除後の街づくりについて,現地のNPOなどと懇談 ・コミュニティ電力など,社会問題の解決を目的とした収益事業に取り組んでいる社会企業の訪問・講話 ・ふたば未来学園など,震災を契機に新たな教育カリキュラムに取り組んでいる教育機関の訪問 -------- ・最終講義にてこれまでの行程のおさらいとまとめ ・KPT法(Keep, Try, Problem)を活用したワークショップでの個々の振り返りと発表

生の意識の変化を把握している。具体的には①プログラム前の福島の印象の変化や，②プログラムを通して達成したい目標の設定到達度，そしてリフレクティブ・クエスチョンに基づいた設問を通して，③「知識」「発信力」「レジリアンス」，そして「グローバル・コンピテンシー」に関連した技能の成長度合いを測っている（図表7-3）。

(4) FAPの現状と課題

FAPの今後の課題としては，以下のとおりである。

第1は，FAPの高次のアクティブ・ラーニング（以下，ディープ・アクティブ・ラーニングという）をさらに強化することである。アウトカムからも読み取れるように，現プログラムは学生の知識の定着率および発信能力に対しては成果が見えるが，実際の知識の応用に関してはまだ改善の余地がある。松下[2015] は，「ディープ・アクティブ・ラーニング」を「学生が他者と関わりながら，対象世界を深く学び，これまでの知識や経験と結びつけると同時にこれ

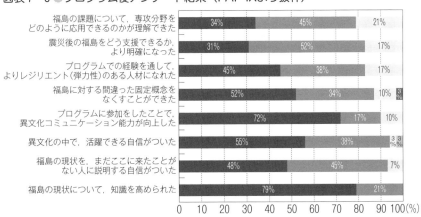

図表7-3 ●プログラム後アンケート結果（FAP IXより抜粋）

（注）回答者（n）：29（短期留学生＋日本人学生）。

からの人生につなげていけるような学習」[14]と定義し，一般的特徴として以下の6つをあげ，学生側の「深い学習」，「深い理解」，「深い関与」の観点から「ディープ・アクティブ・ラーニング」の理論的整理を試みている。

- 学生は，授業を聴く以上の関わりをしていること
- 情報の伝達より学生のスキルの育成に重きが置かれていること
- 学生は高次の思考（分析，総合，評価）に関わっていること
- 学生は活動（例：読む，議論する，書く）に関与していること
- 学生が自分自身の態度や価値観を探究することに重きが置かれていること
- 認知プロセスの外化を伴うこと[15]

これらの要素をさらに深くプログラムのカリキュラムに取り入れることにより，学生の知識の応用を向上させるとともに，人材育成の視点から，「レジリアンス」，「情報発信」，「グローバルコンピテンシー」のほかに，「情報・知識リテラシー（Information・Knowledge Literacy）」の育成を促すことが可能となる。溝上［2014］は，情報・知識リテラシーを「情報や知識を収集・検索・選択・共有・マネジメント・活用・編集・発信する能力」[16]およびそれらの作業を効果的・能率的に進めるための認知的な処理能力を伴うものとし，SNSなどの発展による検索型情報社会の到来により，将来最も重要性が高いスキルの1つであると定義している。既存のプログラムの情報発信能力の開発にとどまらず，情報と知識の共有・マネジメント能力の向上をディープ・アクティブラーニングを通して目指すことで，福島だけではなく世界中の地域社会が直面する困難な諸課題に実践的・主体的に取り組む人材の育成につなげることが可能となる。

　第2は，プログラムの水平的・垂直的拡大である。福島県内に体系的な復興教育プログラムを確立するために，高等教育機関は先に述べた「OECD東北スクール」，「ふたば未来学園」等を含めて初等・中等教育機関による復興教育プログラムとの連携を強化すべきであろう。また，「世界で唯一の復興教育の福

島モデル」の確立を希求しつつ、3.11の被災地岩手や宮城だけでなく、世界各地の災害被災地で展開されている「復興教育」プログラムとの交流・連携を強化することである。最後に、原子力災害の特異性・複雑性・深刻性を踏まえ、福島の復興教育は、「持続可能な開発のための教育（人間と環境）」、「平和教育（戦争・紛争）」、「人権教育（差別・偏見）」、「グローバル教育（異文化理解）」等の関連教育プログラムと問題意識を共有し、その射程を広げていくべきであろう。

　最後に、FAPを、現在世界で進行中の4つの教育のグローバル・ガバナンス・プロジェクト、「仙台防災枠組」「SDGs」、「ESD」、「Education 2030」の要素を取り入れたプログラムへと段階的に移行していくことである（**図表7-4**）。既存のFAPのテーマは、前述のとおり「福島の新たな創世に資する中核人材の育成」であるが、小松［2014, 2016］は復興教育が、緊急対応に始まり、ニーズ調査と対応、そして通常の教育開発プロセスへと段階的に進む必要性を指摘し[17]、さらに、大規模な災害後の社会は、教育刷新の契機として捉えるべきだとする。復興の進展と同時に、FAPのプログラム内容も震災を変革の機会（Window for opportunity）として捉えた、国際教育協力のフレームワーク

図表7-4 ●FAPの課題

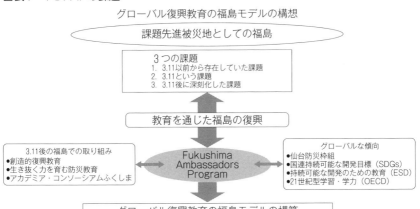

の形成（グローバル復興教育の福島モデル）に向けて取り組んでいくことで，世界が共通して直面する21世紀の課題解決と，災害に強い社会づくりの実現をその新たなミッションとして定めるべきである。

◀考えてみよう▶

①3.11から6年が経過した被災地福島が直面している課題について調べてみよう。

②福島の復興にとって教育が果たす役割について考えてみよう。

③災害被災地の復興に寄与する国際交流のあり方について考えてみよう。

●注

1　平成28年3月11日閣議決定「『復興・創生期間』における東日本大震災からの復興の基本方針」。
2　復興庁「福島復興再生基本方針」2012年7月13日，6頁。
3　福島県「福島県復興ビジョン」2011年8月11日。
　　http://www.pref.fukushima.lg.jp/sec/11015b/fukkouvision1001.html
4　福島県庁「福島県復興計画」
　　http://www.pref.fukushima.lg.jp/site/portal/ps-fukkoukeikaku1001.html
5　中高教育審議会教育振興基本計画部会「『創造的復興教育』の推進」2012年6月21日。
6　文部科学省『平成26年度文部科学白書』，85-86頁。
7　http://oecdtohokuschool.sub.jp/
8　http://futaba-educ.net/
9　http://www.sousou-eo.fks.ed.jp/bousai.html
10　http://acfukushima.net/
11　第3回国連防災世界会議関連資料については，以下のURLを参照のこと。
　　http://www.mofa.go.jp/mofaj/ic/gic/page3_001128.html
12　UN General Assembly [2015] "Transforming our World: the 2030 Agenda for Sustainable Development" (UN Doc. A/70/L.1) 18, September 2015, p.1.
13　持続可能な開発のための教育に関する関係省庁連絡会議，我が国における「持続可能な開発のための教育（ESD）に関するグローバル・アクション・プログラム」実施計画（ESD国内実施計画），1頁。
14　松下佳代編［2015］『ディープ・アクティブラーニング』勁草書房，23頁。
15　前掲書，1-23頁。
16　溝上慎一［2014］『アクティブラーニングと教授学習パラダイムの転換』東信堂，54-63頁。
17　小松太郎［2014］『紛争・災害後の教育支援』東信堂，92-101頁。小松太郎編［2016］『途上国世界の教育と開発——公正な世界を求めて』上智大学出版会，221-243頁。

第8章
地震メカニズム
―東北地方太平洋沖地震以降の地震活動

1　20世紀以降に発生した大きな地震

　図表8-1に20世紀以降に地球上で発生した規模の大きな地震のうち上位10位までをあげる（9位が4つあるため，合計12の地震をあげている）。図表8-1を見ると上位10位の地震はそのほとんどが収束型プレート境界で発生した逆断層型の地震であり，インドネシアとチベットを除いた8つの地震が環太平洋造山帯に含まれる。

　20世紀以降に地球上で発生した地震の中で最も規模が大きいのは1960年に発生したチリ地震である。モーメントマグニチュード（Mw）[1]が9.5と，有史以来最大規模であった。最大震度は気象庁震度階級で震度6相当であったため，地震による直接的な犠牲者は1,743名であったが，津波を合わせると約6,000名が亡くなった。地震の38時間後に噴火したコルドン・カウジェ山をはじめとして，本震から1年以内に5つの火山が噴火するなど，周辺の火山活動にも影響を与えた。

　地球の反対側で起こったこの地震発生によって約22時間半後の5月24日未明に最大で6mの津波が三陸海岸沿岸を中心に襲来し，142名が亡くなった。津波による被害が大きかった岩手県大船渡市では53名，宮城県志津川町（現南三陸町）では41名，北海道浜中町霧多布地区では11名が死亡した。気象庁はこの津波をチリ地震津波と命名したが，地球の反対側から突然やってきた津波（遠隔地津波）に対する認識が甘かったことが指摘された。以後，気象庁は日本国

外で発生した海洋型巨大地震に対してもハワイの太平洋津波警報センターなどと連携をとるなどして津波警報・注意報を出すようになった。

また，チリ沖では2010年にもMw8.8の地震（チリ・マウレ地震：図表8-1）が発生し，太平洋全域に津波が到達することが地震直後に判明した。気象庁は，2月28日9時33分に青森県太平洋沿岸，岩手県，宮城県に大津波警報を，北海道から沖縄県の太平洋沿岸地域と岡山県と東京湾内湾に津波警報を出した。日本国内で人的被害はなかったが，大津波警報が発令された東北地方の太平洋沿岸地域を中心に養殖施設の網が流されるなどの漁業被害や，道路などが浸水する被害が出た。

チリ地震のほかにマグニチュード9を超える地震としては，アラスカ地震，スマトラ沖地震，カムチャッカ地震，そして東北地方太平洋沖地震の4つがあるが，このうち低角の逆断層地震（震源域が広くなるために広い範囲に津波が伝わる）であるスマトラ沖地震は東北地方太平洋沖地震と震源のメカニズムがよく似ている。2004年12月26日に発生した本震（Mw9.1）では，震源に近いバ

図表8-1 ●20世紀以降に地球上で発生した規模の大きな地震のうち上位10位

順位	日時（日本時間）	地震名	発生場所	Mw
1	1960年5月23日	チリ地震	チリ	9.5
2	1964年3月28日	アラスカ地震	アラスカ湾	9.2
3	2004年12月26日	スマトラ沖地震	インドネシア	9.1
4	1952年11月5日	カムチャッカ地震	カムチャッカ半島	9
4	2011年3月11日	東北地方太平洋沖地震	三陸沖	9
6	2010年2月27日	チリ・マウレ地震	チリ	8.8
6	1906年2月1日	エクアドル・コロンビア地震	エクアドル沖	8.8
8	1965年2月4日	アリューシャン地震（1965年）	アラスカ	8.7
9	2005年3月29日	スマトラ沖地震（2005年）	インドネシア	8.6
9	1950年8月15日	アッサム地震	チベット	8.6
9	2012年4月11日	スマトラ沖地震（2012年）	インドネシア	8.6
9	1957年3月9日	アリューシャン地震	アラスカ	8.6

（出所）気象庁のデータをもとに作成。

図表 8-2 ●2004年スマトラ沖地震（Mw9.1）ならびに余震・誘発地震の震源分布

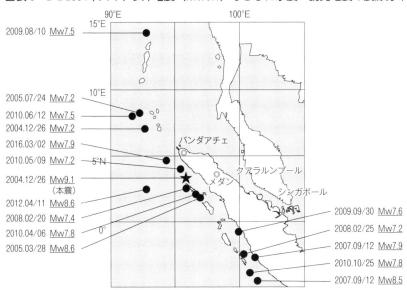

（出所）中村［2013］に加筆。

ンダアチェなどの一部の地域を除くと，激しい揺れに見舞われなかったことから避難しなかった人が多く，被害が増大した（死者約23万人）。地震の発生に伴い火山活動も活発となっており，10以上の火山で地震が増加し，2006年5月と2010年10月にはムラピ山が噴火した。

スマトラ沖では2004年に本震Mw9.1の本震が発生してから，12年の間にマグニチュード7～8クラスの余震・誘発地震が15回発生している（図表8-2）。特に，本震から8年後の2012年にMw8.6の地震（横ずれ断層タイプの地震であるがアウターライズ地震である可能性が高い）が発生したり，同じく12年後の2016年にもMw7.9の地震が発生している（図表8-2）。このことは，本震が発生してからまだ5年半しか経過していない東北地方太平洋沖地震は，今後も大きな余震や誘発地震が発生することを示唆している。

マグニチュード8後半の地震としては，ナスカプレートの沈み込み帯で発生

した1906年のエクアドル・コロンビア地震（M8.8）や世界最大の内陸地震とも言われる1950年にチベットで発生したアッサム地震（M8.6）などがあるが，それ以外はチリ，スマトラ，アラスカと，さらに上位の地震と同じ地域で発生した地震である。このように，巨大地震の発生場所はかなり限定される。

2 東北地方太平洋沖地震の前震・本震・余震・誘発地震について

2011年3月11日午後2時46分に発生した東北地方太平洋沖地震（Mw9.0）は，20世紀以降に世界で発生した地震の中で4番目に規模が大きい地震である（図表8-1）。本震は宮城県沖であるが，本震が発生する2カ月ほど前から本震の震源から50kmほど北の地点で地震活動が活発になった。この地震活動は時間の経過とともに南下し，本震発生2日前の2011年3月9日には本震の震源から20kmほど離れた地点でM7.3の地震が発生した。この地震は東北地方太平洋沖地震の前震であると考えられ，50cm程度の小規模な津波が発生し三陸海岸のカキの養殖場などに被害を与えた。

東北地方太平洋沖地震の本震では九州地方の一部や沖縄を除く日本の大部分の場所で有感の揺れを感知し，宮城県大崎市では震度7を，岩手県から茨城県におよぶ広い範囲で震度6強の揺れを計測した。東京の震度は最大で震度5強であったが，長周期の揺れのために東京タワーの先端部が折れ曲がるなどの被害を受けた。本震の15分後に岩手県沖でM7.5，同30分後に茨城県沖でM7.6の余震が発生したのをはじめ，本震から5年半が経過した2013年8月現在においても活発な地震活動が継続している（図表8-3）。

2016年11月22日5時59分には，福島県沖を震源とするM7.4の地震が発生し（図表8-3），福島県白河市など16の市町村で震度5弱を観測した。速報値のマグニチュードは7.3と確定値の7.4よりも0.1小さかったものの，速報値の震源の深さが10kmと浅かったことから，地震発生の3分後の6時2分には福島県に津波警報が，青森県太平洋沿岸，岩手県，宮城県，茨城県，千葉県外房に津

図表 8-3 ●東北地方太平洋沖地震の前震・本震・余震・誘発地震の震源分布

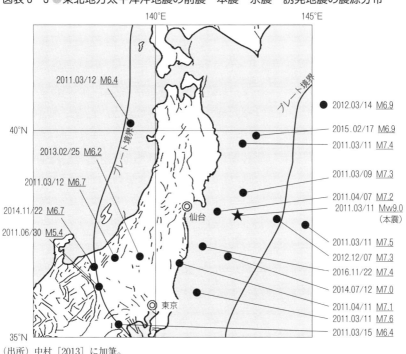

(出所) 中村 [2013] に加筆。

波注意報が発令された。

　同日7時26分には，上述の地域の津波警報・注意報に加え，千葉県内房ならびに伊豆諸島にも津波注意報が発令された。同日8時9分には，宮城県に発令されていた津波注意報が津波警報に切り替わったものの，港や建築物などへの大きな被害は認められず同日12時50分に岩手県，宮城県，福島県，茨城県の津波注意報がすべて解除された。

　地震の発生に伴い東京電力福島第2原発3号機の燃料プールの冷却が一時停止したほか（放射性物質の漏れはなし），福島県内で9人が負傷し3,199人が避難した。また，福島県内の小中高校112校が臨時休校したほか，沿岸部では車による避難で渋滞が発生し，鉄道も一時運転を見合わせダイヤの混乱は同日午

後まで続いた。津波警報など津波発生に関する情報が発令された際には，緊急車両の速やかな運行などの観点から行政は徒歩による避難を原則としてきた。しかしながら，2011年の東北地方太平洋沖地震から5年半が経過した現在においても，徒歩による避難が徹底されているとは言えない。一部の自治体では2012年の防災基本計画の修正を受け自動車による避難の方針が明確化されつつあるが，渋滞が発生しないような政策を実行に移さないと新たな二次災害を引き起こすことにもつながる。

　2011年3月の本震以降には東日本を中心として大小様々な地震が発生しているが，

　①日本海溝のプレート境界に沿って発生する余震
　②日本海溝の外側で発生するアウターライズ地震
　③福島・茨城県境付近など，内陸で発生する正断層型の誘発地震
　④東北地方太平洋沖地震の震源域から離れた地域で発生している誘発地震

など，地震の特徴から数種類に分類することができる。

　①のタイプの地震は東北地方太平洋沖地震の本震当日に発生した岩手沖の地震（M7.4）や茨城沖の地震（M7.6），本震から約1カ月後の2011年4月7日に宮城沖で発生した地震（M7.2）などがあげられる。実は筆者は東北地方太平洋沖地震の発生時には当時勤務していた（独）産業技術総合研究所の所在地であるつくば市にいた。つくば市は茨城沖の地震の震源地に近かったこともあり，地震の揺れは14時46分の本震よりもその30分後に発生した茨城沖のM7.6の地震の揺れの方が大きいように感じた。

　東日本沿岸における今後の地震活動を考える上で参考となる地震として，2004年スマトラ沖地震（M9.1）は，2004年12月26日に発生した本震以降，12年の間にマグニチュード7～8クラスの余震が15回発生している。2011年東北地方太平洋沖地震と2004年スマトラ沖地震は，プレート境界で発生した低角逆断層型の地震でメカニズムが非常によく似ており，東北地方太平洋沖地震にお

いても本震発生以降余震ならびに誘発地震が頻発し，現在もなお地震活動が活発である。したがって，東北地方太平洋沖地震もスマトラ沖地震と同様に長期間にわたって大規模な余震が発生すると考えられる。

　一般に，最大余震の規模は本震からマグニチュードを1ひいた程度が多く，本震がMw9.0の東北地方太平洋沖地震ではM8クラスの巨大な余震が起こる可能性が想定される。最大余震は震源断層の端部で発生することが多いが，その理由は本震時の断層のずれの量が場所によって変化するためであり，一般的には震源断層の中央部における変位量が大きい。例えば2013年4月20日に四川省で発生した地震（M7.0）は2008年5月12日に発生した四川大地震（M8.0）と同じ竜門山断層帯で発生した地震である。2013年の四川地震は竜門山断層帯の南西の端で発生した本震よりも1まわり規模の小さい地震であることから，この地震は2008年四川大地震の余震であると考えられる。

　東北地方太平洋沖地震においても，震源断層中央部の変位量（最大20～30m）と断層の端部（数m以下）とでは変位量に大きな差があり，今後は岩手沖や茨城沖といった震源断層の端部における大きな余震の発生が懸念される。また，東北地方太平洋沖地震の余震の発生領域の南限がフィリピン海プレートの北東端に一致していることから，同プレートの北東端が，地殻破壊の房総半島沖への南下を食い止めたことが指摘されている。このことは，東北地方太平洋沖地震がMw9.0の規模で収まった一方で，フィリピン海プレートの北東端に大きな力が加わっていることを示唆する。

　2016年9月23日に，関東沖でM6.5の地震が発生した。震源はまさしく上述のフィリピン海プレートの北東端で，プレートの三重会合（太平洋，フィリピン海，ユーラシアの3つのプレートの境界）付近で発生した地震である。地震当日の9月23日だけでもM4以上の地震が13回（うち7回がM5以上）発生し，活発な余震活動が一週間以上続いた。筆者は当時，「この後M8以上の大きな地震が来るのではないか？」と肝を冷やしたが，本書を執筆中の2017年5月の時点では関東沖で大きな地震は発生していない。しかしながら，9月の地震のみでプレートの三重会合の歪みが解消されたとは考えにくく，今後も地震活動

図表8−4 ●アウターライズ地震の概念図

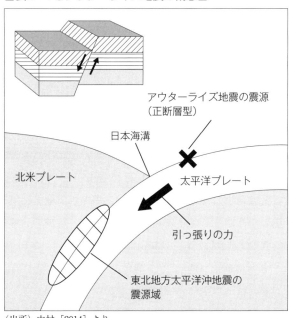

（出所）中村［2014］より。

を注視していく必要がある。

②のタイプの地震は，東北地方太平洋沖地震の本震の約40分後に日本海溝から沖合100kmの海域で発生したM7.5の地震，ならびにその近隣地域で2012年12月7日に発生したM7.3の地震などがこれに該当する。海溝よりもさらに海寄りに存在する海溝外縁隆起帯（アウターライズ）で生じる地震をアウターライズ地震と呼ぶ。海洋プレートが大陸プレートに向かって沈み込みを開始するアウターライズ付近では，プレートが下向きに曲げられるためプレートの浅い部分では伸張応力が作用する（図表8−4）。

このため，アウターライズ地震のメカニズムは震源が浅い場合には正断層型の地震となる場合が多い。また，アウターライズ地震は逆断層型のプレート境界型地震によって断層が破壊された影響で，本震とペアをなして引き起こされ

ることが多い。今回の東北地方太平洋沖地震のように本震の発生直後にアウターライズ地震が発生する場合もあるが，本震から数10年経過してからアウターライズ地震が発生する場合もある。東北地方太平洋沖地震後に海溝外縁隆起帯に加わっている力が現時点ですべて解放されている可能性は否定できないので，今後もアウターライズ地震に注意していく必要がある。

　アウターライズ地震の顕著な例として昭和三陸地震があげられる。1993年に発生した昭和三陸地震（M8.1）は，その37年前に起きた明治三陸地震（M8.2）の影響を受けて発生した正断層型のアウターライズ地震だったと考えられている。明治三陸地震は1896年6月15日に岩手県釜石市の東方沖200kmを震源として起こったM8.2のプレート境界型の逆断層型の地震である。震源が陸地から離れていたため，地震動による被害は比較的軽微であったが，地震に伴って本州における当時の観測史上最高の遡上高（38.2m）を記録する津波が発生した。この津波による死者・行方不明者は20,000人以上に上り，10,000戸近くの家屋が流出した。この地震は規模が大きかったことから，本震源域から離れた地域でも大きな誘発地震が発生しており，明治三陸地震から2カ月半後の1896年8月31日には秋田県の千屋断層を震源とする陸羽地震（M7.2）が発生し，横手盆地に多大な被害を与えた。また，8カ月後の1897年2月には宮城県沖地震（M7.4）が発生した。なお，この地震の後に岩手県・宮城県の43の集落で高台移転が行われた。

　昭和三陸地震は1933年3月3日に，岩手県釜石市の東方沖約200km（明治三陸地震よりもさらに東側）を震源として発生したM8.1の地震である。明治三陸地震と同様に地震による直接の被害は少なかった。一方で，地震のエネルギーは大きいために大津波が襲来し被害は甚大となった。最大遡上高は岩手県気仙郡綾里村（現大船渡市）で，海抜28.7mまで津波が駆け上がった。3,000人を超える死者・行方不明者ならびに5,000戸近い家屋が流出するなどの被害を受けた。岩手県の田老が最も被害が大きく，総戸数362，人口1,798のところ死者763名を出した。田老では，これを契機にスーパー堤防を設置した。本地震は領域海溝外縁隆起帯で発生した正断層型の地震でかつ，震源も明治三陸地震

の震源の東に位置することから明治三陸地震のアウターライズ地震であると考えるのが妥当である。

　昭和三陸地震のように本震から相当の年月を経てもアウターライズ地震は本震とほぼ同じ規模で発生する場合がある。したがって，Ｍ９クラスの地震である東北地方太平洋沖地震では，今後数10年間にわたってアウターライズ地震の発生が懸念される。

　③のタイプの地震は，東北地方太平洋沖地震以降に地震活動が活発化した茨城県北部や福島県浜通り地方における，主として正断層型（**図表8-4**）の引張応力で発生する地震である。この地域では東北地方太平洋沖地震以前はほとんど地震活動がなかったが，３月11日以降活動が活発化した。

　東北地方太平洋沖地震は大陸プレート（ユーラシアプレート）が海洋プレート（太平洋プレート）の上にのし上がるプレート境界地震であるが，同地震では断層が50ｍ程度動き，また断層の傾斜が低角であることから，上下方向よりも東西方向への移動量が何倍も大きい（**図表8-5**）。したがって，震源断層よ

図表8-5 ●太平洋沿岸の正断層型地震の発生のメカニズム

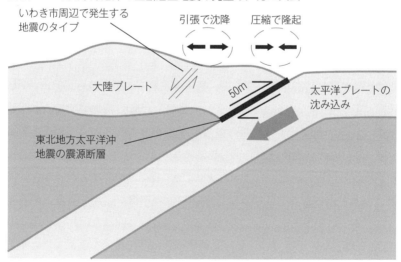

（出所）中村［2014］より。

りも西側は断層の方向に引っ張られて，例えば牡鹿半島では5.3mの東側へ移動している。しかしながら，横滑りをしても大陸地殻の絶対的な体積は変化していないので，断層付近では圧縮されて大陸地殻が盛り上がる反面，震源域よりも西側では震源方向へ移動した分相対的に東西に引っ張られる引張の力が働くので，地殻が薄くなって沈降が起き，茨城県北部や福島県浜通り地方では正断層型の地震が頻発していると考えられる。

　既述の2016年11月22日に福島県沖で発生したM7.4の地震は，東北地方太平洋沖地震（Mw9.0）のようなプレート境界型の逆断層地震ではなく，北米プレートの中で発生した地震である。5年半前に東北地方太平洋沖地震が発生した際に，大陸プレートである北米プレートが東西に引き伸ばされたために発生した正断層型の地震である。東北地方太平洋沖地震によって誘発された北米プレート内の正断層型の地震という意味で，メカニズムとしては東北地方太平洋沖地震の1カ月後に発生した福島県浜通り地震（M7.0）と似ている（図表8-4）。

　東北地方太平洋沖地震から1カ月後の2011年4月11日には福島県いわき市を震源とする福島県浜通り地震（M7.0）が発生し，福島県浜通り，同県中通り，茨城県南部で最大震度6弱を観測した。この地域では，福島県浜通り地震発生以降も活発な地震活動が続き，福島県浜通り地震から約2年半が経過した2013年9月20日にも同じくいわき市を震源とするM5.9の地震が発生し，いわき市では震度5強を計測した。福島県浜通り地震では，地震に伴って発生した土砂崩れによって4名が亡くなるなど，東北地方太平洋沖地震の発生から1カ月しか経過していないいわき市に大きな被害を与えた。本地震は従来推定活断層として記載されていた井戸沢断層・湯ノ岳断層の活動によるもので，井戸沢断層の西側に並走して明瞭な正断層型の地震断層が出現した。この地震断層で行われたトレンチ掘削調査の結果では，今回の福島県浜通り地震の1つ前の活動時期が1万2,500～1万7,000年前という結果が出た（堤・遠田［2012］）。869年の貞観地震の際に活動した痕跡は見出せなかったことから，井戸沢断層が必ずしも日本海溝の発生する巨大地震に付随して地震を起こすことはなく，その時の

状況に応じて井戸沢断層に平行する断層などが動いている可能性が示唆される。

④のタイプの地震は，東北地方太平洋沖地震の翌日に発生した長野県北部地震（M6.7），2011年3月15日に発生した静岡県東部地震（M6.4），同年6月30日に発生した長野県中部地震（M5.4），2012年2月25日に発生した栃木県北部地震（M6.2）などがあげられる。長野県北部地震では震源に近い長野県栄村で震度6強，新潟県津南町，同十日町市で震度6弱を観測し，栄村では村の総人口1,900人の8割以上にあたる1,700人が避難するなどの影響が出たが，東北地方太平洋沖地震の被害への注目があまりにも高かったために，同地震の被害状況を全国的に伝える報道の回数は限られた。東北地方太平洋沖地震の4日後に発生した静岡県東部地震は，静岡県富士宮市では震度6強を計測し，静岡県内で50名の負傷者などが出た。震源が富士山のマグマだまりの直上であったことから火山学者は富士山の噴火を警戒したが，幸いにも地震直後から本書を執筆中の2017年5月の時点までには噴火には至っていない。

長野県中部地震は人口が多い松本市の直下で発生したため，4,000件を超える建物被害が発生し，男性1名が本の下敷きになって死亡した。この地震は地震発生当初は活断層である糸魚川静岡構造線の牛伏寺断層で発生したことが推定されたが，震源の位置を詳細に調べたところ，震源は牛伏寺断層から分岐する赤城山断層のさらに西方に位置することが判明した（地下では赤城山断層とつながっている可能性がある）。栃木県北部地震では，栃木県日光市で震度5強を計測し地震に伴って発生した雪崩で温泉旅館の宿泊客が一時的に孤立するなどの被害が生じた。この地域は那須岳や日光白根山などが並ぶ日本でも有数の火山地帯である。東北地方太平洋沖地震北海道から九州までの20の火山の直下で地震活動が活発化したことから，火山地域における地震活動も注視していく必要がある。

3　首都圏直下地震の歴史について

首都圏では繰り返し大地震が発生したことは歴史学的にみて明らかである。

1855年に発生した安政江戸地震では、当時の将軍家定が一時的に吹上御庭に避難せざるを得ないほどの大きな被害が生じた。首都圏に被害を及ぼす地震は、相模湾から房総半島南東沖にかけてのプレート境界付近で発生する地震と、陸域の様々な深さの場所で発生する地震があげられる。プレート境界地震の例としては、1703年元禄関東地震（M8.1）や1923年大正関東地震（M7.9）があげられ、このタイプは200年～300年に1回の割合でM8クラスの地震が発生することが知られている。

東京湾周辺のプレート境界では、数10年に一度の割合でM8クラスの関東地震よりも1回り小さいM7クラスの地震が発生している。特に、江戸時代から大正時代にかけて頻繁に発生した。これらの地震は、首都直下型地震もしくは南関東直下型地震などと呼ばれ、1855年安政江戸地震（M6.9）や1894年明治東京地震（M7.0）などがその例としてあげられる。

図表8-6は1600年以降に首都圏で発生した規模な大きな地震の年表である。首都圏ではM8クラスの関東地震の数10年前からM7クラスの地震が頻発し、その後に関東地震が発生していることが読み取れる。元禄関東地震の後の静穏期は100年程度であったことと、東北地方太平洋沖地震の発生で首都圏の地盤にも強い力が加わっていることを考慮すると、首都圏は地震の活動期に入りつつあることは十分に想定される。仮に首都圏で直下型地震が発生した場合、M7クラスならば安政江戸地震のような揺れが、M8クラスならば大正関東地震のような揺れが予想される。

安政2（1855）年に発生した安政江戸地震（M6.9）は、東京湾北部を震源とした地震である。震度は山の手台地地域では震度5であったのに対し、浅草や深川などの低地地域では震度6弱もしくは震度6強であったと推定され、地盤による震度の差が認められる（宇佐美［2003］）。被害は東京湾沿岸から埼玉県東部ならびに千葉県北西部に及んだ。軟らかい堆積物が厚く堆積している東京低地の深川・本所・浅草・日本橋などで被害が大きく、江戸町方の被害だけでも建物の全半壊及び焼失は1万4,000人余、死者は4,000人余とされる。また、地震後30カ所余から出火した火災によって2.2km^{2}が焼失した。

図表 8-6 ●首都圏で発生した地震のサイクル

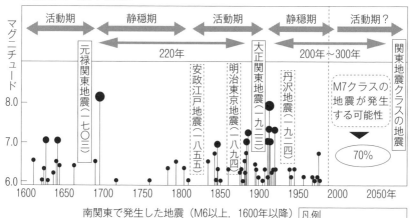

(原出所) 内閣府『防災白書（平成24年度版）』。
(出所) 中村［2014］より。

　1923（大正12）年9月1日午前11時38分頃に発生した大正関東地震（M7.9）は，相模湾，神奈川県全域，房総半島の南部を含む相模トラフ沿いの広い範囲を震源域として発生したプレート境界型地震である。関東地方の南部を中心に強い揺れが広範囲に生じ，関東地方の南部の広い範囲で震度6が観測されたほか，家屋の倒壊状況などから相模湾沿岸地域や房総半島南端では，現在の震度7相当の揺れであったと推定されている。この地震による死者・行方不明者は10万5,000名，全壊全焼家屋は29万3,000棟に及び，地震直後に発生した火災が被害を大きくし，特に東京府の死者数は66,000人にのぼっている。

　その他に首都圏に被害を及ぼした主な地震としては，1782年天明小田原地震（M7.0），1812年神奈川地震（M6.8〜7.0），1985年霞ヶ浦付近の地震（M7.2）などがあげられる（地震調査研究推進本部［2009］）。東京都内には活断層である立川断層が走っているが，江戸時代以降において大規模な地震を発生させた形跡は認められない。1923年の大正関東地震発生以降は1987年の千葉県東方沖

地震（M6.7）を除くとほとんどないが，これは首都圏の地震活動がたまたま静穏期であったからであると考えられる。しかしながら，2011年東北地方太平洋沖地震の発生に伴い首都圏を含む日本全体が地震の活動期に入った可能性が高く，大正関東地震からもすでに90年が経過していることを考えると今後の首都圏は特にM7クラスの地震の発生に注意が必要である。

◀考えてみよう▶

①20世紀以降に世界で発生したマグニチュード8後半～9クラスの地震について，それぞれの地震の復興の様子について調べてみよう。

②2011年の東北地方太平洋沖地震（M9.1）の発生後に，東日本を中心として発生した数多くの地震について，それぞれ東北地方太平洋沖地震の余震であるか，もしくは誘発地震かを考えてみよう。

③近い将来，マグニチュード7クラスの首都圏直下型地震が発生した場合にわが国に与える影響および，首都圏直下型地震への対策を考えてみよう。

●注

1　地震は地下の岩盤がずれることによって発生します。この岩盤のずれの規模をもとにして計算したマグニチュードを，モーメントマグニチュード（Mw）と呼びます。日本では気象庁マグニチュード（M）が採用されていますが，気象庁マグニチュードは短時間でマグニチュードを算出できる利点があります。その反面，マグニチュード8を超える地震に関しては頭打ち現象が発生し，正確なマグニチュードを算出することが困難になります。そのため，東北地方太平洋沖地震はモーメントマグニチュードで算出したMw9.0と表示されています（図表8-3）。

●参考文献

気象庁『地震について』（2016年12月21日閲覧）。
　　http://www.jma.go.jp/jma/kishou/know/faq/faq7.html
瀬戸真之・中村洋介［2017］「2016年11月22日の福島県沖を震源とする地震による津波の発生」，FURE年報，117-121頁。
中村洋介［2014a］「第2章　江戸時代以降に日本で発生した主な地震とその災害について—首都圏直下型地震を事例として—」『災害復興支援学』八朔社，52-61頁。
中村洋介［2014b］「第8章　東北地方太平洋沖地震の概要と今後の地震発生の予測」『東日本大震災からの復旧・復興と災害復興学』八朔社，143-158頁。

第3部

ケーススタディ

第 **9** 章

タイ大洪水
―復興プロセスと諸アクターの役割

1 タイにおける大洪水の原因と被害の概要

　2011年10月，タイにおいて50年に一度といわれる大洪水が発生した。洪水被害はチャオプラヤ川流域を中心に，タイ北部，中部，バンコクなど，77都県中1都64県に及んだ（図表9-1）。この洪水は，タイ国内において多大な人的・経済的被害を与えただけでなく，工業団地を浸水させ，グローバル・サプライチェーン（供給連鎖）を寸断することで，世界の産業・経済にダメージを与えた。

(1) 大洪水の原因

　大洪水の原因として，自然・地理的要因に加え，社会・政治的要因をあげることができる。第1に，大洪水の主因は，5～10月にかけて，1,439mmと例年に比べ1.4倍という記録的な降水があったことである。5度の台風がタイに上陸し，いずれの月も過去20～30年の最多記録かそれに準じる，まさに想定外の雨量であった（沖［2012］）。

　第2に，地理的要因である。タイ北部から中部のアユタヤ，バンコクを経て流れるチャオプラヤ川は，流域面積（16万km^2）が利根川の約10倍であり，下流部の河床勾配（5万分の1から6万分の1）は利根川の9千分の1に比べ極めて緩やかである。アユタヤとバンコク間100kmの標高差は2mしかないため，洪水は毎分8mというゆっくりとしたスピードで進み，浸水が長期化（最長3

図表9-1 ●タイの洪水被害県マップ

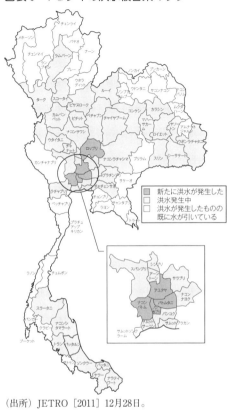

(出所) JETRO［2011］12月28日。

カ月）した（小森［2012］）。これは日本とは全く異なるタイプの洪水である。

　第3に，治水管理の問題である。上流にはプミポンダム（貯水量135億トン）とシリキットダム（貯水量95億トン）など巨大ダム，中流には堤防，水門，遊水池，バンコク周辺にはキングスダイク（King's Dike：国王堤防）などの洪水対策が取られていた。しかし，想定外の降水により，洪水調節機能の限界を超え，総氾濫量は160億m^3に達した。もともと，タイのダムは乾季の干ばつに備えて貯水することを基本的な目的としており，放水のタイミングが遅れたことも被害を深刻化させた一因である。

第4に，政府による緊急対応，リスク管理の問題である。インラック政権下で，洪水情報が行政組織間で共有されておらず，政府，バンコク都，軍隊間での連携がとられていなかった（アジア太平洋研究所［2016］，56頁）。また楽観的な予測で，情報の信頼性が低かった。さらに日系企業に対しては，警戒情報の提供が遅く，タイ語のみであったため対策が遅れた。

　第5に，さまざまな対立が顕在化した。バンコク都心と近郊では，両者を隔てるキングスダイクの未整備区間の土嚢が，住民対立により排除されたり，水門が破壊されたりするケースもみられた。また農村部でも，例年とは異なり人的被害，家財被害が発生するなかで，水の押し付け合いが激化した（星川［2016］）。

　最後に，都市化や工業化の進展により，湿地や潟など潜在的に洪水リスクの高い場所に，工業団地が立地していたが，そのリスクを十分に認識していなかった。輪中堤は10年確率の洪水に対応できる高さにすぎず，多くの企業も洪水に関するリスク管理マニュアルがなかった（澤野他［2014］）。

(2) 大洪水による被害

　上記のような複合的な要因により，大洪水による被害は拡大した。まず人的被害は，2012年1月20日現在で，1,360万人が被災し，うち539万人が避難した。死者は815人（行方不明3人）に達した[1]。

　次に，経済的被害・損失額は1兆4,258億バーツ（457億ドル，4.5兆円）に上り，タイの名目GDPの13.5％，国家予算の7倍に相当する。世界的にみてもワースト5に入る被害・損失額である。所有形態別では，民間が1兆2,840億バーツであり，約90％を占めている（**図表9-2**）。生産部門は，直接被害額約5,247億バーツ，損失額7,329億バーツを合わせて，総額1兆2,576億バーツに達し，全体の88％を占めている。

　「洪水と共存してきた」と言われる農業においては，農地の被害面積は1.8万km^2，被災した農業人口は約130万人と多いが，金額的には，全体の3％程度である。

図表9-2 ●タイにおける洪水による被害・損失額

(単位：100万バーツ)

分野	災害の影響			所有形態	
	被害	損失	合計	公共	民間
インフラ					
水資源管理	8,715	—	8,715	8,715	—
交通	23,538	6,938	30,476	30,326	150
電話通信	1,290	2,558	3,848	1,597	2,251
電気	3,186	5,716	8,901	5,385	3,517
公衆衛生	3,497	1,984	5,481	5,481	
生産					
農業，畜産業，水産業	5,666	34,715	40,381	—	40,381
工業	513,881	493,258	1,007,139	—	1,007,139
観光	5,134	89,673	94,807	403	94,405
金融	—	115,276	115,276	74,076	41,200
社会					
健康	1,684	2,133	3,817	1,627	2,190
教育	13,051	1,798	14,849	10,614	4,235
家庭	45,908	37,889	83,797	12,500	71,297
文化遺産	4,429	3,076	7,505	3,041	4,463
横断的なもの					
環境	375	176	551	212	339
合計	630,574	795,191	1,425,765	141,477	1,284,066

(出所) The World Bank [2012] p.18.

　これに対し，工業は被害・損失額は1兆バーツを超え，全体の71％を占めている。これはタイ中部のアユタヤ県やバンコク近郊の7カ所の工業団地が浸水し，804社が操業停止となったことによる。そのうち日系企業は451社と56％を占めている（日本貿易振興機構 [2011]）。さらに工業団地以外に立地する約100社も被災した。盤谷日本人商工会議所 [2012] のアンケート調査によると，回答企業374社のうち，直接的被害があった企業は21％，間接的被害があった企業は61％に達している。

タイは世界的な電子電機産業，自動車関連産業の集積地であったことから，グローバル・サプライチェーンが寸断し，日本や世界の生産体制に大きなダメージを与えた。例えば，タイの自動車生産台数は，2011年11月には前年同月比85％減少し，ASEAN諸国でもフィリピンは22％減少，ベトナムも11％減少している。またタイで世界の5割を生産するハードディスク・ドライブ（HDD）は，11月には前年同月比80％減少し，世界全体でも50％減少した。このためタイの2011年第4四半期の実質GDP成長率は，前年同期比マイナス8.9％と大幅に落ち込んだ[2]。

2　タイ政府の大洪水に対する復旧・復興政策

タイ政府は，大洪水に対して，①緊急洪水対策，②中期的な復旧政策，③長期的な復興政策の3つのフェーズでアクションプランを作成し，復旧・復興政策を実施している。

(1)　緊急洪水対策（2011年10月～12月）

第1に，洪水発生後，タイの内務省災害防止・救援局が危険地域を確定し，被災各県に，「被災者救援調整センター」を設置し，27県に2,762カ所に避難所を設置し，23万8,556人を収容した。また軍隊のほか，1万4,000人の「国土保全ボランティア」を動員し，防水・排水作業，支援物資の配給などを行った。この際，被災した10県と被災しなかった14県の間で，食料や生活必需品の提供などペアリング支援も行われた（河森［2014］，17頁）。

第2に，タイ政府は，11月に，浸水した工業団地の被災企業に対して，緊急対策として，①代替生産に対する措置（機械・部品の輸入関税の免除，再投資に対する法人税の免除），②雇用に対する措置（「儀礼ビザ」のみで「労働許可証」を取得せずに，90日間就労が可能，一時休業時の給与補助（1人当たり2,000バーツ，3カ月間）を実施した（国際協力銀行［2012］，158-163頁）。

第3に，中長期的な復旧・復興戦略を策定するために，11月に，内閣府直属

で「国家再建戦略委員会」と「水資源管理戦略委員会」を設置した。

(2) 中期的な復旧政策（2012年）

　第1に，政府は，12月末に収束宣言を出した後，洪水被害を調査し，被災者への支援を行った。被災農民に対しては，土地税の減免措置，被災世帯に対して，1世帯当たり5,000バーツの補償金を支給した（バンコク約109万世帯，地方126万世帯）。また家屋被害に対して，全壊で3万バーツ以内，一部損壊で，2万バーツ以内の額を補償した（河森［2014］，18頁）。

　第2に，被災した工業団地の防水壁建設を支援するため，政府は建設費の3分の2を助成し，残りを政策貯蓄銀行（GSB）が低金利で融資した（**図表9-3**）。2012年12月時点で，会社更生中のサハラッタナナコーン工業団地を除けば，9割の進捗率であった。また工場の再開率は多くが8割を超えているが，生産を縮小している企業も多い（**図表9-4**）。

　第3に，2012年1月に，水資源管理戦略委員会が中心となり「水資源管理マスタープラン」を策定した。アドバイザーとして策定にあたった竹谷公男氏に対するインタビュー（2012年7月6日）によれば，このプランのコンセプトは

図表9-3 ●アユタヤの工業団地を囲む防水壁

（出所）筆者撮影。

図表9-4 ●被災した工業団地の復旧と洪水対策状況（2012年12月時点）

	工場数（社）	再開率（%）	未再開率（%）	事業閉鎖率（%）	防水壁高(m)	防水壁長さ(km)	投資額（100万バーツ）	進捗率（%）
サハラッタナナコーン工業団地	46	58.7	30.4	10.9	7	13	339	70
ローチヤナ工業団地	213	78.4	11.3	10.3	6	77.6	2,145.5	99
ハイテク工業団地	143	79	11.9	9.1	5.4	13	492.4	96.5
バーンパイン工業団地	90	87.7	11.1	1.1	6	11	474	83.6
ナワナコーン工業団地	227	82.8	5.3	11.9	5.5	18	1,058.9	100
バーンカディ工業団地	36	80.6	11.1	8.3	5	8.85	345.2	92
ファクトリーランド工業団地	84	100	0	0				
	839	81.9	9.7	8.5				

（出所）助川［2013］, 80頁, 94頁。

構造物対策と，非構造物対策のベストミックスにより，安全かつ復元力のある国土を構築するというものである。まず構造物対策は「貯める，流す」であり，具体的には，上流の既設ダム，新設ダム，農業地域に氾濫させて貯めること，また既存の灌漑水路を通じて流す，新たな放水路を設けて流す，チャオプラヤ川を通じて流すといった対策を行う。次に，非構造物対策として，森林保護・回復や適切な土地利用，洪水に強い生活様式など被害を緩和するものと保険制度や避難，洪水予測，早期警報などの災害に適応するものの2種類がある。

水資源管理マスタープランは，8つの主要事業計画および2つの行動計画①緊急期間（2012年）の水管理行動計画，②チャオプラヤ洪水氾濫原の「統合的・持続的洪水被害軽減行動計画」（事業規模：3,500億バーツ，1兆800億円）より構成されている（水資源管理戦略委員会［2012］）。

(3) 長期的な復興政策（2013年～）

このマスタープランをベースに，包括的治水対策プロジェクトの国際コンペが実施され，日本も国土交通省が音頭を取り，産官学の連携で「日本・タイ

JV(Joint Venture:合弁事業)」を立ち上げ参加した。2013年2月に,入札の参加資格を得た6グループが公表され,日本・タイJVも含まれていた。しかし,環境影響評価や土地収用が受注者の責任になっていること,最高限度額保証付き契約であることなどから,日本・タイJVは入札から撤退した(荒牧[2013],3頁)。

結局,2013年6月の国際入札の結果,9つのモジュール(契約予定額2,898億バーツ,9千億円)を4つのグループが受注した。特に,韓国水資源公社グループが,放水路の建設など全体の56%(1,530億バーツ)を受注した(**図表9-5**)。

しかし,この包括的治水対策プロジェクトは,後述するように,環境団体の

図表9-5 ●タイにおける包括的治水対策プロジェクト受注事業者

受注事業者	事業計画	事業区分(モジュール)	契約予定額(億バーツ)	受注率(%)
韓国水資源公社グループ	放水路の建設(チャオプラヤ川水系)	A5	1,530	56
	貯水池の建設(チャオプラヤ川水系)	A3	100	
イタルタイ・中国電力建設集団JV	遊水池の建設(チャオプラヤ川水系)	A1		
	土地利用・都市計画(チャオプラヤ川水系)	A2		
	水路の改良(チャオプラヤ川水系)	A4	1,090	38
	貯水池の建設(その他17河川)	B1		
	水路の改良(その他17河川)	B3		
Summit SUT JV(タイ)	土地利用・都市計画(その他17河川)	B2	139	5
ロクスレイ(タイ)・AGT(スイス)JV	災害予報・警報システムの構築(全域)	A6+B4	39	1
計			2,898	100

(出所)荒牧[2013],3頁。

反対[3]，政情不安や政権交代などのため進展していない。

3 大洪水に対する諸アクターの支援・復興活動

タイの大洪水に対しては，玉田・星川・船津［2013］をはじめ，さまざまな研究がなされているが，洪水の原因，日系企業の被害状況や復旧状況，危機管理といった分野に研究関心が集中している。しかし，洪水対策，復興にかかわった政府機関，大学，国際機関，市民などの諸アクターがどのような役割を果たしたかについては，日本においてほとんど研究が行われていない。したがって，本節では，ヒアリング調査[4]をもとに，①感染症対策（タイ厚生省・疫学局），②首都圏の水道水供給（タイ首都圏水道公社），③大学の役割（チュラロンコン大学），④日系企業とタイ政府をつなぐ役割（JETROバンコク事務所），⑤国際的支援の役割（JICAタイ事務所），⑥国際協力NGOの役割（ADRA Japan）を取り上げ，諸アクターの支援・復興活動の実態を明らかにする。

(1) 感染症対策—タイ厚生省・疫学局（Bureau of Epidemiology）

大洪水によって，600カ所を超える公的医療施設と多くの私立病院が被害を受けた。被害額は16.8億バーツに上る（The World Bank［2012］，p.162）。大洪水による人的被害の8割は溺死，次いで感電死であったが，当時，長期間にわたる浸水と非衛生的な環境の中で，最も懸念されたのが，コレラ，赤痢などの感染症の拡大であった。

これを防ぐために，厚生省・疫学局は，第1に，監視と管理サポートのための事業継続計画を迅速に立て，4つの監視チームと監視センターを配置した。

第2に，早期に感染の拡大を抑え込むために，SRRT（監視・緊急対策チーム）ネットワークを導入し，ウェブベースで，毎日，疫病情報の報告と警告，1週間ごとに注意すべき10の病気についての情報を発信した。

第3に，水道局との情報共有と連携を図り，疫病感染状態をマッピングする

ことで水環境の安全を管理するとともに，飲料水中に細菌が含まれていないか検査に努めた。

第4に，過去に発生した鳥インフルエンザやコレラ等の感染症被害の教訓を生かし，感染症への予防や対応を明記した感染症予防マニュアルを，避難所に掲示するだけでなく，マスメディアやウェブを通して周知を図った。

こうした厚生省の感染症対策の効果もあり，被災地における感染症は170件にとどまり，大規模な感染症は発生しなかった。ただし，①被災者が避難や移動を行うために，安否や健康の確認が困難であったこと，②医療機関の浸水により，通院患者や被災者の健康に影響を及ぼす危険性が高まったこと，③物流が停止し，医薬品等が不足したことなどが課題として残った。そのため，より効果的なシステムの構築が必要である。

(2) 首都圏の水道水供給―タイ首都圏水道公社（MWA：Metropolitan Waterworks Authority）

WHOによれば，タイにおいて改善された水にアクセスできる人の割合は，都市部で99％，農村部で98％と非常に高い水準である。しかし大洪水によって農村部で2,698カ所の井戸が浸水し，377カ所が使用不能となった（被害額1.7億バーツ）。都市部では比較的軽微であったが，運河のサイフォンなど7千万バーツの被害があった（The World Bank［2012］，pp.108-111）。洪水のため，周りを水に囲まれていながらも，安全な飲料水にアクセスできない危険性に対して，タイ首都圏水道公社（MWA）がいかなる対策を実施したのかをみていくことにする。

タイ首都圏水道公社およびその浄水場施設であるバンケン浄水場は日本からの円借款，技術協力を受け1967年に設立された。チャオプラヤ川とメークロン川の豊富な源流を利用し，アジア最大級とされるバンケンをはじめ，4つの浄水場を有し，バンコク首都圏住民約800万人に対し，水道水を供給している（国際協力機構［2012］）。

大洪水により，浄水場の源流であるチャオプラヤ川が泥や汚物によって汚染

された。浄水場自体は三重の堤防で厳重に守られ，場内の受電設備も防御壁によって保護されていたが，その外側にある原水水路および取水口は，洪水の被害を受けることが明確だった。そのため，スタッフは24時間体制で取水ポンプ場，運河の脇などに土嚢を積んだ。またポンプなどの機械類はシートで包み防水仕様とした。このような迅速な対応が功を奏し，バンケン浄水場は一時的に浸水したものの，水の供給を続けることができた。

しかし，実際に取水した原水には有機物質や浮遊物が多く含まれていたため，浄水プロセスを増やすことによって水質改善を図った。結果として，WHOの水質基準を達成することはできたが，薄黄色の着色と強い塩素臭が残った。

今後の洪水対策として，洪水情報をいち早く捉え，浸水経路を予測することが最重要である。また原水水路および取水口や機械設備を中心に守るために，浄水場に通ずる運河に沿って3.5mの堤防を築く計画（工期２年間）である。しかし，このような堤防や防御壁を過信することなく，日頃から継続して洪水対策を練っておく必要がある。

(3) 洪水に対する大学の役割—チュラロンコン大学（Chulalongkorn University）

大洪水によって被害を受けた教育機関は2,934カ所，144万人の学生が影響を受けた。被害額は130.5億バーツに上る（The World Bank［2012］，pp.190-191）。大学もカサセート大学，タマサート大学などが被害を受けた。インタビューしたチュラロンコン大学でも教職員・学生は洪水の被害を受けながらも，さまざまな支援活動を行っている。

チュラロンコン大学は，第１に，危機管理チームを立ち上げ，的確で迅速な判断を下すための組織体制を整備した。「clarity, bias-free, conciseness and timeliness」をキーワードに，学長の下に専門のスタッフが付き，２カ月間毎朝ミーティングを行い，メディアからの情報収集・厳選，資金管理，人員の確保などを行った。

第２に，チュラロンコン大学はバンコクの中心部に位置し，浸水しなかった

ため,キャンパスと施設を避難所として開放し,食事の提供など支援活動を行った。また付属病院では,病気やけがの治療から心のケアなども継続的に行った。

第3に,緊急支援物資(食料,生活必需品)と簡易トイレを,学生や教職員によるボランティア(約千人)が,被災地まで毎日運搬した。この費用は,赤十字社,企業,学生や教職員,同窓会の寄付によるものであった。

第4に,正確な洪水情報,支援物資などの情報提供のため,TV局と協力して,大学のメディアセンターから情報発信したり,DVD,ビデオクリップを作成し,SNSやインターネットで公開したりするなど効果的な情報発信を行った。

第5に,大学としての専門性を活かして,洪水に対する学術的なセミナーを行うとともに,洪水警報システム,洪水危険度査定のための情報テクノロジー・システムなどについての研究を行っている。

チュラロンコン大学は,大学のスローガン「国の柱」のとおり,大洪水の際には,社会的責任を果たす活動を行っていたと評価でき,2012年にはタイ政府から表彰されている。

(4) 日系企業とタイ政府をつなぐ役割―日本貿易振興機構(JETRO)バンコク事務所

先述のように,タイの大洪水が日本で注目を集めた理由は日系企業の被害によるサプライチェーンの寸断が主であった。2011年当時,タイには日系企業約4,000社が進出しており,日本人商工会議所会員は1,371社と上海の2,300社に次いで多かった[5]。当時,日系企業が撤退するのではないかと懸念されたが,8割の企業は同地で事業を再開しており,大規模な撤退は起きていない。これは産業集積があり,充実したインフラや質の高い熟練労働者が存在していること,また法人税の減免などさまざまなメリットがあることが背景にあり,今後洪水対策がなされれば,撤退する必要はないと多くの企業は考えたようである。この多くの日系企業とタイ政府をつなぐ役割を果たしていたのがJETROバンコ

ク事務所である。

　第1に，JETROバンコク事務所井内摂男所長は，タイ政府要人と面談し，早急な洪水対策，被災企業支援などを要望した。その主な中身は①冠水企業の早期排水，②正確な情報の迅速な公開，③被災企業の雇用継続への支援，④代替生産への特例措置，⑤日本からの支援要員へのビザ発給の簡素化などである。

　第2に，企業などからの相談・照会に対応するため洪水相談窓口を，10月10日にバンコク事務所に設置した。問い合わせ件数は11月末で約200件であった。主な内容は，関税の免税措置（16％），個別ビジネス支援（13％），労務関連（13％），資金繰り（9％）などである。

　第3に，JETROのウェブサイト内に洪水関連情報ページを10月11日に立ち上げ，洪水状況，水位，支援措置などの情報発信を積極的に行った。

　第4に，洪水復興支援のための「フェニックス・プラン」を2012年1月に発表し，タイのローカル企業支援や在タイ日系企業支援に取り組んだ。

　これらのJETROによる被災企業に対する正確で迅速な情報提供，タイ政府との交渉によって，タイ政府によって洪水対策が取られ，洪水以降も日系企業の投資は持続している。2012年のタイへの直接投資（申請ベース）は，前年比63％増の6,455億バーツ（約1.9兆円）と過去最高額であった。特に日本からの投資額は93％増の3,740億バーツで，全体の58％を占めている（『日本経済新聞』2013年1月16日付）。

(5)　国際的支援の役割—国際協力機構（JICA）タイ事務所

　タイの洪水被害に対しては，日本，中国，マレーシア，フィリピンなどが緊急援助を行っているが，日本の支援が最大規模である。日本政府，JICAによる支援は，緊急援助と中長期洪水対策支援に分けることができる。

　第1に，緊急援助として，①浄水器やボート等総額5,500万円の緊急援助物資の供与，②緊急援助隊専門家チームの派遣（上下水道，地下鉄，空港），③緊急無償の供与（排水ポンプ車10台）を行うとともに，被害状況アセスメント調査団を派遣した。

第9章　タイ大洪水　139

　第2に，中長期支援としては主なものが2つある。まず，洪水管理施設および その他のインフラの復旧・整備を目的とした無償資金協力（2002年以来10年 ぶり）である。これは，東部外環状道路のかさ上げ工事，54.8億円，パサック 川東部アユタヤ地区への水門2基の設置25.5億円からなる。
　次に，洪水予測システム，ダム統合的運営等の洪水対策を目的とした技術協 力である。具体的には①水質資源管理戦略委員会（SCWRM）におけるアドバ イザー参与（竹谷客員専門員）や②防災能力向上プロジェクトを通じたコミュ ニティベースの防災能力向上，③気候変動に関する水分野の適応作立案・実施 支援システム構築プロジェクト（IMPACT-T）を通じた科学技術共同研究を 行っている。

(6)　国際協力NGOの役割―特定非営利活動法人ADRA Japan

　タイの洪水に対する国際的支援として，先述のJICA等の政府レベルの支援 に加えて，民間レベルの国際協力NGOの存在を忘れてはならない。日本の7 つのNGOがジャパン・プラットフォームを通じて，緊急支援活動を実施した。 活動分野は初動調査，緊急支援物資配布，モニタリング，住宅修繕などである。 その中の1つADRA Japanにインタビューを行った。
　ADRA Japanは2004年に特定非営利活動法人としての認可を受けており，大 洪水の際には，初動調査と支援物資配布を行った。
　第1に，ADRA Japanはジャパン・プラットフォームからの助成（80万円） を受け，2011年10月28日から，バンコク市内とその周辺の3県の被害状況と支 援ニーズの把握に努めた。当初，生存に必要不可欠な食料や水が不足している と予想していたが，実際には，軍・自治体により食料・飲料水の配給が行われ ており，組織的に炊き出しも実施されていたため，NGOによる追加的な配布 の必要はなかった。
　しかし，地方においては，十分な物資の支給はなされていなかったため，11 月14日から1カ月間，バンコク北部約40キロに位置するパトゥムタニ県の3,289 世帯を対象として支援物資を配給した。裨益対象者の選定とクーポンの配布は

行政が行った。ニーズ調査で，清掃用ブラシ，洗濯用のタライやロープ，料理用具，蚊帳などが必要だとわかり，タイ国内で調達して配布した。予算額は1,140万円である。

配給物資の袋詰めなど，時間的に難しかったが，ADRA Thailandと協働し，現地のボランティア（50〜70名）の協力により，作業時間を大幅に短縮することができた。インタビューによれば，被災者が前向きで，輸送や積み下ろし，行政との調整にも協力的であり，スムーズに活動が行えたという。また行列を作って順番を待つという態度も，同じく洪水被害を受けたパキスタンと比較すると対照的であったという。

この背景には，被害の程度の差や国民性・文化の差による点もあるだろうが，タイでは住民間のつながりによる情報伝達，コミュニティの迅速な結成，それを行政が把握していた点があげられる。まず行政が大多数の被災者をカバーし，それでは行き届かない細かな部分への対処をNGOや地域の民間人との協力によって行っていた。

以上，それぞれのアクターが，自分たちの持ち場で懸命に支援・復興活動にあたっていたことが明らかになった。大規模災害への対応には，国，地方自治体だけでなく，企業，NGO，市民，国際機関などの各アクターの連携が重要であるといえる。

4　タイにおける政情不安と洪水対策の遅れ

2011年の大洪水によって，生産・輸出が減少し，経済成長率もマイナスに陥ったが，翌年には，経済成長率が7.3％とV字回復し，輸出や直接投資も増加した。政治的にも比較的安定していたが，2013年11月以降，暗転し，政情不安が続いている。インラック政権が，タクシン元首相の大赦法案を強行採決したことを契機に，大規模な反政府デモが発生した。2014年には下院選挙が行われたが，憲法裁判所により無効とされ，インラック首相も憲法違反の職権乱用と認定され，失職した。

同年5月には，軍事クーデターが発生し，軍を中心とする「国家平和秩序維持評議会（NCPO）」が全権を掌握し，9月にプラユット暫定政権が発足した。2016年10月にはプミポン前国王が死去するなど，タイの政情は安定していない。

　このような政情不安の中，前政権の治水事業は凍結された。暫定政権は，2015年1月に，事業期間10年，事業費9千億バーツの大型治水事業を発表しているが，当面は，環境影響評価や事業可能性調査が中心で，先行きは不透明である。その他の洪水対策も遅れている。例えば，バンコク都庁が，幹線道路の洪水防止を目的に，2013年9月に着工した放水路トンネル（全長6.4km，直径5m，総工費24.8億バーツ）は，2016年9月に完工予定だったが，2017年4月に完成がずれ込むと予想されている[6]。

　大洪水から5年が経ち，風化していることに加え，政情不安が続くなか，洪水対策の優先順位が下げられてしまっている。しかし，この間も大規模な洪水がタイを襲っている。2013年10月には，中部アユタヤ県，東部チョンブリ県など22県で洪水が発生し，76人が死亡した。また東部チョンブリ県では，アマタナコーン工業団地（約600社，6割が日系企業）内の17工場が浸水し，操業を停止した。安全だといわれていたこの工業団地の浸水は，タイにおける洪水リスクを再認識させることとなった。したがって，今後も「安全神話」に陥ることなく，長期的で抜本的な洪水対策を進めていくことが必要である。

◆考えてみよう◆

①タイの洪水が，グローバル・サプライチェーンを通じて，日本や世界に与えた影響について調べてみよう。

②タイでは，政府や企業だけでなく，大学やNGOなどさまざまなアクターが支援・復興活動に携わっているが，もしあなたが被災した場合，何ができるか考えてみよう。

③タイでは軍事クーデターなどの政情不安，社会の対立は，災害を拡大させ，洪水対策を遅らせているが，政治・社会状況と災害との関係について考えてみよう。

●注

1 Asian Disaster Reduction Center, Center for Research on the Epidemiology of disasters（http://www.cred.be）参照。
2 ただし通年では0.1％にとどまり，2012年第4四半期には復興需要や輸出の増加などにより18.9％に急回復した。
3 2013年6月には環境団体による事業差し止め訴訟により，中央行政裁判所は環境影響評価や公聴会の実施を義務づけた。
4 国内調査は，2012年7日6日，9月6日，タイ調査は2012年9月10日～9月18日に実施した。詳しくは佐野［2014］参照。
5 2016年には，非製造業を中心に約1,700社に増加している。
6 http://www.newsclip.be/article/2016/11/14/31166.html（2016年12月5日アクセス）

●参考文献

アジア太平洋研究所［2016］「日本，フィリピン，タイにおける災害復興のあり方研究会報告書」。
荒牧英城［2013］「タイ国洪水対策プロジェクト」『国建協情報』No.839。
大泉啓一郎［2012］「タイの洪水をどう捉えるか」『RIM環太平洋ビジネス情報』Vol.12, No.44。
沖大幹［2012］「チャオプラヤ川における2011年の大洪水とタイの水害」『予防事報』vol.250。
河森正人［2014］「タイ大洪水と社会保障」『海外社会保障研究』No.188。
桑原健［2014］「タイ洪水防止事業の現状」『損保ジャパン日本興亜RMレポート』104。
国際協力機構［2012］「国際協力事業の概要―タイ首都圏水道公社」（提供資料）。
国際協力機構［2013］「タイ王国チャオプラヤ川流域洪水対策プロジェクト最終報告書」。
国際協力銀行［2012］『タイの投資環境』。
小森大輔［2012］「2011年タイ国チャオプラヤ川大洪水はなぜ起こったか」『所報』2月。
佐野孝治［2014］「第11章　タイの大洪水に対する支援・復興活動」福島大学国際災害復興学研究チーム編著『東日本大震災からの復旧・復興と国際比較』八朔社。
澤野久弥・栗林大輔・萩原葉子［2014］「タイ工業団地における洪水災害に対する教訓集―2011年洪水の経験から」『土木研究所資料』4291。
ジャパン・プラットフォーム［2012］『東南アジア水害被災者支援報告書』4月。
助川成也［2013］「第3章　タイ2011年大洪水の産業・企業への影響とその対応」玉田芳史・星川圭介・船津鶴代編『タイ　2011年大洪水』アジア経済研究所。
玉田芳史・星川圭介・船津鶴代編［2013］『タイ　2011年大洪水』アジア経済研究所。
日本貿易振興機構（JETRO）［2011］「特集：タイ洪水復興に関する情報」。

日本貿易振興機構（JETRO）［2012］「タイ大洪水に関する被災企業アンケート調査結果の公表について」2月。
盤谷日本人商工会議所［2012］「2012年上期日系企業景気動向調査（概要）」。
星川圭介［2015］「水害は不平等に社会を襲う」牧紀男・山本博之編著『国際協力と防災』京都大学学術出版会。
水資源管理戦略委員会［2012］『水資源管理マスタープラン』。
Santitarn Sathirathai［2012］"Thailand's post-flood recovery," *Economic Research*, Feb.13.
The World Bank［2012］*Thailand Flooding : Rapid Assessment for Resilient Recovery and Reconstruction Planning*.

第10章
スマトラ沖地震と津波
―アチェの復興プロセス

　本章は，2004年12月26日に発生したスマトラ沖地震・津波の最大の被災地であるインドネシアのナングロ・ダルサラム・アチェ州（現在のアチェ州。以下，アチェという）の復興プロセスについて考察する。

　アチェの事例は，空前の津波被害からの復興構想，緊急救援段階における民軍協力，提供された多額の国際援助，復興プロジェクト調整機関としてのアチェ・ニアス復興庁（BRR）が果たした役割，災害発生による長期内戦の終結など，その後の災害復興研究に多くの教訓を残すことになった。

1　スマトラ沖地震・津波とアチェ

(1)　スマトラ沖地震・津波の概要

　2004年12月26日午前8時（現地時間），インドネシアのスマトラ島沖で推定マグニチュード9，震度8の大地震が発生した。それに伴う巨大津波は，多くの国に甚大な被害をもたらすことになった。14カ国が被害を受け，全体で死者・行方不明者数は約22.7万人，避難民数は約170万人にも及んだと推計されている（図表10-1を参照）。また，2,216名の外国人も犠牲になっている[1]。

　これら被災14カ国のうち特に大きな被害を受けたのが，インドネシア，スリランカ，タイ，インドの4カ国である。この4カ国の中でも，死者・行方不明者数約17万人，経済的被害額約44.5億ドルとインドネシアの被害状況が際立っている（図表10-2を参照）。

図表10-1 ●スマトラ沖地震・津波の主たる被災国

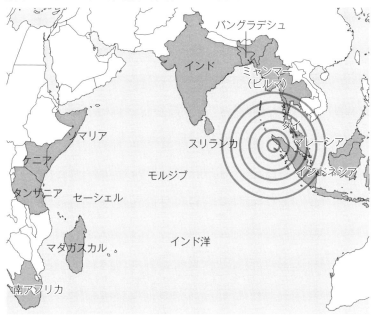

（注）濃いグレーは被災国を示している。

図表10-2 ●被災国の被害状況

	インドネシア	スリランカ	インド	タイ
人口（百万）	214.7	19.2	1,064.4	62
GDP（10億ドル）	208.3	18.2	600.3	143
1人当たりGDP（ドル）	970	950	564	2,306
死者・行方不明者数	167,540	35,322	16,269	8,212
経済的被害額（百万ドル）	4,451	1,454	1,224	2,198
GDPに占める被害額割合（%）	2.0	7.6	0.2	1.4
セクター別被害割合	住宅　　　　　：47.9% インフラ　　　：21.8% 社会セクター　：9.5% 製造セクター　：2.1% その他　　　　：8.8%	住宅　　　　　：36.0% インフラ　　　：23.9% 社会セクター　：7.2% 製造セクター　：31.8% その他　　　　：1.1%	住宅　　　　　：33.6% インフラ　　　：13.6% 社会セクター　：1.9% 製造セクター　：46.1% その他　　　　：4.9%	住宅　　　　　：4.3% インフラ　　　：5.3% 社会セクター　：1.8% 製造セクター　：88.6% その他　　　　：0.0%

（出所）TEC（2006）：Synthesis Report, 表2-1（33頁），表2-2（37頁）に基づき筆者作成。

図表10-3 ●インドネシア最大の被災地アチェ

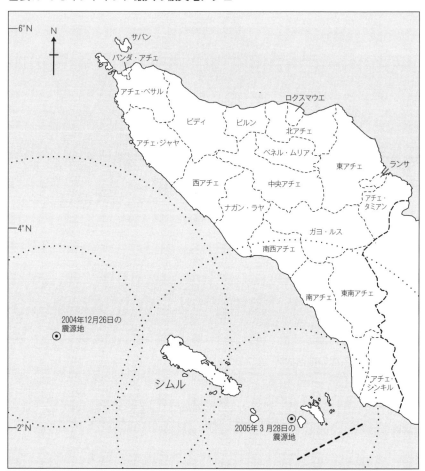

(出所) Sisira Jayasuriya and Peter McCawley and others [2010] *The Asian Tsunami*, 54頁。

(2) 特異な状況下にあった最大の被災地アチェ

スマトラ沖地震・津波の最大の被災地がインドネシアのアチェである（**図表10-3を参照**）。スマトラ島北西部に位置するアチェは今回の震源地に近く，被害状況は死者約16.7万人（州人口の約4％），避難民約81.1万人，経済的損害額約44.5億ドルとなっている[2]。

災害発生当時，アチェはインドネシアの中で最も貧しい地域の1つであった。天然ガスなどの資源が豊富なアチェは，GDPが約45億ドル（インドネシアのGDPの約2％），1人当たりのGDPも約1,100ドルと国内諸州の中では極めて高い（2003年のデータ）。しかしながら，当時はアチェにある11の県が後進地域開発省によって後進地域に指定され，州全体の貧困率も約30％に達していた（インドネシア全体の貧困率は約17％）[3]。国際NGOのOxfamの調査では，2002年の時点でアチェの人口の48.5％は安全な水を利用しておらず，5歳以下の児童の36.2％は栄養不良状態にあり，人口の38％は医療施設を利用できない状態にあったとのことである[4]。

その最大の理由は，アチェでは災害発生時まで熾烈な内戦が長期間継続していたためである。

第2次世界大戦後に独立宣言したインドネシアは，対オランダ独立戦争を経て，1949年12月，16の共和国で構成されるインドネシア連邦共和国として歩み始めた。その後，16の共和国の1つであるインドネシア共和国が他の15の共和国を併合し，1950年8月，現在の単一制国家としてのインドネシア共和国が誕生することになる。その際，アチェはスカルノ大統領によって北スマトラ州に併合されることになった。それ以降，アチェではインドネシアからの分離独立運動が展開されていくことになったのである。

このような分離独立運動の高まりを背景に，1959年，インドネシア政府は教育，宗教，伝統文化に関して一定の自治権を有する特別州としての地位をアチェに与えている。しかしながら，この自治権は実質的なものではなく，1970年以降，石油・天然ガスの利権配分をめぐる中央政府との対立を背景に，アチェの分離独立運動は激化していく。そして，ハッサン・ティロがアチェ独立を目指す自由アチェ運動（GAM）を結成したことを契機に，1976年以降インドネシア政府とGAMとの内戦が展開されていくことになったのである。

スハルト大統領は，1988年にアチェを軍事作戦地域（DOM）に指定し，GAMへの攻撃を強化していった。スハルト大統領退陣後に就任したワヒド大統領は，1999年にGAMを正式な交渉当事者と認め，双方の間で和平交渉が開

始されることになる。また，2001年8月に就任したメガワティ大統領は特別自治法を制定し，アチェの名称をイスラム色の強いナングロ・アチェ・ダルサラムに変更するなどしてさらなる自治権を付与している。しかしながら，インドネシア政府とGAMの和平交渉は暗礁に乗り上げ，2003年8月，アチェには軍事非常事態宣言が発令されることになる。同宣言は2004年5月に民間非常事態に変更されることになったが，現地では依然としてインドネシア政府軍とGAMの間で緊張状態が続いていた。このような状況の下で，アチェは地震・津波被害に見舞われることになったのであった。

2 被災地アチェの復興プロセス

深刻な地震・津波被害に見舞われたアチェの復興計画を策定したのは，国家開発企画庁（BAPPENAS）であった。BAPPENASは，関係諸機関の協力を受けつつ，アチェ復興のためのブループリントを作成した。なお，本ブループリントが発表された3月26日，インドネシア政府は緊急救援段階の終了を正式に宣言している。

本ブループリントに基づき，BAPPENASは，2005年4月15日，アチェ・ニアス復興の基本計画を作成した[5]。本基本計画の対象がアチェ・ニアスとなっているのは，スマトラ沖地震・津波災害発生から約3カ月後の2005年3月28日にもインドネシアのメダン島沖（ニアス島付近）で大地震が発生し，多くの犠牲者が発生したためである。

本基本計画では，4年間の復興プロセスが緊急救援期，復旧期，再建期の3つに区分され，各段階でさまざまなプロジェクトを実施していくことが確認された（図表10-4を参照）。

(1) 緊急救援期
① ユドヨノ大統領の危機対応
2004年10月，インドネシア初の直接選挙によってユドヨノ大統領が誕生した。

figure 10-4 ●被災地アチェの復興プロセス

緊急段階		復興段階	
緊急：0～3カ月	短期：4カ月～2年	中期：～5年

緊急対応：救援	復旧	再建
目標： 人道的救援・支援	目標： 十分な時間をかけた公共サービスの向上	目標： コミュニティと地域の再開発
・緊急対応支援 ・犠牲者の埋葬 ・食糧・医療の供給 ・インフラと基本施設の改善	・全般的なインフラと施設 ・経済施設 ・金融 ・精神的治療 ・土地の権利回復 ・法律履行 ・仮設住宅	・経済 （生産，取引，金融セクター） ・輸送システム ・通信システム ・社会文化システム ・制度のキャパシティ ・住居

(出所) Republic of Indonesia (2005), *Master Plan*, p.Ⅱ-13頁。

ユドヨノ大統領にとって，スマトラ沖地震・津波は就任後に直面した最大の試練となった。ユドヨノ大統領は強いリーダーシップを発揮し，この未曾有の危機に迅速に対応した。災害発生直後に今回の災害を国家災害に指定し，翌日にはカラ副大統領をアチェに派遣している。また，アチェ内戦は国内問題であるとして外国からの干渉を排除してきたこれまでの立場を迅速かつ大胆に転換し，災害発生から2日後の12月28日，海外主体による緊急支援活動の受け入れを表明している。

② 国際機関による緊急救援活動

ユドヨノ大統領の国際緊急支援受け入れ表明後，数多くの支援機関が現地に到着した。アチェで活動する国際機関の数は災害発生から1週間後には50以上となり，2005年1月半ば時点で200以上に及んだと言われている[6]。

国連人道問題調整事務局（UNOCHA）は100名以上の職員を現地に派遣し，関連諸機関の調整業務を担当した。大規模災害発生時の国際支援は，原則として被災国の要請に基づいて実施されることになっている。UNOCHAは被災国

からの支援要請をとりまとめ，現地で活動する国連関連機関，外国軍隊，NGO等の間の調整業務を担当する国連システムの中核的機関である。

UNOCHA以外にも，仮設住宅・救援センター建設業務を担う国連移住機関（IOM），経済支援・インフラ整備を担当する国連開発計画（UNDP），雇用斡旋については国際労働機関（ILO）等，多くの関連機関が現地で活動した。なお，国連高等難民弁務官事務所（UNHCR）は地域紛争・内戦における避難民救済が本来の任務であったが，今回の災害では初めて自然災害被災民を救援対象とし，現地で活動を行っている。

③ 民軍協力

災害発生直後の緊急支援活動においては，機動力のある軍隊の役割が重要となる。今回の災害では，インドネシア軍から6,178名，各国の部隊から5,666名が支援活動に参加している[7]。

被災地入りした各国の部隊のうち，主導的な役割を担ったのが米国である。米国は第三海兵機動展開部隊（Ⅲ-MEF）を中核とする部隊をタイのウタパオ基地に派遣し，最大2万人近い隊員を投入して被災各国への援助物資輸送や医療活動等に従事した。

現地で活動する各国部隊の調整方法をめぐっては，当初，派遣国の間には意見の対立が存在していた。しかしながら，2005年1月のASEAN首脳会議で国連主導路線が確認されて以降，米軍およびUNOCHAを中心に民軍協力は円滑に行われていくことになった。具体的には，各国の派遣部隊，国連，関連国際機関，NGO等の関係支援機関によって構成される536合同支援部隊（CSF-536）が編成され，Ⅲ-MEF司令官であるブラックマン米海兵隊中将が指揮権を行使した。なお，各国の部隊は米軍の統一的指揮下に入ったわけではなく，独自の判断で活動を行う権限は留保されていた。

ちなみに，日本も国際緊急援助隊法に基づき，海上自衛隊の輸送艦くにさき，補給艦ときわ，護衛艦くらまを現地に展開し，約1,000名の隊員を被災地に派遣している。本ミッションは，自衛隊史上最大規模の海外での救援活動であり，自衛隊活動として3自衛隊統合運用が初めて試みられたケースであった[8]。

アチェで緊急支援活動を行っていた海外の部隊は，2005年1月下旬から2月にかけて活動を終了し，逐次撤退していった。そして，インドネシア政府が救援段階終結を宣言した3月26日までには，すべての部隊がアチェを離れている。

(2) 復興（復旧・再建）期

① 復興構想：「ビルドバック・ベター」

BAPPENASが策定した復興基本計画の根底にある理念は「ビルドバック・ベター（より良い復興）」[9]である。すなわち，今回の地震・津波災害からの復興ではアチェを災害発生前の状態に戻すのではなく，長期内戦に起因するさまざまな弊害，具体的には貧困，人権侵害，治安悪化，コミュニティの分断，政治腐敗・汚職などへの取り組みも重視したのであった（**図表10-5を参照**）。

アチェ・ニアス復旧・再建に必要な資金は，社会セクター，インフラ・住宅，製造，セクター横断の4分野で総額約49兆ルピー（約49億ドル）と試算されているのに対して，実際には約58.3兆ルピー（約58億ドル）の予算が計上されている（**図表10-6，図表10-7を参照**）。

また，「ビルドバック・ベター」のスローガンの下，国連システムの国連ア

図表10-5 ●アチェ・ニアスの復興フレームワーク

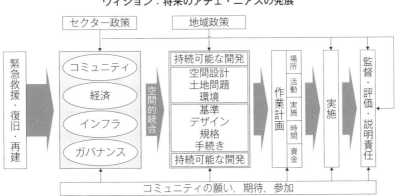

(出所) *Master Plan*, Ⅲ-4頁。

図表10-6 ●アチェ・ニアス復旧・再建のための資金ニーズ試算

(単位：10億ルピー)

セクター	被害試算			資金ニーズ試算額
	民間	公共	合計	
社会セクター	300.0	2,508.0	2,808.0	14,564.0
インフラ・住宅	16,129.0	5,216.0	21,345.0	26,593.6
製造	10,207.0	418.0	10,625.0	1,499.2
セクター横断	130.0	6,309.0	6,439.0	6,111.0
合計	26,766.0	6,309.0	41,217.0	48,767.8

(出所) *Master Plan*, 8-4頁。

図表10-7 ●アチェ・ニアス復旧・再建のための予算執行計画

(単位：兆ルピー)

提案	2005	2006	2007〜2009	合計
緊急対応	5.1	—	—	5.1
復旧・再建	7.8	14.7	30.7	52.2
合計	12.9	14.7	30.7	58.3

(出所) *Master Plan*, 8-5頁。

チェ・ニアス復興フレームワーク（UNRFAN）[10]，世銀グループ主導のマルチドナー基金（MDF）[11]，支援国による2国間ODAなどが復興を支援していくことになった。

② 多額の国際援助

今回の災害では，世界中から多額の援助が被災国に提供されることになった。援助総額は約141億ドルに達し，その内訳は政府約65億ドル，民間約55億ドル，国際機関約21億ドルとなっている（**図表10-8を参照**）[12]。国際援助の規模もさることながら，今回，各国政府や国際機関と対等に民間セクターが援助を提供したことは注目に値する。

最大の被災国インドネシアに対しては，総額約77億ドルの復興資金が集まった。内訳は，海外政府・国際機関から約30億ドル，民間NGOから約21億ドル，インドネシア政府の拠出が約26億ドルとなっている[13]。

図表10-8 ●地震・津波被害への支援金（試算額）

資金源	100万米ドル
国際資金	
政府	6,481
DACドナー政府　　　　　　　5,888	
非DAC政府　　　　　　　　　　593	
民間	5,490
NGOへの民間寄付　　　　　　3,214	
UN機関への民間寄付　　　　　　494	
赤十字/赤新月への民間寄付　　1,783	
多国間銀行拠出（貸付）	2,095
民間送金	n.a
その他の民間寄付	n.a
総額（国際資金源）	14,067
被災国内資金	
被災国政府	3,400
被災国内の民間寄付	190
被災者	n.a
総総額	17,657

（出所）*The Asian Tsunami*, 45頁。

③　アチェ・ニアス復興庁の活動

　2005年4月16日，BAPPENASはアチェ・ニアスの復興基本計画の実施機関としてアチェ・ニアス復興庁（BRR）を設立した。BRRの設立により，アチェの復興プロセスは大きな転換期を迎えることになった。

　大統領直轄機関であるBRRの本部は被災地アチェの州都バンダ・アチェに置かれ，長官には元エネルギー・鉱物担当大臣のクントロ・マンクスブロトが任命された。BRRは，政府，地方自治体，国際機関等が実施するさまざまな復興プロジェクトの調整業務を担当した。BRRは，2009年4月にその任務を終了した。BRR解体後，インドネシア政府はBRRの遂行してきた業務を州レベルのアチェ持続可能復興庁（BKRA）に継承させている。

④　和平合意成立と内戦の終結

　2005年1月，インドネシア政府とGAMはそれまで中断していた和平交渉を

再開した．同年 8 月15日，両者の間で和平合意（MoU）が成立し，30年にも及んだ内戦が終結することになった．内戦終結が実現した理由としては，インドネシア政府およびGAM双方にとって今回の災害被害が極めて深刻で内戦を継続する余裕がなくなったこと，国際支援を要請しなければならないインドネシア政府としては国際世論の動向を無視できなくなったこと，さらには，インドネシア軍に強い影響力を持つユドヨノ大統領と元実業家のカラ副大統領の 2 人が内戦終結に向けて強いリーダーシップを発揮したこと，などがあげられる．

成立したMoUは，アチェの統治，人権，恩赦・社会復帰，治安回復，アチェ監視団設置，意見対立解決などについて詳細に規定していた．MoUに基づき，2005年 9 月15日，EU，ノルウェー，スイス，ASEAN加盟 5 カ国（ブルネイ，マレーシア，フィリピン，シンガポール，タイ）によって構成されるアチェ監視団（AMM）が現地に派遣され，同年12月21日，インドネシア軍・警察のアチェからの撤退およびGAMの武装解除が完了した．

⑤　アチェ和平社会復帰支援庁（BRA）の設立とアチェ統治法の成立

2006年 2 月，アチェにアチェ和平社会復帰支援庁（BRA）が設立された．BRRとは異なり，BRAはあくまで州レベルの機関であった．BRAは約150万人（全人口の39％）の内戦被害者，約40万人以上の国内避難民，約 1 万4,300名の元GAM兵士，2,035名の釈放された政治犯などへの補償や支援業務を担当した[14]．

MoU成立からほぼ 1 年後の2006年 7 月，アチェ統治法（LOGA）が制定されることになった．LOGAは，アチェ州・県・市政府の権限，首長選挙，政党・政党連合・地方政党，イスラム法・イスラム法廷，経済的自立・財政などについて定め，アチェの政治的・宗教的自治を大幅に認めるものであった．また，利益配分基金と特別分配基金を通じて，石油・天然ガスによる収入の 7 割が特別自治権（NAD）としてアチェに配分されることになった．

内戦の経済的被害総額は約107億ドル（アチェの被害総額が約65億ドル，インドネシア政府負担額が約42億ドル）と試算されている．内戦終結後の元兵士の社会復帰や避難民の帰還などアチェの社会統合・平和構築に対しては約88億

ドルの資金が確保されることになった。その内訳は，特別自治基金から総額約79億ドル（2008～2027年），国際社会からの支援額約3.7億ドル，津波復興資金からの間接的支出額約5.3億ドルとなっている[15]。

2006年12月，LOGAに基づきアチェで初の州知事選挙が実施され，GAM出身のイルワンディが当選した。州内の19の県・市で実施された首長選挙でも，多数のGAM出身者が議席を獲得している。

3　アチェの復興事例の評価

以上，緊急救援段階と復興（復旧・再建）段階を中心に，地震・津波災害からのアチェの復興プロセスについて概観してきた。

緊急救援段階における対応については，アチェの事例は，内戦が継続している特殊な状況下にある被災地での緊急救援活動のあり方について多くの教訓を残すことになった。何よりも強いリーダーシップを発揮し，海外支援の受け入れを迅速に決断したユドヨノ大統領の危機対応は高く評価されるべきであろう。

他方，今回の反省としては支援機関の調整がスムーズに行われなかったことがあげられる。災害発生直後から多種多様な支援機関が現地で活動を展開したが，これらの支援機関の中にはこれまで災害支援の経験が乏しいものも多数あった。そのため，初期段階における数多くの多種多様な国際主体（国際機関，民間NGO等）が無秩序に活動する状況を「第二の津波」とする指摘もなされている[16]。国連関連機関は，今回の経験を踏まえ，2005年10月に発生したパキスタン地震の復興支援に際しては，分野ごとに主導機関を事前に割り当てて業務遂行の効率化を目指すクラスター・アプローチ[17]を採用している。

復旧・再建段階においては，「ビルドバック・ベター」のスローガンの下，BRR主導による地震津波被害からの復興と，AMMおよびBRAを中核とした内戦終結後のMOU履行確保とLOGAの理念に基づく社会再生に向けた取り組みが並行して実施された。この段階では，被災者のニーズとかけ離れたプロジェクト，予算執行の非効率・スピードの遅さ，さらには海外からの援助や復興資

金の利権配分をめぐる問題なども発生した。BRRに対しては，業務処理のペースが遅かったとの批判もある。しかしながら，これは，クントロ長官がコミュニティ主導の復興，および汚職・政治腐敗の根絶を含めたおよびガバナンス改善，内戦関連の元兵士・政治犯・国内避難民らの社会帰還を重視する「ビルドバック・ベター」型復興を目指し，各プロジェクトの計画・実施を丹念に精査したことによるところが大きい。今回の災害被害の規模，巨額の復興予算，1万2,000以上もの膨大な数のプロジェクト，厄介な法律・規制の問題等を踏まえるならば，BRRは有効に機能したと結論づけられるであろう。

復興期間終了時点でのアチェの現状に関するBKRAの報告は，「ビルドバック・ベター」が達成されたことを物語っている（図表10-9を参照）。

地震や津波に限らず，火山噴火，集中豪雨，洪水などの自然災害が多発するインドネシアでは，今回の災害を踏まえ，2007年に防災基本法である防災法第24号が制定されている。インドネシアにはそれまで防災を専門業務とする常設

図表10-9 ●アチェの復興状況

	単位	被害の概要	復旧・再建状況
マイクロファイナンス（UKMs）	Unit	104,195（営業不能）	195,726（再建・新設）
家屋	Unit	139,195（損壊）	40,303（再建・新設）
農地	Ha	73,869（被害）	69,979（再生）
教員	Person	7,109（死亡）	39,663（新規養成）
舟	Unit	13,828（損壊）	7,109（修復・新築）
モスク	Unit	1,089（損壊）	3,781（修復・新築）
道路	Km	2,618（損壊）	3,696（再建）
学校	Unit	3,415（損壊）	1,759（修復・新築）
医療センター	Unit	517（損壊）	1,115（修復・新築）
政府施設	Unit	669（損壊）	996（修復・新築）
港	Unit	22（損壊）	23（修復・新築）
飛行場	Unit	8（損壊）	13（修復・新築）

（出所）International Recovery Platform［2012］*Indian Ocean Tsunami 2004: Recovery in Banda Aceh*, Recovery Status Report, 3-4頁。

機関は存在していなかったが，同法に基づき，防災担当機関として国家レベルの国家防災庁（BNPB），州・県レベルの地方防災庁（BPBD）がそれぞれ設立されることになった。また，インドネシア気象庁（BMG）を中心に，早期津波警報システムの開発・運用に向けた取り組みも本格化することになったのである。

［付記：本章は，吉高神明「スマトラ沖地震・津波被害とインドネシア—アチェ復興プロセスを中心に」（福島大学国際災害復興学研究チーム編『東日本大震災からの復旧・復興と国際比較』八朔社　2014年5月）を加筆・修正したものである。］

◀考えてみよう▶
①アチェの復興プロセスである，緊急救援段階と復興段階のそれぞれについて評価してみよう。
②2004年12月のスマトラ沖地震・津波災害が兵庫防災枠組（2005～2015年），仙台防災枠組（2015～2030年）へと続く国際防災協力に及ぼした影響について，調べてみよう。
③地震・津波被害と長期内戦という2つの深刻な災害から復興を実現したアチェの事例が，内戦や政情不安を抱えている他の自然災害脆弱国にとって持つ意義について考えてみよう。

●注
1　Tsunami Evaluation Coalition［2006］*Joint Evaluation of the International Response to the Indian Ocean Tsunami: Synthesis Report*, July, TEC p.33 and p.46.
2　Sisira Jayasuriya, Peter McCawley and others［2010］*The Asian Tsunami: Aid and Reconstruction after a Disaster*, The Asian Development Bank Institute and Edward Elgar Publishing, pp.75-79.
3　*Ibid*, pp.72-73.
4　Oxfam International［2005］"A place to stay, a place to live," *Oxfam Briefing Note*, December, p.2.
5　Republic of Indonesia（2005）, *MASTER PLAN FOR THE REHABILITATION AND RECONSTRUCTION OF THE REGIONS AND COMMUNITIES OF THE PROVINCE OF NANGGROE ACEH DARUSSALAM AND THE ISLANDS OF NIAS, PROVINCE OF NORTH SUMATERA*, April.

6　Harkin J.,C.Bennett and S. Mamarasinghe [2006] "Coordination of International Humanitarian Assistance in Tsunami Affected Countries:Evaluation Findings for Indonesia," *Tsunami Evaluation Coalition*, p.5.
7　防衛庁防衛研究所編 [2006]『東アジア戦略概観2006』2章　スマトラ沖大地震・津波をめぐる国際協力と安全保障」, 39頁。
8　前掲書, 40頁。
9　「ビルドバック・ベター」の概念については, William Clinton [2006] *Key Propositions for Building Back Better*, Office of the UN Secretary General's Special Envoy for Tsunami Recovery, pp.1-24. を参照のこと。
10　http://reliefweb.int/organization/unorc
11　http://www.multidonorfund.org/
12　*The Asian Tsunami*, p.45.
13　*The Asian Tsunami*, p.52.
14　The World Bank Working Paper (2009) *Multi-Stakeholder Review of Post-Conflict Programming in Aceh*, December, p.xvi-xvii.
15　*Ibid*, p.xvii.
16　International Federation of Red Cross and Red Crescent Societies [2006] *Legal Issues from the International Response to the Tsunami in Indonesia*, July, p.8
17　クラスター・アプローチについては, UNOCHA, http://www.unocha.org/what-we-do/coordination-tools/cluster-coordinationを参照のこと。

第11章
中国四川大地震
――ペアリング支援型の工業復興を中心に

1 災害復興における工業復興政策の意義を考える

　2008年5月12日に発生した中国四川大地震は，中国建国以来，最も破壊力が強く，被害範囲が広く，救助作業が過酷な大規模自然災害となった。甚大な人的被害，および経済的被害を踏まえ，中国は中央政府の強いリーダーシップのもと，国をあげた災害復興支援に取り組んだ。特に，2000年代のはじめにスタートした西部大開発において，経済発展が遅れた西部地域の社会経済発展を牽引してきた四川省における産業被害，とりわけ工業被害は大きく，工業の復興を通じた産業全体の復興と雇用の回復が急務となっていた。

　新産業の創出もしくは新たな企業の立地は，当該地域における雇用機会の拡大，所得の上昇，研究・開発機能の向上など，地域の経済発展に重要な意義を持つことはよく知られている（朴・藤本［2013］）。しかし，自然災害の発生によって被災地の立地条件は悪化し，既存の企業ないし新たな企業と産業の立地を促すための立地要因が失われ，被災地は条件不利地域に転落するリスクが高まる。

　そのため，大型自然災害が発生した際の国と地方レベルの災害復興活動においては，災害によって破壊された社会経済インフラの復旧を行うと同時に，被災地の立地条件の復旧・復興に取り組むことが復興政策の重要な柱となる。大型自然災害の被災地の工場ないし産業を，いかに迅速に復旧・復興できるかは，被災地の経済と雇用の復興，および社会安定基盤の回復を促す重要な要因の1

つであると考えられる。

　しかし，大型自然災害の被災地域においては，平時と同じような産業立地政策はその意義が薄れ，災害によって激変した被災地のさまざまな課題に対応することが困難である。したがって，国レベルであれ，地方レベルであれ，復興に向けた立地政策を制定する過程では，災害による企業の被災状況，被災地域における立地条件と立地要因，さらに新規工場の立地動向と変貌を十分に把握した上で，適切な支援策を用意していく必要があると考えられる。

　このような工業復興が被災地の経済復興，ないし災害復興における重要な意義を認識した中国政府は，西部大開発戦略に基づいて策定してきた既存の工業政策に加えて，新たに「ペアリング支援」という災害復興支援，工業復興支援政策を実施したのである。ペアリング支援とは，支援する側と支援を受ける側がペアを組む，という意味である。具体的に，国家（中央政府と中国共産党）が支援を必要とする特定の自治体に，支援能力のある特定の自治体を割り当て，1対1の直接支援を行う仕組みである。

　四川大地震の復興においては，中央政府が復興戦略の策定と支援体制の構築を行い，財政制度や人事評価制度を活用しながら各地方政府の復興支援の成果を競わせる災害復興支援体制を構築した。つまり，社会経済発展が先行している東南沿海部の省（直轄市）が，その資金，人材，技術，および発展のノウハウを動員して，発展が遅れていた四川省被災地の県（市）の復旧と復興を，1対1のペアを組んで支援したのである。

　本章では，このペアリング支援という新しい災害復興政策が，中国四川大地震がもたらした工業被害と工業立地条件の破壊をいかに克服し，短期間で被災地の工業，ないし産業の復興を成し遂げたのかについて説明する。また，大型自然災害からの工業復興に向けたペアリング支援政策の効果と課題を明らかにすることを通じて，今後も直面しうる自然災害からの復興のあり方に対する示唆を整理する。

2 中国四川大地震による工業被害と立地要因の変化

(1) 中国四川大地震による工業の被害状況

　中国の四川省経済委員会によると，2008年6月15日までの統計において，震災の被害を受けた製造業の企業は1.63万社であり，工業部門の直接経済被害額は約1,823億元（約2.5兆円）に達した。その内訳は，工場建物の破損が4,149平方メートル，生産設備破損は34.4万台，商品と原材料の損害額が約254億元であった。そして，被害が最も大きかった四川省徳陽市の工業被害は，被災総額が約309億元で，被災された企業数は4,118社であった（図表11-1）。

　上記の被害は主に，工場などの建物の破損と崩壊による生産設備，商品，原材料の破損，および従業員の死亡などによる倒産と生産の停止によるものであった。特に，被災地域における優位産業と重要企業の被害が大きく，北川県などの震源地の近くの最も被害が多かった地域に立地していた多くの工業団地が大きな被害を受け，団地内の小型企業の機械設備のほとんどが破損された。なかでも，川蘇都江堰科学技術産業団地，彭州工業開発区，什邡城南新区，綿竹剣南春工業集中発展区域，江油工業団地，アバ工業団地などの14の工業団地における被害が特に大きかった。

図表11-1 ●四川大地震による地域別の工業被害状況

被災地域（市，州）	被災された企業数（所）	財産損害額（億元）	被害総額（億元）
成都市	4,352	85	66
徳陽市	4,118	514	309
綿陽市	2,410	158	178
広元市	1,501	58	52
アバ自治州	447	275	37

(出所) 王［2010］などの資料に基づいて筆者作成。

(2) 中国四川大地震による新規工場の立地決定要因の変化

　四川省は，中国内陸部の中心地域として，新中国成立（1949年）以前より工業企業の立地が比較的に多い地域であった。日中戦争の時代に，当時の国民党政権が臨時政府を南京から重慶市[1]に移していたのも，四川省が全国各省の中で人口が一番多く，豊富な食料供給能力を有する上，比較的に高い工業生産の基盤が存在したことに由来する。

　しかし，1980年代以降の改革開放路線と東南沿海部地域を中心とする輸出主導型の経済成長時代において，内陸部である四川省の経済発展は相対的に遅れるようになった。2000年代に入ってからは，西部大開発戦略の重点開発地域に指定され，また東南沿海部における賃金コストの増加を避けて内陸部に移転する輸出加工業の新規立地が増加し，経済は急速に成長した。すなわち，人口規模の大きさから，中国の輸出主導型経済の発展に低賃金労働力（農民工の流出）を提供し続けてきた四川省が，中央政府の発展戦略の転換と強い政策的な支援を受けて離陸し始めたところに大型震災が発生したのである。

　一般的には，このような大型の自然災害は，被災地における産業基盤の崩壊や企業経営環境の悪化をもたらし，既存企業の倒産と移転を引き起こすのみならず，新規企業の立地と経済成長を妨げる要因となる可能性が高い。しかし，四川省の場合は少し異なる。図表11-1に示すとおり，四川大地震は四川省の工業に甚大な被害を与えたが，中国全体の経済発展戦略，および四川省が持つ戦略的・重点的な開発地域としての地位を揺るがすまでには至っていない。すなわち，四川大地震による工業被害額はその絶対値は大きいものの，中国全体，ないし四川省全体の工業生産額に占める割合はそれほど大きくないのである。

　そして，一部の工業団地は確かに大きな被害を被ったが，四川省の経済中心都市である成都市と，成都市周辺に集中している工業団地における被害は相対的に小さく，地震による四川省全体の工業立地環境が大きく変化したわけではない。その一方で，「国家主導の成長型復興メカニズム」（厳［2012］）の下，政府がさまざまな工業立地促進政策を打ち出したことにより，その政策メリットを享受するための新規企業立地が増えたのである。

とりわけ，復興事業による成長促進と被災地の経済発展水準の大幅な向上，さらには成長を強く意識した企業立地促進政策の策定により，四川大地震の被災地における企業立地環境は改善した側面が強い。その一方で，復興と成長の重要な担い手として各地域に造られた新しい工業団地では，中央と地方政府による積極的な企業移転，誘致政策が実施されたにもかかわらず，当初期待したとおりの新規企業の立地が行われておらず，工業団地の過剰状態に陥っているのも事実である（厳［2012］）。

これは国と地方政府による優遇政策と短期的な復興需要を取り込むために急激に増加した新規の企業立地が，主に産業発展の条件が比較的に整っていた成都市や綿陽市などの都市部とその周辺に集中したからである。その結果，四川大地震の震源地と被害が大きかった汶川県や北川県など，従来からの条件不利地域の経済は停滞していた。内陸山間地域が提供しうる経済発展のための原材料，中間財，および労働力には限りがあり，被災地域の持続的な産業発展のための産業政策と復興政策には多くの課題が残されていると考えられる。

3　大型自然災害からの復興に向けた ペアリング支援型工業政策

冒頭でも言及したが，四川大地震は被災地における産業発展と工業立地の条件を変化させ，企業の立地決定要因に大きな影響を与えた。その一方で，大規模災害からの復興計画における工業立地の促進政策，および「条件不利地域・地区」に対する復興支援と産業発展促進策により，一部の被災地における工業生産能力は縮小したものの，四川省全体における工業生産の復旧・復興は短期間のうちに成し遂げられたのである。ここでは，四川大地震以降における工業と産業の復興に向けたペアリング支援の内容と効果，および課題について説明する。

(1) ペアリング支援政策とは

　もともとペアリング支援は，中国の辺境地域にある少数民族居住地の社会経済発展を促進する政策として考案された，中心部から周辺部を支援する国策の1つであった。すなわち，少数民族居住地における社会経済発展の停滞を踏まえ，中央政府が少数民族居住地の経済発展条件の改善と自主発展能力の形成を促すための戦略として，1979年から導入された。このペアリング支援には，物質支援，開発プロジェクト支援，資金支援などからなる経済的支援以外にも，人材の支援，教育支援などが含まれている。

　ペアリング支援の初期段階の目的は，各地域の比較優位を活かして地域間提携を推進するとともに，チベット自治区，新疆ウイグル自治区などの辺境貧困地域への扶助を行い，生産・生活条件を改善して生活水準を向上させるなど，周辺地区の発展を助けることであった。1979年に開催された『全国の辺境地域の発展会議』において中国政府は，北京市は内モンゴル自治区を，河北省は貴州省を，江蘇省は広西省と新疆ウイグル自治区を，山東省は青海省を，上海市は雲南省と寧夏回族自治区を，チベット自治区は全国規模で支援する，という初期のペアリング支援体制を発表した。

　このように，ペアリング支援は，中央政府に代わって特定の地方政府が，支援を必要とする辺境地域を援助することであり，中国の独特な開発政策の1つである。近年に入ってからも中国では，生活および生産条件が厳しい貧困地域に対して，経済発展の先進地域の地方政府がインフラ整備，人材派遣などさまざまな形でペアリング支援を展開している。このペアリング支援体制の重点支援対象であるチベット自治区と新疆ウイグル自治区には，1952年から1990年までの間，約177.7億元の支援が行われた。また，1994年から2001年までの5年間だけでも中央政府が716個の開発プロジェクトを支援し，直接投資と財政補助額は300億元に達していた（趙［2011］）。

　そして，ペアリング支援政策は，1976年に発生した中国唐山大地震など大型自然災害における緊急かつ大規模な復興支援策としても導入され，災害への緊急かつ迅速な支援の成功事例として広く認識されているのである。唐山大地震

後の復興過程の中でもペアリング支援は，中国経済の低発展段階の制約によりさまざまな課題も残したが，復興のスピードを速めるなど大きな効果を発揮したとされている。

(2) 中国四川大地震における産業復興に向けたペアリング支援

　2008年四川大地震の復興においては，国家主導の下に復旧と復興が行われ，産業復興に関しても「ペアリング支援」という形で，東南沿海部から被災地域に向けた新規投資と工場移転の促進が行われた。復興に向けた工業立地支援策として，ペアリング支援体制の下，東南沿海部の支援側が，被災地企業の早期復旧・復興に必要な資金供給，人材派遣，技術・技能伝達を行い，工業団地の造成を通じた長期的な連携を目的とした企業立地促進が行われた。

　図表11-2に示すとおり，東南沿海部と東北部，および中部地域の各省は，基本的にその経済発展水準と財政規模に基づいて，支援対象地域が割り当てられ，支援予算額が計上されている。すなわち，経済規模が大きい広東省や山東省，浙江省，および江蘇省が，特に被害が大きかった汶川県，北川県，青川県，

図表11-2 ●ペアリング支援の予算と支援地区の財政収入一覧表

支援する側	被災の支援対象地域	被災地の1人当たり財政収入（元）	3年間の支援予算額（億元）	1人当たりの支援額（元）
広東省	汶川県	2,948	81	77,257
山東省	北川県	9,367	64	39,921
浙江省	青川県	3,260	63	25,357
江蘇省	綿竹市	2,935	85	16,630
遼寧省	安県	2,519	41	8,094
河南省	江油市	921	33	3,740
福建省	彭州市	1,953	27	3,355
山西省	茂県	1,762	23	20,912
湖南省	理県	954	23	51,385
黒龍江省	剣閣県	1,152	17	2,490

（出所）四川大地震関連資料に基づいて筆者作成。

および綿竹市とそれぞれペアを組み，復興支援を行うこととなった。また，経済や財政規模などにおいて若干劣っている山西省，湖南省，および黒龍江省には，それぞれ茂県，理県，剣閣県という被災規模が比較的に小さな地域が割り当てられ，復興支援の負担を軽減するような形を取った。

図表11-3は，これらのペアリング支援の目玉政策として競われ，被災各地に建設された工業団地の一例である。工業団地の建設においては，団地建設用地が不足している県や市は，管轄外の行政地域と手を組んで土地を造成して工業パークを建設し，財政支出や税金収入を按分する方式で，発展の成果を分かち合うような仕組みも導入された。中国四川大地震の関連資料と統計データによると，2009年までにペアリング支援型の工業復興政策に基づいて建設された被災地の工業団地は，合計18に達した。

具体的に言うと，江蘇省は四川省綿竹市に約5億元を投資して8平方キロメートルの「江蘇工業団地」を建設し，江蘇省無錫市は綿竹市漢旺鎮に「無錫漢旺工業団地」を建設した。遼寧省は安県に「遼安工業団地」を，山東省は北川県1.85億元を投資して「北川—山東工業団地」を建設した。2014年まで北川

図表11-3 ●ペアリング支援に基づいて新設された工業団地

支援地区（省・市）	被災県・市・地域	工業立地の支援・連携プロジェクト
広東省	汶川県	広東・汶川工業団地
山東省	北川県	北川・産業団地
浙江省	青川県	広元青川—川浙合作工業団地
江蘇省	綿竹市	江蘇工業団地
遼寧省	安県	遼安工業団地
河南省	江油市	河南工業団地
福建省	彭州市	川閩工業団地
山西省	茂県	山西・茂県工業団地
湖南省	理県	湖南・下孟工業団地
黒竜江省	剣閣県	剣閣工業団地
深圳市	甘粛省	深圳工業団地（甘粛省隴南市）
天津市	陝西省	寧強県循環経済産業団地

（出所）四川大地震関連資料に基づいて筆者作成。

―山東工業団地では計24社の企業を誘致し，その投資総額は14.1億元に達したが，そのうち，ペアリング支援側である山東省の企業が21社で，12.5億元を投資している。

図表11-3で取り上げたペアリング支援に基づく工業団地以外にも，河北省と綿陽高新区，および平武県が共同で綿陽市に「河北―平武工業団地」を建設するなど，被災各地が工業団地を造成し，企業誘致政策を打ち出すなどして工業復興に向けた取り組みを強化した。この河北―平武工業団地の場合，河北省から複数の企業を誘致するなどした結果，年間工業生産規模が35億元に達し，災害からの産業の復旧・復興に大きな成果を上げていた。

これらの工業団地では，内陸四川省固有の生産要素の優位を発揮すべく，現地の資源や労働力の知識・技能レベルに適した，労働集約型産業の立地を積極的に促す政策が講じられている。とりわけ，東南沿海部の経済発展地域における産業構造の高度化政策の推進と賃金上昇を避け，移転先を探していた労働集約型加工・組立工場を戦略的に受け入れることが目指された。

特に，地質断裂帯地域，河川沿岸地帯などの工業再建に適さない地域，とりわけ化学工業，冶金，小規模水力発電産業を基幹産業としていた汶川県などでは，被災した産業の再建を行わず，アパレル生産などの技術集約度がそれほど高くない機械部品の加工，および雑貨製品の生産工場などの労働集約型の代替産業を積極的に発展させた結果，2010年の工業生産額は年率42％の伸びを示した。

その一方で，中央政府と被災地の地方政府の企業立地促進政策では，被災地における工業パークや工業集中発展区域の規模や能力を統廃合しながら，特色ある産業パークの構築が図られた。特に，2009年に策定された「四川7＋3産業政策」[2]では，現地の資源・環境条件および震災復興再建計画に適合した優位産業の発展を優先的に支援した。その効果は，大型機械の生産基地化を目指して政策的にサポートされた徳陽市が，全国の原子力発電設備関連製品生産の60％，火力発電設備関連製品生産の30％を占めるほどに成長したことからも明らかである。また，もともと電気，輸送機械の産業が盛んでいた綿陽市では，

「六大産業」(自動車および部品，機械製造業，新材料，化学工業，食品加工業)が急成長し，2010年の市全体の工業生産総額の91.5％を占めるようになった。

(3) 中国四川大地震からの工業の復旧・復興の現状

　四川省の被災地の経済は，国全体をあげた被災地支援と復興プロジェクトの推進によって急速に回復に向かい，2009年6月の時点において，四川省における被災した工業企業の操業再開率は98.4％に達し，2011年9月時点で復興プロジェクトの99％が完了した。図表11-4に示すとおり，震災以降の四川省の被害の大きい地域における工業生産額の伸びは，震災発生の2008年こそ少し低下したが，2009年からは震災復興プロジェクトの推進とともに増加傾向が続いている。

　特に，四川省の省都である成都市の牽引的な役割が顕著であり，最終的に30万人の労働者の雇用計画を打ち出しているフォックスコン(鴻海)成都工場の誘致をはじめ，沿海地域から内陸部に移転する電子・電気機械産業の大集積地

図表11-4 ●四川省の被害の大きい地域における工業企業と工業生産総額の推移

企業数(所)	2004年	2006年	2008年	2010年	2012年	2014年
成都市	1,871	2,630	4,308	3,887	3,192	3,275
徳陽市	575	753	1,106	1,054	1,141	1,296
綿陽市	413	720	926	924	824	780
広元市	133	179	246	313	382	399
アバ自治州	80	98	78	87	93	102
工業生産額(億元)	2004年	2006年	2008年	2010年	2012年	2014年
成都市	1,202	2,111	4,233	5,810	9,058	10,689
徳陽市	380	691	950	1,541	2,204	2,819
綿陽市	351	550	797	1,248	1,771	2,258
広元市	58	96	158	320	569	692
アバ自治州	26	45	32	79	158	220

(出所)『四川統計年鑑』[2005]，[2010]，[2015]に基づいて筆者作成。

となりつつある。2008年の世界金融危機による世界的な経済停滞ムードのなかでも，成都ハイテク産業開発区の2012年における総生産額は2,230億元に達し，四川大地震以降の産業復興，工業発展を牽引している。

2014年現在，成都ハイテク産業開発区には，約3,000社の中小規模のハイテク企業が立地しているが，その中には外資系企業が1,000社，世界トップ500および国際優良企業の製造工場が120社以上立地しているとされる[3]。成都市はもともと中国の内陸経済発展戦略の拠点であったが，四川大地震からの復興過程でペアリング支援型工業発展政策による東南沿海部からの工場移転を受け，世界的な工業生産基地へと大きく成長したのである。

上記のような工業生産の復興と新しい製造工場の立地の増加によって，震災の影響で失われた雇用も急速に回復した。被災地域の復旧・復興における雇用の回復は，被災地の人々の生業の復興と地域社会経済の持続可能な発展の重要な条件である。実際，中国四川大地震は，被災地域における人的・物的被害といった直接的な影響だけでなく，雇用環境にも甚大な被害をもたらした。

これまでに公表されている統計資料によると，大地震とそれによる土砂災害によって被災地全体では農業用地の50万ヘクタールが破壊され，養殖業においては8,000万トンの魚類が散逸するといった被害が発生した。また農業用機械も2万台以上が破損されるなど，農林水産業への影響が大きく，約115万人の農林漁業従事者が耕作地，林業，漁業資源を失った。そして，工業生産やサービス産業の割合が比較的大きかった成都市，徳陽市，綿陽市などの被災地では，操業停止やサプライチェーン（供給網）の分断により，多くの労働者が失業者となった。

このような大震災による雇用と労働環境の被害を踏まえ，中央政府はペアリング支援による復興政策の中に，被災地における人材育成および就業機会の提供を明記し，被災地の雇用回復に優先的に取り組んだ。その結果，ペアリング支援による復興事業の進展と経済の復活に伴い，雇用環境は急速に回復した。図表11-5に示すとおり，2008年の四川省被災地の製造業の雇用者数は，徳陽市を除く他の地域では大幅に増加している。その後も雇用は増加傾向にあるも

図表11-5 ●四川大地震の被災地における製造業雇用者数の推移

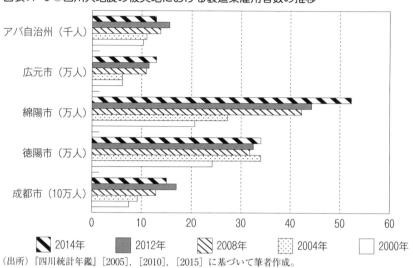

(出所)『四川統計年鑑』[2005],[2010],[2015]に基づいて筆者作成。

のの，2012年以降においては，中国経済全体の景気減速を受けて一部の地域では陰りも現れ始めている。

4 ペアリング支援型工業復興政策の限界性

図表11-5に示した製造業における雇用の変化は，各被災地における雇用者全体の推移においても観察される。すなわち，四川大地震の被災地における雇用の増加率は，国をあげた災害復興事業の推進に伴って拡大し，復興事業の完了とともに低下している。もちろん，図表11-4に示したとおり，2012年以降においても工業生産額が拡大し続けていることを勘案すると，雇用の縮小は産業構造の高度化，企業の経営効率の向上などの結果でもある。

その一方で，産業構造の転換とともに農林漁業部門から流出した労働力を，復興に伴う産業と企業立地の増加によって吸収する可能性の限界を示している。すなわち，もともと周辺地域として，中心部との距離が遠く，域内に経済発展

に必要な資本，技術，人材の蓄積が少なく，また市場も限定的な被災地が，外部からの支援に依存した災害復旧・復興は可能であっても，工業立地条件の回復，改善，および向上を通じて新規企業の立地を促進できるか，については大きな疑問を残す。

すなわち，被災地の災害復興，経済復興策として導入されたペアリング支援型工業復興政策は，短期的で，外部依存的な性格が強く，地域内の経済循環と雇用拡大の力強い推進に至っていない。この限界は，災害復興政策における経済成長，企業立地，雇用拡大，さらには復興政策に対する国民的支持が短期的であることにも由来するが，なによりも大型自然災害からの復興を，国内需要の創出を通じた経済成長を維持する手段としての性格が強い「国家主導の成長型復興」に依存していること自体に限界があるということなのである。

◀考えてみよう▶

①自然災害が企業の立地要因に及ぼす影響について考えてみよう。

②中国におけるペアリング支援型災害復興システムとは何か，について考えてみよう。

③中央政府の強いリーダーシップに基づいて実施された外部依存型の工業復興政策の限界性について考えてみよう。

●注

1　現在は四川省から分離されて直轄市となっているが，もともとは四川省の中で成都市に次ぐ，2番目に大きな都市であった。

2　2009年9月27日，四川省政府は，四川省経済委員会が策定した「四川省工業『7＋3』産業マスタープラン（2008～2020年）」を公表した。同プランは，2020年までの経済発展のために重要な戦略産業として，7つの重点産業—電子情報，設備製造，エネルギー・電力，石油ガス化学，鋼鉄，飲料・食品，医薬品産業と，3つの潜在力のある産業—航空，自動車，バイオテクノロジー・新材料産業の発展を力強く推進することを決定した（日中経済協会［2010］）。

3　立地企業数に関するデータは，成都ハイテク産業開発区のWebサイトに基づく。

●参考文献

王彬彬［2010］『震災地域における産業の復旧と復興に関する研究―四川汶川地震を事例に』経済科学出版社。
厳成男［2012］「中国における国家主導のコーディネーションと2008年四川大地震からの復興」『商学論集』81(2), pp.23-39。
㈶日本立地センター『新規工場立地計画に関する動向調査』各年版。
㈶東北産業活性化センター［2008］『企業立地と地域再生』コミュニティ・ブックス。
㈶日中経済協会［2010］「四川省の震災復興と経済発展」『中国四川省大地震復興協力事業報告書』。
四川省統計局『四川統計年鑑』2005年，2010年，2015年版。
趙明剛［2011］「中国特殊の災害支援モデル研究」『社会主義研究』（中国語）2011(2), pp.56-91。
朴美善・藤本典嗣［2013］「中国東北「辺境」地域における産業立地と産業集積に関する研究」『福島大学地域創造』25(1), pp.33-43。

第12章
921台湾大地震
――災害リスクガバナンスと地域コミュニティ

1 はじめに

　1999年9月21日午前1時47分，台湾中部の南投県集集鎮周辺を震源とするマグニチュード7.6の921台湾大地震が発生した。中華民国政府行政院（内閣に相当）の統計資料によれば，同年末の時点で約2,453名が死亡，約1万1,305名が負傷したほか，11万戸近くの建物が全壊あるいは半壊し，約3,000億元にのぼる損害をもたらした（林萬億［2002］，131頁；林宗弘［2012］，60頁）。

　台湾の防災研究者，謝正倫（謝［2009］）の分析によれば，地震が発生した当時，災害緊急時の専用通信システムが整備されていなかったため，警察，消防等の災害対策システムが立ち上がらず，被害状況が迅速に伝達されなかった。また，中央政府の防災センターは台湾全国で台北市の1カ所のみで，台湾大地震の発生を受けて同年9月29日，被災地に近い台中に「中部地区災害救助センター」を開設したが，対応が出遅れたため，救助がスピーディに進まなかった。救援物資を効率的に分配するマネジメント機能も欠如していたため，物資の分配が進まず，物資が強奪されたり，紛失したりといったケースも枚挙に暇がなかった。救援人員の管理もシステムが構築されていなかったため，被災地に駆けつけたボランティアや医療部隊は救援の手順がわからず，立ち往生するばかりで効率的な救援活動を展開できなかったという。遠隔撮影装置，生命探知機，衛星電話設備，救助犬といった機材やリソースが乏しく，またこうした機材や救助犬を専門的に扱える人材も著しく不足していたため，救助のタイミングを

逃し効率はさらに悪化した。海外の救援部隊の受け入れやその配置についても，専門性の欠如により柔軟な対応が難しく，部隊の救援能力を十分に発揮させることができなかった。

　地震発生当日と翌日の2日間にわたって世界21カ国から35の救援部隊が続々と被災地入りした。しかし，台湾国内ではこうした海外の救援部隊の技能や救援設備の能力を正確に評価し被災地に適切に投入できるような専門家集団が皆無で，最も深刻な被害を受けている地域に最先端の科学技術能力を備えた救援部隊を派遣することができなかった。海外の救援部隊に与えられた任務は迅速に生存者を救い出すことだが，状況が正しく認識できていなかった台湾の受け入れ先の一部では海外救援部隊の労力を死亡者の捜索といった作業で浪費させ，生存者の救援に部隊を差し向けることができなかったという。海外救援部隊が派遣された地域には台湾側の指揮官も存在せず，情報伝達システムも構築されていなかった。ある地域には約200名の海外救援隊員が投入されたが，現地の指令系統が機能していないため，救助活動に入れず，米国の救援部隊は怒りのあまりすぐに現地を離れて帰国したほどだったという（謝［2009］，10-11頁）。

　このように，台湾大地震の影響は大きく，地震発生時の混乱や制度的システムの欠如から救援活動は苦戦を強いられた。本章では，まず災害社会学，社会的脆弱性の観点から地震の発生時および復興過程に被災地がどのようなダメージを受けるのか，被災地におけるリソースの分配の不平等といった問題を取り上げる。さらに社会の回復力の視点から，中央や地方政府の支援が追いつかない状況で，地域コミュニティや現地のソーシャルワーカーが相互扶助チームを通じて救助活動に参加し，復興を支援したプロセスについて検討する。最後に，台湾大地震の被災地である南投県鹿谷郷の復興過程を例に，地域コミュニティによる復興への取り組みが政府による災害リスクガバナンスにもたらす示唆について考察する。

2　災害社会学からみた台湾大地震の影響

　近年,災害社会学の領域では,従来の災害に対する社会や地域の脆弱性（Vulnerability）の概念に加えて,社会の回復力（復元力：Resilience）概念が注目されている（大矢根［2010］,45頁）。本節では台湾の社会学者,林宗弘氏らの研究を中心に,社会の脆弱性という側面から台湾大地震が地域に与えた影響について考察し,社会の回復力については地域コミュニティの発展との関連性に注意を払いつつ次節で検討を試みる。

　災害社会学では自然科学と社会科学の双方の領域から災害を理解し,社会と環境が相互に影響し合うという生態系の枠組みから,災害が社会に与えるダメージとそうした混乱の中から以前の状態に復帰する状況（復興過程）を考察しようとしている。本節で取り上げる社会の脆弱性は,ある地域が自然や社会,経済的条件などでリソースに乏しく,他の地域よりも災害のダメージを受けやすくなる点に注目している（大塚［2005］,41頁）。張宜君と林宗弘（張・林［2012］,200頁）の共同研究によれば,従来の災害社会学研究では,被災地が復興に向けてリソースを獲得する上で直面する分配の不平等に社会の階層やエスニシティ,性別等の要素が与える影響が検討されてきた。しかし,社会の脆弱性に関する研究では,主に被災地が災害によるダメージを最小限に抑え,復興に向けて順調にスタートを切れるか否かに分析の焦点を置いている。

　上述の張宜君と林宗弘が行った共同研究では,「台湾学校教育追跡調査」の統計分析データを取り上げ,なかでも台湾大地震発生から数年が経過した2001年の時点で被災地の中学生やその家族を対象に行ったアンケート調査の結果に注目した。被災地における地震の災害リスクは社会階層によって異なっており,特にブルーカラーや零細農家といった階層が災害の影響を大きく受けていた。台湾のエスニシティでは少数派である先住民族や客家民族も地震で負傷した比率が他のエスニシティよりも高く,その一方で都市部住民の災害リスクは農村地区のそれを大きく下回った。このように,社会の脆弱性という視点からみる

と，自然災害は台湾の社会的弱者，特に農村住民，中間層から下層階級，家庭環境に問題のある機能不全家族等に，より深刻なダメージを与えている。こうした社会的弱者が多い被災地に対する救助活動や復興事業も，遅延したり，リソースや資金不足といった問題に直面しやすく，将来的に発生するであろう災害の防止も後手にまわる可能性が高い（張・林［2012］）。

林宗弘の研究（林［2012］）によれば，深刻な災害の影響を受けやすい社会的弱者が多い被災地の救助や復興を支援するために，台湾大地震の発生から復興過程において，NGO（非政府組織），NPO（非営利団体），市民ボランティア組織が主導的な役割を果たした。中央政府および被災地の地方政府は大地震の発生で危機的状況に陥ったが，ボランティア団体は速やかに現地入りした。なかでも宗教団体を中心とするボランティア組織は災害発生後の救助活動や復興作業において驚くべきほどの動員力を発揮した。台湾長老教会は約6万人，仏教系の仏光山は約10万人のボランティア救援部隊を派遣し，同様に仏教系の慈善団体である慈済基金会（財団法人中華民国仏教慈済慈善事業基金会）も大地震発生から1カ月の間に累計約10万人のボランティアを動員したのである（林［2012］，86頁）。

1999年10月7日，台湾の国立研究機関，中央研究院の院長を務めていた李遠哲[1]は，「全国民間被災地復興連盟」を組織した。この連盟に参加したボランティア組織は116団体に上り，大地震の発生から2年間で長期的に被災地の各地で草の根復興活動を行う人材を育てた。この連盟は台湾長老教会など宗教関係のボランティア組織とも密接な協力関係を築いている。一方，被災地の住民が自発的に組織したボランティア団体としては，1999年10月に設立された台中地域の被災地住民による「921台地震被災住民連盟」があげられる。彼らの主な活動は，集合住宅の建設支援であった。2000年6月には大里，太平，草屯，東勢山城愛郷協進会など4カ所の連絡ステーションが基礎となって，「台中県[2]921台地震被災地連盟協会」が組織された。先住民部落でも2000年2月に「先住民部落再建同盟」が組織され，同年6月，正式に「台湾先住民部落再建協会」が設立された（林［2012］，86頁）。

前述のように，被災地では社会的弱者が災害の影響を受けやすい。そこで，そうした社会の脆弱性を緩和し，迅速に復興に向けてスタートが切れるように，台湾政府と民間が共同で組織したファンドも被災地におけるリソースや人材の分配において重要な役割を果たした。「921震災復興ファンド」は1999年10月13日に発足し，民間や政府の代表者が運営に携わった。2008年7月1日に解散するまで，ファンドの募金や人事面で政府の過剰な干渉を受けることなく自主性を維持し，被災地の復興やボランティア団体の支援に力を尽くした。台湾大地震の発生時，消防署や県および市の消防局，県警や軍組織は交通量の規制や被災地における疫病の発生防止などの対応に追われた。台湾政府関係者は民間のボランティア団体と協力して被災地の混乱の収束や復興支援に奔走したのである（林［2012］，86-87頁）。

3　被災地復興とレジリエンス

　前節でみたように，台湾大地震の復興過程においては，ボランティア組織が重要な役割を果たし，被災地で深刻な被害を受けやすい社会的弱者を支援し，政府組織の救援活動をサポートした。黄松林らの研究（黄・郭・楊ほか［2012］）によれば，こうした非政府組織や非営利団体の活躍のみならず，被災地のコミュニティが蓄積してきた社会のレジリエンス（回復力）が被災地の復興に決定的な役割を果たしたという。

　台湾の地域コミュニティは過去20年間，組織の運営内容の刷新，福祉の充実，道徳的理念の構築において大きな発展を遂げた。1990年代以降，多様な試みがコミュニティの内部で実施されたほか，1992年，コミュニティの発展を担う組織をコミュニティの理事会からコミュニティ発展協会の組織に切り替えた。さらにコミュニティの活動方針を刷新し，環境保護，コミュニティの治安維持やコミュニティの歴史の回顧と記録，コミュニティの構築といった項目を加えた。コミュニティにおける福祉事業の発展も特筆すべきものがあった。ボランティア活動は1993年からスタートし，1997年には福祉コミュニティのコンセプトが

立ち上がり，2002年には地域コミュニティを対象とした福祉サービスの発展プロジェクトが発足するなど，地域住民が意欲的に地域の発展や相互扶助に取り組むようになった。このような改革を経て，地域コミュニティの構築と発展において，従来のインフラなどのハード面のみならず，コミュニティの文化や社会の発展というソフト面にも注意が払われるようになったのである（黄・郭・楊ほか［2012］，5頁）。

　2005年以降，台湾では地域コミュニティのソフト面における発展プロジェクトが次々と立ち上がり，災害発生時に力を発揮するコミュニティ・レジリエンス（地域コミュニティの回復力）の基礎となり，地域コミュニティの長期的な運営やサステナビリティ（持続可能性）が模索されるようになった。コミュニティ・レジリエンスの実現に不可欠な組織が各地域コミュニティの発展協会である。その中から，豊富な人的資源が被災地の復興において特に重要な役割を果たした。協会には婦人ボランティア，環境保護ボランティアのほか，相互扶助チームが組織されている。この相互扶助チームは，当初，地域コミュニティ内部の騒動や事故発生防止，安全確保のために組織されたチームだが，地域コミュニティが天災に襲われた際にも救助活動を実施するようになった（**図表12-1を参照**）。

　台湾政府中華民国内政部（内務省に相当）のガイドラインでは，相互扶助チームの役割が以下のように定義されている。すなわち，相互扶助チームは地域コミュニティにおける交通安全や犯罪の防止のほか，家庭内暴力や児童虐待に関する案件を所轄機関に通報する等の任務を遂行する。しかし，より重要な業務として，各地域コミュニティで被災地における防災や救助活動を行うことが提唱されている。宜蘭県，苗栗県，台中地域，彰化県や，台湾大地震の被災地である南投県，高雄地域では災害時に相互扶助チームが救助活動で活躍したほか，コミュニティ発展協会の支援でソーシャルワーカーが被災地の救助活動に参加し，相互扶助チームのコミュニティ・レジリエンスを強化したという（黄・郭・楊ほか［2012］，17頁）。

図表12-1 ●台湾地域コミュニティの相互扶助チーム数

年度と地域別	1999	2000	2001	2002	2003	2004	2005	2006	2007	2008	2009
台湾地区	1,837	1,776	1,713	1,714	1,752	1,619	1,711	1,691	1,701	1,570	1,567
台湾省	1,721	1,677	1,569	1,577	1,585	1,457	1,477	1,493	1,529	1,412	1,448
台北県	164	87	71	79	102	55	33	47	49	29	35
宜蘭県	59	71	81	86	92	92	99	106	104	101	105
桃園県	71	80	44	62	44	34	36	29	27	27	27
新竹県	49	51	61	62	66	66	54	50	54	58	56
苗栗県	71	122	132	143	147	144	146	144	144	146	149
台中県	108	118	127	113	119	122	125	126	136	146	135
彰化県	143	139	145	151	159	155	118	132	124	118	121
南投県	170	141	163	156	142	134	118	98	104	85	100
雲林県	139	98	68	62	36	32	37	40	44	57	56
嘉義県	147	93	97	97	97	83	88	92	97	94	97
台南県	62	81	70	76	83	55	106	101	102	100	96
高雄県	80	60	58	90	88	98	117	120	122	127	121
屏東県	194	169	158	159	151	149	147	150	161	77	83
台東県	41	57	47	34	29	30	41	41	40	40	40
花蓮県	43	43	53	47	51	47	52	53	50	44	49
彭湖県	56	58	44	46	47	36	9	9	4	4	5
基隆県	28	106	46	39	47	41	41	33	37	36	36
新竹市	11	23	29	28	36	33	40	45	47	52	54
台中市	27	36	28	2	3	6	8	10	10	NA	NA
嘉義市	11	2	2	2	1	1	6	15	15	15	10
台南市	47	42	45	43	45	44	56	52	58	56	73
台北市	96	46	77	71	76	75	134	91	63	54	51
高雄市	20	53	62	57	81	74	87	86	88	86	48

(出所) 黄・郭・楊ほか［2012］，18頁より筆者作成。

4 南投県鹿谷郷の復興過程—地域コミュニティの発展と役割

　鹿谷郷は台湾中部の南投県に位置し、茶葉や筍の産地として有名である。森林公園等を有する風光明媚な土地で、18世紀半ばの清朝統治時代には台中地域の政治および経済の要所として栄えた。日本統治時代には鹿谷村に役場が置かれ、戦後は台中県竹山区の管轄となったが、後に南投県鹿谷郷として発展し、現在は13カ所の村落を抱える規模となっている（南投県鹿谷郷公所公式ウェブサイトによる）。

　鹿谷郷もまた台湾大地震で深刻な被害を受けた。そこで、国立陽明大学大学院衛生福祉研究科とコミュニティ看護研究科の教員と学生で組織された救助チームが現地入りし、カナダで盛んな健康都市（ヘルシーシティ）運動に啓発を受けたヘルシーコミュニティ構想の視点から被災地の状況を把握し、被災地の多様なニーズに基づいたコミュニティの復興プロジェクトを立ち上げた。健康都市運動は1984年、カナダでスタートしたが、1986年以降、世界保健機構（WHO）が欧州でも健康都市のコンセプトを提唱、世界的なブームとなった。健康都市ではコミュニティのメンバーが地域のリソースを開発し、住みやすい環境の整備を図る。特に被災地では、中央集権的で官僚主義的な組織の弊害により中央政府や地方政府が柔軟な救助活動を展開することが難しい。そこで、ヘルシーコミュニティのプロジェクトでは、被災地住民や救助ボランティアの小規模な自主性を重視し、小回りのきく救助チームの臨機応変な活動をサポートしている（盧［2000］、27-28頁）。

　鹿谷郷には小規模な診療所が5カ所あるのみで、重病患者や特殊な治療を要する患者は竹山鎮の総合病院（秀伝医院や慈山医院など）で処置を受けていた。台湾大地震の発生後、鹿谷郷と総合病院を結ぶ送迎バスが運行停止を余儀なくされたが、国立陽明大学から派遣された教員と学生の救援チームの支援により震災から1カ月後には送迎バスの運行が回復したという。また、水道などの給

水システムが破損したため，教員と学生の救援チームは1999年10月中旬以降，水道水の水質検査を実施し，被災地住民が安全な水を飲めるようにした。上述のように鹿谷郷は茶葉の産地として有名だが，およそ2,000ヘクタールに及ぶ茶畑の3分の1が震災で壊滅的な打撃を受けた。特に一部の茶畑は灌漑用水路が崩壊し，十分な水を供給できなかったために茶葉の生育が深刻な被害を受けた。現地の観光や外食産業も打撃を受けたため，鹿谷郷公所（町役場）と民間のボランティア団体が各種の文化事業や郷土品の販促キャンペーンを実施し，復興を支援した。また，鹿谷郷は台湾を代表する高級ウーロン茶，「凍頂烏龍茶」の産地であることから，被災地ではウーロン茶の栽培，販売，消費スタイルまでを統合し，カルチャー，アート，音楽を融合させたウーロン茶文化村の構想を打ち出すなど産業復興の道を模索した。いずれも被災地の住民やボランティアが自主的に取り組み，被災地住民の多様なニーズに対応し，政府組織や営利団体の力が及ばない部分をカバーしつつヘルシーコミュニティの発展を目指すという試みが展開されたのである（盧［2000］，30-32頁）。

5 むすび

第1節でみたように，富裕層に比べると災害の影響を受けやすい社会的弱者が多く分布する被災地の救助や復興を支援するために，NGOやNPO，市民ボランティア組織が中心的な役割を果たした。また第2節では，地域住民の自主的な参加による相互扶助チームなど被災地のコミュニティが蓄積してきた社会のレジリエンス（回復力）が復興に大きなプラスの力をもたらすことが確認できた。第3節のヘルシーコミュニティの発展プロジェクトの例にみるように，被災地の南投県鹿谷郷の復興過程において，大学の教員や学生，地元のボランティア組織などが救助や復興活動に自主的に参加し，柔軟性に乏しい中央や地方政府，大企業組織の対応の遅れをカバーした。

震災の復興過程において，中央政府や地方政府は中央集権的で官僚主義的な組織の硬直性という問題に阻まれて，柔軟かつ迅速な対応をとりにくい。こう

したなかで，地域社会やコミュニティにおける相互扶助が重要な役割を果たす。特にコミュニティ内部の住民同士の関係性が緊密で強固な信頼関係を築いている場合，豊かなソーシャル・キャピタル（社会関係資本）が形成され，大災害の発生に遭遇しても互いに助け合うことによって復興に向けてスタートを切りやすい。地域社会のコミュニティが発展することによって，災害などトラブルが発生した場合にも住民が速やかに連携し，外部の支援グループと協力しながら救助活動を展開することが可能となる。台湾大地震の復興過程に関する分析が示すように，地域コミュニティの発展は政府による災害リスクガバナンスに今後も多大なプラスの作用をもたらすであろう。

◖考えてみよう◗

①台湾では社会的弱者が震災の被害を受けやすい傾向がある。日本でもやはりそのような傾向があるだろうか？　政府や地域社会は適切な対応を行っているだろうか。

②台湾の地域コミュニティの発展は台湾大地震等の災害の復興過程にどのような影響をもたらしたか。

③被災地の復興プロセスから地場産業の発展を模索する方法はあるだろうか？　南投県鹿谷郷のウーロン茶文化村のケースを参考に考えてみよう。

●注

1　李遠哲氏は台湾を代表する化学者で，台湾人として初のノーベル化学賞を受賞している。
2　台湾の中西部に位置する台中県は2010年に台中市に統合されている。

●参考文献

〈日本語〉

大矢根淳［2010］「災害・防災研究における社会関係資本（Social Capital）概念」『社会関係資本研究論集（専修大学）第一号』2010年3月。
　http://www.senshu-u.ac.jp/scapital/pdf/4oyane.jscs1.pdf

大塚善樹［2005］「リスクから脆弱性へ——環境科学の語用論的転回についての試論」『武蔵工業大学環境情報学部紀要第六号』2005年2月。

http://www.yc.tcu.ac.jp/~kiyou/no6/1-05.pdf

〈中国語〉
黃松林・郭銀漢・楊秋燕・汪中華［2002］「社區復原韌性與社會工作災害重建的關係」『台灣社區工作與社區研究學刊』，第 2 卷第 1 期，1 -28頁。
林萬億［2002］「災難救援與社會工作：以台北縣921地震災難社會服務為例」『臺大社工學刊』第 7 期，127-202頁。
林宗弘［2012］「災後重建的政治：中國512地震與臺灣921地震的比較」『台灣社會學刊』第50期，57-110頁。
盧孳艷［2000］「災後社區營造：鹿谷鄉經驗」『護理雜誌』第47卷第 5 期，27-32頁。
南投縣鹿谷鄉公所公式ウェブサイト
　　http://www.lugu.gov.tw/TownInformation/IntroductionofLugu/history.htm
謝正倫［2009］「921地震及88水災防救檢討比較與展望」『中華防災學刊』第 1 卷第 1 期，9 -22頁。
張宜君・林宗弘［2012］「不平等的災難：921地震下的受災風險與社會階層化」『人文及社會科學集刊』第24卷第 2 期，193-231頁。

第13章
ネパール・ゴルカ地震
―仙台枠組の実践に向けて

　2015年4月，ヒマラヤ山脈の南，ネパールの首都カトマンズに近いゴルカ郡を中心とする地域にマグニチュード7.8の地震が発生，8千人近くが犠牲となり，20万人以上が家を失うなど甚大な被害を与えた（NPC［2015］）。特に大きな人的被害を受けた地域は山岳地帯であり，尾根筋の町や谷間の貧しい集落などが壊滅的な被害を受けた。あちこちで発生した土砂崩れにより道路が寸断されたため，被災者の救援も困難を極め，国内の政治的な混乱も相まって，災害からの復興の道のりは容易ではない。

　震災の前月，2015年3月には，仙台市で第3回国連防災世界会議（以下，防災会議という）が開催された。ネパールの震災は防災会議後に世界が経験した初めての大規模災害であったことから，その救援と復旧・復興の取り組みは世界から注目され，また多くの支援が寄せられた。

　本章では，自然災害や防災が国際社会の課題としてこれまでどのように取り扱われてきて，防災会議で採択された仙台防災枠組によって今後どのような取り組みがなされていくべきなのかを概観し，それらを踏まえてネパールの災害復興の取り組みとその課題について考察する。

1　防災に関する国際的な枠組み

(1)　国際社会での防災に関する日本の役割

　日本は世界有数の自然災害多発国である。プレート境界に位置し，歴史上多くの地震，津波災害を経験してきたほか，火山活動も盛んである。また，台風

の経路に位置し，土砂災害や洪水も頻繁に発生する。そのような自然災害を受けながらも，人々は災害と共生し，社会，経済の発展を遂げてきた。有史以来，災害に備えて人命や財産を守ることが，社会の繁栄に欠かせないことを認識し，20世紀後半の高度成長期には，政府予算の多くを防災に関する社会資本に投資することで，日本は経済的にも先進国となることができた。

　長い歴史の中で積み上げてきた防災の経験と知識をもとに，日本は防災に関する世界の取り組みと議論をリードしている。これまでの3回の防災会議はいずれも日本で開催され，そこで採択された防災に関する取り組みの指針には，日本の経験や知識が反映されている。また，日本は防災分野の技術協力，資金協力を積極的に行っており，世界銀行と並んで防災分野での最大の援助主体となっている。

(2) 国連防災の10年

　1960年代，アジア，アフリカ地域を中心に多くの植民地が独立した。多くの国々は道路や港湾，医療施設や学校など基礎的なインフラが整わず，社会制度も未整備ななかで国家運営を行うこととなった。このような状況で，多くの開発途上国が自然災害の惨禍に見舞われ，それまで積み重ねた国づくりの努力や人命が失われていった。

　1987年の第42回国連総会において，20世紀最後の10年間（1990～1999年）を「国際防災の10年」と定めることが日本とモロッコから提案されて全会一致で採択された。国際社会において災害が重大かつ共通の課題であると認識されたのはこれが最初である。その後も世界で大規模災害が繰り返し発生し，また気候変動や持続可能な開発に注目が集まるなかで，地球規模の課題としての災害・防災の重要性が増している。

　1994年には横浜で第1回の防災会議が開催され，防災のための原則や行動計画を示した「より安全な世界に向けての横浜戦略」が採択されている。横浜戦略では，持続可能な経済成長には災害に強い社会の構築と被害軽減のための事前の準備が不可欠であり，防災を国から市民まですべてのレベルでの取り組み

とすることなどが確認された。

2002年に南アフリカ・ヨハネスブルクで開催された「持続可能な開発に関する世界首脳会議」では，世界各国の首脳が自然災害を人類の脅威と認識し，防災を推進することを強調する首脳宣言を出した。このようにして，災害に対する世界の認識は21世紀に入って一層高まり，特に持続可能な開発のためには災害の被害とリスクを減らすことが不可欠であるとの理解が浸透していった。

(3) 兵庫行動枠組

世界的にも未曾有の大災害となった2004年12月のスマトラ島沖地震・津波の直後，2005年1月に兵庫県神戸市で開催された第2回の防災会議には，168カ国の政府代表団が参加し，防災に関する国際的な協力の必要性が強く訴えられた。この会議では災害に強い世界を目指す行動指針として「兵庫行動枠組2005－2015（Hyogo Framework for Action：HFA）」が取りまとめられた。HFAは2015年までの防災に関する基本的で包括的な方針を示している（UNISDR [2005]）。

HFAでは，災害が発生してからの応急対応の重要性とともに，災害の被害と将来的なリスクを軽減するために，防災を政府や自治体，地域コミュニティの主要な課題と位置づけ，早期警報・早期避難による人命救助，防災計画の策定や防災訓練の実施など，災害リスクの把握と事前の準備を優先行動として定めている。

一方で，HFAの取り組みが始まってからも災害の被害に苦しむ人々は後を絶たない。大きな災害は開発途上国だけではなく，米国のハリケーン・カトリーナや東日本大震災のように，先進国においても発生している。また，災害の発生数や経済的な被害は拡大を続けていることから，2015年以降も防災の取り組みを一層強化する国際的な指針が必要とされていた。

(4) 仙台防災枠組

第3回防災会議は2015年3月に宮城県仙台市で開催され，その成果文書とし

て，2030年まで15年間の防災に関する国際的指針となる「仙台防災枠組2015－2030」（仙台枠組）が採択された。本体会合には187カ国の代表団を含む6,500人以上が参加し，また関連するイベントを含めると8万人以上の参加があり，日本で開催された最大規模の国際会議となった。

　HFAでは，前年のスマトラ沖地震・津波のインパクトが強かったことから，予防のための防災投資よりも早期警報による人命救助に焦点が当てられることになった。その結果，2015年までに災害による死者数の削減という点では一定の成果がみられたものの，経済発展の基礎条件としての防災が必ずしも進捗しなかったのではないかという反省があった。

　仙台枠組では期待される成果を「人命，暮らし，健康と，個人，企業，コミュニティ，国における経済的，物理的，社会的，文化的，環境的資産の災害リスク及び損失の大幅な削減」と定め，命を守るとともに生活や経済も災害から守ることを目指している。

　その上で，具体的な目標となる7つのグローバル・ターゲットを明示し，途上国のみならず日本などの先進国も含めてその進捗を報告することとして，防災の取り組みが確実に進むような仕組みとなっている。グローバル・ターゲットは，a）災害による死亡者数の大幅な減少，b）被災者数の大幅な減少，c）災害による直接の経済被害の減少，d）医療・教育施設を含む主要なインフラへの被害の減少，e）2020年までに国・自治体レベルでの防災戦略を策定すること，f）国際協力の強化，g）早期警報と災害リスク情報へのアクセス拡大，の7つの目標を2030年または2020年までに達成することとしている（UNISDR［2015］）。

　これらのグローバル・ターゲットの達成に必要な取り組みが，4つの優先行動として整理されている（図表13-1）。

　これら優先行動の中でも，防災への事前の投資は国の発展の基礎条件であり，またそれを実現するためには政府の能力強化が欠かせない。またスマトラ沖地震・津波や東日本大震災の経験をもとに，災害発生を契機として，物理的なインフラの復旧や生活水準，経済，産業の復興，そして地域の環境と文化の復旧

図表13-1 ●仙台防災枠組の優先行動

```
1. 災害リスクの理解
  ：予警報，防災教育
```

```
2. 災害リスクガバナンスの強化
  ：政府の能力強化，あらゆる階層に届く対策
```

```
3. 災害リスクを減らすための投資
  ：事前の防災投資
```

```
4. 応急対応の準備とより安全な社会への復興
  ：より良い復興　Build Back Better
```

(出所) 筆者作成。

を通じてより強靭な国家と社会をつくる，「より良い復興（Build Back Better）」の考え方を徹底する必要がある。

2　災害と災害復興に対する考え方

(1)　世界の災害の状況

　多くの自然災害は，地理・地形的な要因や気象条件により，同じ場所で繰り返し発生している。さらに近年は，気候変動の影響で極端な気象現象が世界各地でみられるようにもなっている。一方で，先進国のみならず開発途上国においても，人口の増加と過密，都市化が進んでおり，人々は新たな土地で新たな災害リスクに向き合うこととなった。

　開発途上国では，都市に移り住んだ貧しい人々は，それまで住宅地として利用されてこなかった川の氾濫原や傾斜地などにスラムを形成することが多い。このような場所では災害リスクが高く，また一度災害が発生すると，人々は資産を失ってより貧しい状態になり，さらに次の災害に対して脆弱になる。このように災害と貧困は分かちがたく結びついており，災害の被害を減らすためには，災害と貧困の負の連鎖を断ち切ることが必要である。

　経済活動においても災害の影響は無視できない。自然災害による経済的な被

害額は，大規模災害の有無によって大きな変動があるが，一貫して増加傾向にある。また，サプライチェーンのグローバル化により，2011年の東日本大震災やタイ・チャオプラヤ川の洪水では自動車や電子機器などの産業が世界規模で影響を受けたように，局地的な災害が国境を越えて広範な地域に影響を与えるようになっている（内閣府［2015］）。

自然災害が社会に与えるインパクトは増大しており，また被害の様相も変化していることから，災害対策は「不幸な被災者」を助ける人道支援にとどまらず，地球規模の開発課題として取り組まねばならない。

(2) より良い復興（Build Back Better）

多くの自然災害は繰り返し発生する。台風のように頻繁に発生するものや，プレート境界の大規模地震と津波のように十年，百年単位で繰り返すものもあるが，いずれの災害も人々の日常生活や，それまで積み重ねてきた経済的，社会的な資産を脅かすものである。

仙台枠組では，災害に対する事前の備えにより被害とリスクを軽減することの重要性が強調されているが，不幸にして災害に見舞われた場合には，災害発生を契機として，物理的なインフラの復旧や生活水準，経済，産業の復興，そして地域の環境と文化の復旧を通じてより強靭な国家と社会をつくる，「より良い復興（Build Back Better）」のコンセプトを優先行動4として採り入れた。Build Back Betterは建物や公共インフラなどの物理的な復興だけでなく，被災住民の生活再建，生計向上や，地域経済，社会，文化の再興も含めた，より強い社会への復興を目指す考え方である。

特に開発途上国では，教育や医療など他の開発課題への取り組みが優先され，いつ発生するかわからない自然災害への備えは後回しにされることが多く，結果として繰り返し災害による被害を受けている。被災という経験を次の災害に備える契機として積極的に捉え，災害復興を被災地域の住民生活や産業の将来像を念頭に置いた都市計画や産業政策へと結びつける，Build Back Betterの実践が望まれる。援助機関やNGOも，災害発生直後の応急対応にとどまらず，

次の災害への備えまでを支援することが，仙台枠組の推進のためにも求められている。

3　ネパール・ゴルカ地震の被害

(1)　ネパールの概況

　ネパールはインドと中国に挟まれたヒマラヤ山麓に位置する内陸国で，面積は14.7万平方キロ（北海道の1.8倍），人口は2,649万人（2011年），主要な産業は農業，観光業，繊維加工業であり，1人当たりのGDPは752ドル（2015年）で後発開発途上国に分類されている（外務省ホームページ）。

　首都カトマンズは人口約100万人で，ネパールで最も人口が集中し，政治，経済の中心となっている。山岳地帯に位置するネパールにとって，国内交通は大きな課題で，経済開発の障害となっており，特に村落部への道路状況は極めて悪く，土砂崩れなどにより寸断されることもしばしばである。

　ネパールでは最も古い地震の記録は西暦1255年にさかのぼることができ，以後ヒマラヤ山脈沿いで多くの地震が発生している。1833年と1934年には北部のインド国境近くでマグニチュード8クラスの地震が発生し，1934年のビハール地震（マグニチュード8.4）ではカトマンズなどで1万人以上の死者を記録している。ネパール政府は国際協力機構（JICA）の協力によりカトマンズ周辺の地震リスク把握と被害軽減を図るなど，防災分野で外国政府，国際機関の支援を受けていた（国際協力事業団［2002］）。さらに，2011年9月には100名以上が犠牲となったシッキム地震（マグニチュード6.9）が発生し，ネパールではカトマンズを中心に地震災害のリスクが高いことが近年強く認識されていた。

　このようななか，災害リスク削減国家戦略（The National Strategy for Disaster Risk Reduction : NSDRM）が2009年に策定され，地震防災への取り組みを進めようとしていたが，国内の政情不安定もあり，当初2012年に予定されていた防災法の制定は大幅に遅延し，被害軽減の施策の実施や災害対応体制の整備も遅れていた。

(2) 地震の概要

　2015年4月25日午前11時56分（現地時間）に，首都カトマンズ近郊のゴルカ郡周辺地域を震源域とするマグニチュード7.8の地震が発生し，カトマンズを含む広い地域で建物の倒壊などによる大きな被害が発生した。その後に発生したマグニチュード7.3の余震の被害もあわせ，約9,000人が犠牲となり，50万棟の家屋が倒壊した。また，政府や自治体の建物2,600棟以上が倒壊したことで，行政機能が麻痺して被災後の応急対応，被災者支援や復旧・復興活動が妨げられたほか，多くの道路や水道，病院などの公共施設も被害を受けた。さらに学校への被害も大きく，3万以上の教室が全半壊したが，最初の地震発生がネパールの休日である土曜日であったため，児童・生徒は難を逃れた。被害総額は7,000億ルピー（約7,700億円）以上に達し，これはネパールの2014年の国民総生産（GDP）の3分の1および，このうちの約半分は住宅の被害であった（NPC [2015]）。

　地震によって特に大きな被害を受けたのはカトマンズの北側に位置する山間部のシンドパルチョーク（Sindhupalchok）をはじめとする14郡で，家屋の倒壊により多くの犠牲者が出たほか，4,000カ所以上で土砂災害が発生した（Koirala [2016]）。土砂災害によって家屋が巻き込まれたことでも多くの犠牲者が発生し，また道路が寸断されたために被害の把握や緊急救援は困難を極め，さらに住宅再建などの復興の障害となっている。今回の災害の特徴は「地震により村の住宅が倒壊し，多くの犠牲者と経済的な被害を生んだ」と言い表すことができる（**図表13-2**）。

(3) カトマンズでの被害

　カトマンズ市内には鉄筋コンクリート造の建物が多く，地震による建築物の被害は限定的であった。旧市街のレンガを使った古い家屋や史跡，手抜き工事が疑われるビルが選択的に崩壊しているが，通常の鉄筋コンクリートの建物は表層部にヒビが入る程度の被害であった。しかし市内の川沿いに開発された地区では，5階建程度の鉄筋コンクリート造の建物に顕著な被害があり，倒壊な

図表13-2 ●震源地と被災地

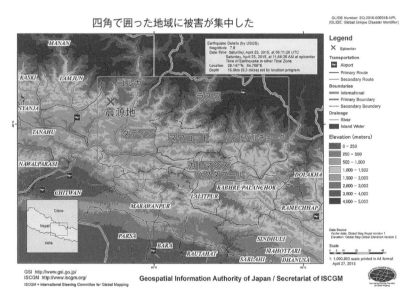

（出所）気象庁ホームページから転載，追記。

どにより犠牲者が出ている（**図表13-3**）。この地区は河川沿いに堆積した軟弱な沖積地盤であり，地震動が大きくなって倒壊したと考えられる（清田ほか［2015］）。

(4) 山間部での被害

最大の被害を受けたシンドバルチョーク郡では，街道沿いの商業地区に立ち並んでいた5階建程度の鉄筋コンクリート造の建物が，基礎の斜面が崩落したために多数倒壊していた。一般住宅のほとんどは地元で入手が容易な，日干しレンガや石を積み重ね，泥を漆喰がわりに使った構造であったが，このような住宅は壊滅的な被害を受け多数の犠牲者を出した（**図表13-4**）。

これらの被害は，地震の揺れが人命を奪ったのではなく，脆弱な建物が倒壊して人命を奪ったものであり，開発途上国に特徴的な災害である。

図表13-3 ●カトマンズ市内の被害

(出所) 筆者撮影。

図表13-4 ●シンドバルチョークの被害

(出所) 筆者撮影。

4 復旧・復興と支援活動

(1) 被災直後の救援,支援

　ネパールでの大規模地震発生のニュースはすぐに世界中に広がった。第3回防災会議から1カ月ほどしかたっていない時期に発生した大規模な災害であり,各国政府や国際機関,非政府組織などが素早く反応した。レスキューチームは

近隣国のインド，中国を中心に34カ国から派遣され，60カ国以上から緊急支援，人道支援の手が差し延べられた。

日本からは国際緊急援助隊の救助チーム70名，医療チーム80名のほか，自衛隊の医療援助隊なども派遣され，捜索救援活動に加えて，のべ3,000人近い住民の診療を行った。また，テントや毛布などの緊急支援物資を供与するとともに，国際機関や日本のNGOを通じた人道支援も行われた（国際協力機構［2016］）。さらに，このような緊急対応と並行して，復旧・復興支援から次の災害対策までを支援するための専門家も派遣され，災害から2年が経過した時点でも支援は継続している。

一方で，世界中から集まった支援物資の配布には多くの課題があった。4月25日の本震の後，最大でマグニチュード7.3という大きなものも含め余震が数百回続き，住居を失った被災者だけでなく，多くの住民が住宅の倒壊を恐れて屋外に避難したため，テントやビニールシートが行き渡らなかった。また，もともと道路状況が悪い地方部では，地震による土砂崩れで多くの道路が寸断されたためさらにアクセスが困難となり，支援物資の配布に困難を極めた（NPC［2015］）。このようなアクセスの問題は，その後の復興事業や支援活動においても，大きな障害となっている。

(2) 震災復興に向けた取り組み

ネパール政府は国際機関や外国政府機関などの支援を受けて，今回の災害被害の状況と今後必要となる復興事業の概要をPost Disaster Needs Assessment（PDNA）としてまとめ，地震から2カ月後の6月にカトマンズで開催された復興支援国会合の場で発表した。ここでは今回の災害による被害からの復興には6,700億ルピー（約7,370億円）が必要とされ，その内訳は住宅の再建が49%，道路や電力施設などインフラの回復が11%，産業関連が17%となっている。また，仙台枠組を踏まえて，災害からの復興にあたっては将来の災害に備えてBuild Back Betterの考え方を取り入れると表明している。特に住宅の再建にあたって耐震性に配慮する必要性を強調し，また災害に強い社会資本整備や防

災意識の向上がうたわれている。これに対して日本を含む31カ国と27の国際機関・支援団体は，合計4,100億ルピー（約4,510億円）の支援を表明した。

災害復興を進めるため，同月ネパール政府は災害復興事業を担当する復興庁（National Reconstruction Authority：NRA）を組織することを発表した。しかし災害後も，憲法制定のための国会の混乱や政権の交代などの政治的な不安定が続き，復興庁の発足も半年後の同年12月まで遅れた。また政情不安を受けて，物資の大動脈であるインド国境が封鎖され，必要な物資の輸入が滞る事態も発生した。

災害から1年半以上が経過した2016年12月の時点でも，被害を受けた学校のうち再建に着工したものは約3分の1，住宅の再建は10％に満たないなど，復興の施策実施は大きく遅延している（NRA［2016］）。

(3) Build Back Better と次の災害に向けた日本の支援

日本は，地震の被害からのBuild Back Betterの実現のため，無償資金協力や世界銀行やアジア開発銀行との協調融資などによる住宅や学校，公共施設の復旧に約320億円の支援を表明した。また災害から1カ月後の5月25日，JICAはネパール政府とともにカトマンズ市内でBuild Back Betterセミナーを開催して，次の災害に備えて住宅や公共施設をより強い形で再建することを，ネパール政府および復興支援に関わる関係者の共通理解として浸透させた。

緊急支援に引き続いて開始された技術協力では，復旧・復興計画の策定，住宅の耐震技術指導などに加え，住民の生活再建を助ける緊急復旧事業などが実施されている。また，大きな被害を受けた被災地の病院施設，水道施設，橋梁の再建に無償資金協力が供与され，住宅，学校の再建のために円借款が供与されている。

100万人が住む大都市カトマンズの今回の地震による被害は大きくはない。しかし，カトマンズ盆地は依然として大規模地震が起きる可能性が高いとされており，次の地震が壊滅的な被害を及ぼすおそれがある。このためJICAでは，将来的な地震リスクの把握と都市の強靭化のための技術協力を進めている。

緊急支援のステージからのニーズ変化を捉え，さらには脆弱性と再度の悲劇を繰り返さないBuild Back Betterに向けた協力と次の災害への備えを切れ目なく行うことで，仙台枠組に沿った災害復興支援を指向している。

5　復興へ向けた課題と対応

(1)　住宅再建の課題

今回の災害では家屋の倒壊が被害の中心となった。多くの人命が失われるとともに，被災後も不自由な避難生活を強いられ，さらに住宅再建が進まないなど，長期間にわたって住民を苦しめている。

山間部の住宅は地震に対して非常に弱かった。交通が不便で建築に必要な資材を得ることが難しい地域では，日干しレンガや石といった手近にある素材を，泥をセメントの代わりとして積み上げた構造であり，地震の揺れに対して十分な強度がなかった。

また，ネパールには住宅の建築基準はあるが，これに従っているかどうかを検査する仕組みは整っておらず，結果としてほとんど守られていない。さらに大多数の山間部の家は，地震に対する適切な知識や技術を持たない大工や石工，住民自身が建てたものであった。

住宅の再建には，金銭的な問題だけでなく，資材の入手や適切な技術による建設，安全の基準を満たしているかどうかの検査など，多くの課題がある。一方で，気候の厳しいネパールの山間部では，できるだけ早く家を再建してテントなどの避難生活から抜け出したいと皆が願っている。被災経験を経て住民は，地震に強い家を建てたいと希望しているものの，そのための資金も技術も持ち合わせていないため，崩壊した家の瓦礫から再利用できるレンガや石を集めて，また同じように脆弱な住宅を建てるしかなくなってしまう。再建までの時間と住宅の耐震性のトレードオフではなく，強靱な住宅を迅速に再建しなければならない。

(2) 住宅再建支援

　上述のとおり震災復興にあたっては，次の地震に備え，資材調達などの条件の悪い村落で，地震に強い住宅を再建することが課題である。

　ネパール政府は，世界銀行とJICAの支援を受けて，住宅を再建する被災者に対して1戸当たり20万ルピー（約22万円）を支給する補助金を制度化した（後に補助額を30万ルピーに増額）。これは住宅を再建する人に3回に分けて資金を補助するもので，1回目は頭金，2回目からは耐震基準を満たしているかをチェックして，合格した住宅に補助金を支給する（NRA［2016］）。

　住宅再建の補助が行われても，耐震性を持つように適切に施工され，またそれを技術的にチェックできなければ，Build Back Betterは実現できない。ネパールでは建築の検査を行う自治体の技術者が不足し，また行政や住民の理解が十分ではないことから，施工が適正に行われていない建築物や，違法な増築などが蔓延している。このためJICAでは資金協力と合わせて，耐震建築ガイドラインの策定支援や，行政担当者への技術支援，また実際に建築を行う大工や石工，住民を対象とした技術研修を実施し，すでに5,000人以上が技術を習得している。十分な耐震性を持つ住宅を普及することで，同じ悲劇を繰り返さない，仙台枠組のBuild Back Betterを具体化するための取り組みである。

(3) 脆弱な人々に届く復興支援

　今回の地震で一番の被害を受けたのは，山間部の脆弱な人々である。地震により家族や家を失う直接的な被害だけでなく，その後も引き続く，再建が見通せない困難な生活を強いられている。

　また，被害のひどい村落部では，親を亡くした子どもや女性が人身売買の被害にあっているとの報告も多い（UNICEF［2015］）。さらに，カースト制度を持つネパール社会では，下位の階層の人々に対する差別的な扱いも復興を妨げる大きな問題となっている（International Dalit Solidarity Network［2015］）。このような脆弱な人々を復興から取り残さないよう，人権を守り生活を再建することが，ネパール政府には求められる。

横浜戦略から仙台枠組まで，防災や災害復興の責任は一義的に各国にある，という原則が一貫している。また，各国が仙台枠組の目標を達成するためには，政府の能力向上が欠かせない。ネパールでは政情の不安定が，防災の取り組みや災害復興を遅らせてきた。ガバナンスの向上がネパールのより良い復興には不可欠であり，支援を行うドナーにも特段の配慮が求められている。

◀考えてみよう▶

①日本人が持っている防災の知識，経験について考え，海外に伝えるべきものをあげなさい。

②防災の取り組みが持続可能な開発目標（SDGs）の達成に果たす役割を考えなさい。

③教育や保健医療など多くの課題を抱える開発途上国で，防災の取り組みを進めるにはどうすればよいか考えなさい。

●参考文献

清田隆・合田旦一朗・ラマ　モハン，ポカレル・ガブリエル　キアロ・片桐俊彦［2015］「2015年ネパール地震被害調査報告」『生産研究』67巻6号，東京大学生産技術研究所，91-96頁。

国際協力事業団［2002］「ネパール国カトマンズ盆地地震防災対策計画調査最終報告書」。

国際協力機構［2016］「ネパール地震被害に対する国際緊急援助隊救助チーム活動報告書」。

内閣府［2015］「平成27年版防災白書」。

International Dalit Solidarity Network [2015] Urgent appeal to combat caste discrimination in Nepal earthquake relief efforts.

Koirala, K. [2016] Quake-induced Geohazards (April 24, 2016), The Himalayan Times.

National Planning Commission (NPC) [2015] Nepal Earthquake 2015 Post Disaster Needs Assessment, Government of Nepal.

National Reconstruction Authority (NRA) [2016] News Letter Rebuilding Nepal 'Build Back Better'.

UNICEF [2015] Nepal Earthquakes: UNICEF speeds up response to prevent child trafficking, https://www.unicef.org/media/media_82328.html

UNISDR [2005] Hyogo Framework for Action 2005-2015: Building the resilience of nations and communities to disasters.

UNISDR [2015] Sendai Framework for Disaster Risk Reduction 2015-2030.
外務省ホームページ　ネパール基礎データ
　http://www.mofa.go.jp/mofaj/area/nepal/data.html

第14章
ハイチ大地震
―復興におけるマクロバランス

1 ハイチの概要

(1) 二重統治のハイチ

　2011年1月に起こったハイチ大地震は，自国政府による統治能力の弱さを，露呈した。ハイチの政治制度は，震災以前から自国による統治能力が欠如していた。震災から遡ること2004年より，国内の治安維持を，国際連合ハイチ安定化ミッション（MINUSTAH：United Nations Stabilization Mission in Haiti）に，信託・委託していた[1]。このミッションは，反政府政治勢力の武装蜂起を取り締まるという軍隊の側面と，国民の日常生活における平和維持という警察の側面を併せ持っている。国連機関による平和維持活動が行われる一方で，自国政府によっても脆弱ながら統治が行われるという二重統治構造は，大地震によって鮮明となり，復興にも大きな影響を与えている。

　震災による被害は，約22万人にものぼるハイチ国民の死者に加え，震災前からPKO活動を行っていたミッションの平和維持団員（UN peacekeepers）も，同時に96名も亡くなった[2]。2012年3月の大統領選挙で，ポピュラー歌手であるミシェル・マーテリーが，決選投票で勝利して[3]大統領に就任し，その後は政治勢力間による大規模な内戦こそ起きていないものの，国連を中心とした治安維持活動は継続されている。

　自国政府の統治能力が脆弱である大きな要因は，マクロ経済の不安定性である。貯蓄不足，財政収入の不足，輸出産品が少ないことによる外貨不足など，

常に，マクロ経済のバランスがマイナスとなってきた。そのマイナスを穴埋めするための手段として，国際援助が，震災前も震災後も，継続して用いられている。本章では，マクロのバランスのマイナスを補うための国際援助が，震災復興の手段として用いられているハイチにおける，復興の構図を概観する。そうすることで，ハイチにおいて「初期インフラ整備型」の復興が可能となっている条件を，先進国における災害復興との対比の上で，明らかにできる。

(2) 中米，カリブ諸国の中のハイチ

　中米，カリブ諸島の国々は，人口規模が小さいことを反映して，国民経済の規模が小さい国が多い。**図表14-1**にみられるように，カリブ諸島は，アンティグア・バブーダ，ドミニカ国，セントクリストファー・ネイビス，セントビンセント・グレナディーンなど「マイクロステート」とされる国々の人口は10万人を下回っている。その中では，ハイチの人口規模は比較的大きな部類に属する。表に示されている19カ国の中では，人口が約1.1億のメキシコ，1,500万人のグアテラマ，1,023万人のドミニカ共和国に次いで，ハイチは1,016万人であり4番目の規模である（**図表14-1**）。

　しかし，ハイチ全体のGDPは，65.5億ドルであり第12位に下がる。コスタリカ，パナマ，エルサルバドル，トリニダード・トバゴ，ホンジュラス，ジャマイカ，バハマ，ニカラグアといった，人口規模では小さな国でも，国民経済でみた場合の規模は，ハイチのほうが小さくなる。これは，ハイチの1人当たりGDPが低いためである。2010年の数値で，1人当たりGDPは年間665ドル程度であることから，低所得国家に位置づけられている。中南米の中でも，最も1人当たりGDPが低く，中南米では，ホンジュラス，ニカラグアやボリビアと並び，低所得国家（LICs : Low-Income Countries）に位置づけられ，その中でも，さらに低所得国であるLeast developed countryに，中南米の中で唯一位置づけられる。

　低開発性と政治的不安定性は，深く関連する。1987年の民主選挙実施後も，政治勢力間の抗争による幾度の勃発的な大統領交代を経てきたハイチは，自国

図表14-1 ●中米・カリブ諸島の国々の概要

経済指標 国名	GDP（名目値）		人口1人当たりGDP		人口	
	2010	2013	2010	2013	2010	2015
	（単位：10億USドル）		（単位：U.S.ドル）		（単位：1,000人）	
アンティグア・バブーダ	1.138	1.201	12,986	13,734	87	92
バハマ	7.771	8.522	22,556	23,925	361	388
バルバドス	4.447	4.371	16,080	15,698	280	284
ベリーズ	1.398	1.626	4,321	4,649	322	359
コスタリカ	37.238	49.585	8,213	10,520	4,545	4,808
ドミニカ国	0.494	0.508	6,976	7,188	71	73
ドミニカ共和国	53.803	61.293	5,676	6,264	9,898	10,528
エルサルバドル	21.418	24.351	3,546	3,999	6,038	6,127
グアテマラ	41.338	53.851	2,875	3,478	14,732	16,343
ハイチ	6.620	8.451	662	810	10,000	10,711
ホンジュラス	15.730	18.436	2,096	2,349	7,504	8,075
ジャマイカ	13.192	14.203	4,812	5,102	2,741	2,793
メキシコ	1,051.128	1,261.983	9,200	10,659	118,618	127,017
ニカラグア	8.741	10.875	1,476	1,773	5,738	6,082
パナマ	28.917	44.856	7,897	11,649	3,621	3,929
セントクリストファー・ネイビス	0.692	0.787	13,227	14,499	52	56
セントルシア	1.242	1.318	7,492	7,719	177	185
セントビンセント・グレナディーン	0.681	0.721	6,224	6,570	109	109
トリニダード・トバゴ	22.123	26.444	16,658	19,674	1,328	1,360

（出所）IMF統計。

政府による国内統治に限界があるために，2004年以降は，国連を中心とした平和維持活動が行われてきた[4]。**図表14-2**は，政府の信用度の低さや不安定性を表す指標として，国際NGOトランスペアレンシー（Transparency International）が，1995年以降，年別に発表している，腐敗認識指数を参照する[5]。これを参照すると，ハイチは，世界176カ国の中で，第165位に位置するし，中南米ではベネズエラと並ぶ腐敗度が示されている。東隣のドミニカ共和

図表14-2 ●CPI指標による国別ランキング

順位	上位10ランクの諸国	指数	順位	下位10ランクの諸国	指数
1	デンマーク	92	154	チャド　コンゴ共和国	22
2	ニュージーランド	91	156	カンボジア　ミャンマー　ジンバブエ	21
3	フィンランド	89	159	ブルンジ　シリア	20
4	スウェーデン	86	161	イエメン　ベネズエラ　ハイチ　ギアナビサウ　アンゴラ	19
5	ノルウェー　スイス	86	166	ウズベキスタン　リビア　エリトリア	18
7	シンガポール	84	169	トルクメニスタン	17
8	オランダ	83	170	イラク	16
9	ルクセンブルク	82	172	アフガニスタン	15
10	カナダ	81	173	スーダン	11
11	オーストラリア	80	174	ソマリア　北朝鮮	8
⋮					
15	日本	76			

(注1) CPIは，Corruption Perceptions Indexの略であり，腐敗認識指数と訳される。
(注2) 腐敗認識指数は，国によって，どの程度，行政官や政治家の不正の度合いがあるかを，各種国際統計を基に数値化したものである。
(出所) Transparency International "Corruption Perceptions Index 2014" をもとに筆者作成。

国が第118位（32），西隣のキューバが第58位（48），ジャマイカが第83位（38）であるのに比べても，順位の低さが際立っている（図表14-2）。

しかし，行政官や各レベルの議員の腐敗認識指数が高いことが，言論の自由が制限されていることに結びつくわけではない。中南米諸国においては黒人による初めての独立国家ということもあり，民主主義の仕組みそのものは，幾度のクーデター，軍事政権を経ているものの，早くから導入されてきた。そのため，一般的に報道の自由は確保されている。この点で，北朝鮮などの社会主義国における独裁体制とは異なっている。

2　ハイチ大地震と防災力

(1)　2010年1月12日のハイチ大地震

　ハイチ大地震は，東日本大震災より1年2カ月前の2010年1月12日に，現地時間午後4時53分に発生した。図表14-3のとおり，震源地はハイチを東西に横切るように存在するエンリキロ（Enriquillo）断層上の地点であり，首都ポルトープランスから西側約15kmのところで断層破壊が起こり，大地震が発生した。マグニチュード7.0の地震であったが，震源の深さが13kmと浅かったために，震度が強い地域が，震源地を中心点とし，そこを東西に横切る断層を主軸とする横長の楕円形を描くように拡大した。欧米で震度を表す際のスタンダードとなっているメルカル深度階級（Mercalli intensity scale）は，震度を

図表14-3 ●ハイチの地図と震源地

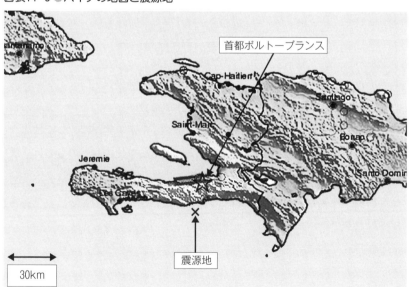

（出所）U.S. Geological Survey, National Earthquake Information Center, World Data Center for Seismology, Denverより。

12段階に区分しているが，震源地とその周辺では10段階目であるX（Intenseで，頑丈な建物も一部倒壊し大半の建物が倒壊するレベル）の震度を記録した。また，震源地からみて東側にわずか15kmの首都ポルトープランスでも，震源地や海に近い側を中心にIX（Violentで，頑丈な建物が一部損壊し大半の建物が半壊するレベル）の震度が記録された（図表14-3）。

　一般に大規模震災は，その被害が巨大であるがゆえに，被害の実態を正確に捕捉することは困難であり，ハイチ大地震による被害も，各種統計によって数字に若干の誤差があるが，国連の資料によれば，人的被害は死者数が約22.5万人，負傷者数30万人，被災者数350万人であり，2013年10月時点で，依然として約28万人の避難民が確認されている。建物への被害は，倒壊住宅が10.5万戸，損害住宅が20.8万戸であり，これらの被害をもとに経済価値に換算された被害額は，78億USドルと推測されている。

　人的，物的被害と，それらの金銭的価値への算出は，その国の1人当たり所得水準に大きく規定される。図表14-4では，20世紀，21世紀初頭である1900年～2013年までの，地震やそれに起因する津波による災害の世界ランキングである。表では死者数が示されているが，ハイチ大地震は22.2万人の死者数が計上され，1976年に中国河北省で起きた唐山大地震の24.2万人に次いで，観測史上では第2位に位置していることから，人的被害においては歴史上まれにみる自然災害である。同表では，年代的にばらつきがあるものの，ハイチに加え，中国，インドネシア，パキスタン，トルクメニスタン（旧ソビエト）など，いわゆる低開発国，中進国が上位に位置している。先進諸国では，日本が関東大震災で第6位に，イタリアがメッシーナ地震で第9位に，それぞれ位置づけられているものの，所得水準が向上し防災対策が向上した戦後の震災はランクインしていない（図表14-4）。

　ところが，図表14-5で示されるように，震災の自然災害そのものとしての規模と，それを金銭的価値に算出した被害額の規模は，必ずしも比例しない。被害総額が78億米ドルのハイチ大地震は，被害額でみた場合は，大規模災害には位置づけられない。先進諸国が大半を占め，第1位の2011年の東日本大震災

図表14-4 ●被災者数による震災ランキング

Rank	国	日付	死者数
1	唐山大地震（中国）	27/07/1976	242,000
2	ハイチ大地震	12/01/2010	222,570
3	古浪地震（中国）	22/05/1927	200,000
4	海原地震（中国）	16/12/1920	180,000
5	スマトラ沖大地震	26/12/2004	165,708
6	関東大震災	1/09/1923	143,000
7	アシガバード地震（ソビエト）	5/10/1948	110,000
8	四川大地震（中国）	12/05/2008	87,476
9	メッシーナ地震（イタリア）	28/12/1908	75,000
10	パキスタン地震	8/10/2005	73,338

(注1) 被災者数は，死者数をカウントしたものである。
(出所) "EM-DAT: The OFDA/CRED International Disaster Database www.em-dat.net-Université Catholique de Louvain-Brussels-Belgium" をもとに筆者作成。

における2,100億ドル（約16.5兆円），第2位の阪神淡路大震災の1,000億ドル（約5兆円）をはじめ，米国，イタリア，ニュージーランドなどの先進諸国や，チリ，トルコなどの中進国における地震がランクしている。比例しているのは，死者数では8.7万人で第8位だった中国四川省の地震が，被害額では850億ドルで第3位となっているのみである。人口1人当たりの所得水準の向上，物価水準の向上，マクロ経済規模の拡大，為替レートの相違を考慮しても，先進諸国における被害額が大きく計上される（図表14-5）。

(2) 防災力と被害の関連

ハイチにおける人的，物的被害が大きかった理由としては，以下の図表14-6のように防災力の弱さをあげることができる。防災力は，ここでは自然災害の被害規模に対してどの程度まで防ぐことが可能かの関係を表すものとする。仮に，ハイチのように，日本の震度を基準として震度5～6程度の地震が起こっても，多くの建物が倒壊し，それに伴って人的被害が大きく拡大し，さらに伝染病など二次災害までも防げなくなってしまう国を，防災力1の国とする。

図表14-5 ●金銭的損失による震災ランキング

Rank	国	日付	被害額 (10億米ドル)
1	東日本大震災	11/03/2011	210
2	阪神・淡路大震災	17/01/1995	100
3	四川大震災(中国)	12/05/2008	85
4	ハリケーン・カトリーナ(米国)	17/01/1994	30
5	チリ地震	27/02/2010	30
6	中越地震	23/10/2004	28
7	イタリア南部地震	23/11/1980	20
8	トルコ北西部地震	17/08/1999	20
9	イタリア北部地震	20/05/2012	16
10	カンタベリー地震(ニュージーランド)	22/02/2011	15

(出所) 図表14-4に同じ。

　また，日本のように，震度6程度の地震では，大半の建物は倒壊せずに，かなりの規模までの被害を防ぐことができる国を，防災力2の国とする。そうすると，ハイチ大地震の場合はもともと，防災力1の線より右側の規模の地震に対応する防災体制が未整備であったために，被害規模が甚大になった。対照的に，日本は，震度6程度の地震に対応する防災体制が整備されている地域が，東北や東海道の太平洋岸に多く広がる。そのことが，東日本大震災における地震の規模が，ハイチ大地震に比べれば遥かに大規模であったにもかかわらず，そこから生じる被害をある程度まで防ぐことができた。例えば，震度6程度の地震に対して倒壊しなかった家屋や事業所は耐震設計などの防災を行ってきたためである。対照的に，ハイチでは耐震設計などが不十分であることで住宅の倒壊を防ぐことができずに，結果として，住宅は10.5万戸にものぼる倒壊，20.8万戸にものぼる損壊をもたらした(**図表14-6**)。

　防災力は何によって規定されるかを厳密に考察することは困難である。民間伝承により，家計や企業の家屋・事業所が耐震用に建築される国・地域もあれば，国・自治体レベルなどが公共施設の耐震を義務化し，さらに，企業や家計

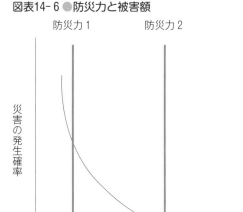

図表14-6 ●防災力と被害額

(出所) 林 [2003]，永松 [2008] をもとに筆者引用，作成。

に対して，上からの指導・強制で耐震を義務化するところもある。国・自治体・企業・コミュニティ・家庭のうち，どれが防災力を規定するかは一概にはいえない。ここでは，「地震やそれに伴う物的，人的被害，かつ，それらを起因として引き起こされる二次災害を，起こさないようにする国の仕組みと，それを支える政府の財政，民間投資や個人消費などがある一定規模の災害までは防災できるように支出されている状態」が，防災力を規定しているものと捉える。

　ハイチの場合は，国民経済規模の小ささのみならず，統治機構の不完全性による国家財政収入の不足，民間企業レベルでの投資の弱さ，1人当たり所得水準の低さによる消費の弱さが，さまざまな社会インフラ整備の遅れ，事業所や個人住宅耐震構造設計の建物の耐震設計の遅れ，政府機関の防災対策の遅れにつながっていた。大統領官邸や省庁まで建物が倒壊したことに象徴されるように，政府機関の建物ですら耐震設計としては建築されてこなかった。震災前か

ら継続していた政治的不安定性や低開発性が，大地震により，より一層と顕在化した。

3　マクロ経済，統治の不安定性と国際援助型復興

(1)　マクロバランスの赤字と海外からの援助

　ハイチのマクロバランスは，全収支における供給不足と需要超過を特色とする。マクロバランスは一般的に$(X-M)=(S-I)+(T-G)$で表される。経営収支が貯蓄投資バランスと財政収支の和に等しいという式である。まず，貯蓄と投資のバランス$(S-I)$であるが，1人当たりの所得水準の低さや金融市場整備の遅れから個人の貯蓄余力がもともと低いが，低開発国であるためインフラ整備，教育，医療などの分野においては，まだまだ整備が必要であるために投資は活発に行われる。財政のバランス$(T-G)$であるが，二重統治であり，もともとハイチ政府の税徴収能力は低く，個人・企業レベルでも税を支払う習慣が希薄である。にもかかわらず，MINUSTAHとの共同で平和維持にあたっているとはいえ，独立国であるために国家運営のための一定の財政支出は必要である。貿易収支$(X-M)$であるが，ハイチは農業中心型の産業構造でも食料は自給できず，輸出産品において1次産品でも特に国際競争力を持つものはない。ましてや工業製品の輸出はほとんどないに等しい。にもかかわらず，輸出を大幅に超過して，国民の基礎消費のための食料品，雑貨，工業製品を輸入している。ハイチは，いずれのバランスにおいても供給不足で，需要超過となっている。この不均衡を解消するための暫定的な手法として，他のラテンアメリカ諸国と同様に，国際援助による赤字のファイナンス化が行われてきた。

　国際援助によるマクロ経済バランスの赤字のファイナンス化は，ハイチ大地震により，一層とその構図が鮮明になってきた。なぜ国際援助によりハイチの震災復興が行われるかは，先進諸国の震災との対比において以下の4点をあげることができる。第1に，国民経済規模が小さいことである。より国民経済規

模が大きな先進諸国からみれば，数億ドルの援助は小額の援助であり，比較的容易に政府予算などから支出が可能である。受け取る側のハイチからすれば，巨額であり捻出が不可能な金額でも，米国，ブラジル，カナダ，フランス，ノルウェーなどの国にとってみれば，比較的容易に捻出できる金額である。第2に，経済発展段階における低開発性に伴う国内での資金調達の不全性である。低開発であることは，1人当たりの所得水準が，極めて低く，金融市場も未整備であるために国内での資本蓄積が非常に弱い。国内で復興予算の捻出が不可能であれば，被害額をほぼそのまま援助するためのファイナンス化が国際援助により行わざるを得ない。第3に，被害の可視性である。中心となる被害は，地震の揺れによる建物の倒壊や損壊，それに伴う死者，負傷者の発生であり，津波，ハリケーンや放射能汚染に比べると，被害そのものやその痕跡の可視性が高い。そのため，MINUSTAHなどすでに滞在していた国際機関における被害も人的・物的被害も，他の災害に比べれば算出が容易であったために，被害の実情が世界に早く伝わり，そのことが国際援助の一層の強化をもたらした。第4に，首都直下型地震であり，ハイチの中では地域経済規模が最も大きい地域で発生した地震であるからである。首都圏は人口約250万人が居住し，省庁，大統領府，内外資本の事業所，国連など国際機関をはじめ，主要な中枢機能が配置されている。国家の中枢を担う機能が集中する地域であるために，その地域の復興は統治機能の麻痺をできるだけ最小にするために優先的に行われる。四川省大地震，東日本大震災のように，各国内では，地域経済規模が小さな地域で起こった災害とは対照的に，首都かつ地域経済規模が大きい首都で起こったハイチ大地震は，そこにすでに国際支援機関の中枢機能が集中していたことも相俟って，国際援助を基調とする復興予算は首都圏に集中的に配分された。

(2) ハイチ復興の構図

　2011年のGDP（名目値，世界銀行より）は73.5億USドルであった。しかし，これに対する震災の被害額は78億USドルであり，1年間のGDPを上回る。これは，自国の国民経済規模では復興にかかる費用の大半を賄えないことを意味

する。被害額が国民経済の規模を超えたということのみならず，国内で震災復興の財政を捻出する仕組みが欠如していた。ハイチの通貨であるグルドも，国内において十分に流通しておらず国際通貨としての信用力が乏しい。さらに，国際貿易においても外貨を稼ぎ出す手段が稀有であり，大幅な債務超過に陥っていた。

　国民経済の規模が小さいことそれ自体が，国の震災への対応力の低さを示すものではない。ハイチの場合は国民経済の規模が小さいことに加え，マクロ経済バランスのマイナスを補うための債務超過，外貨獲得のための輸出産品が欠落していることからくる国際信用力の低さ，政権不安定による政府の信頼性の内外での欠如が，国民経済レベルでの復興力の弱さに反映された。その結果，大地震後は国際援助の増加が一層と促された。

　復興の構図は，図表14-7 によって表せられる。国民経済においても，自国経済と国際機関統治による二重構図が発生し，経済構造も，首都のペチョンビル地区やMINSTAH駐屯地のように外資や国際機関の投資・支出の循環により成立する外来型の経済と，従来からある低所得水準である大半のハイチ人により成立している経済とが混合している。ただし，震災の性格が，地震の被害が中心であり，その被害が可視的であるために金銭的価値への算出は，他の災害に比べれば容易である。しかし算出は容易でも，国内で自立的に復興する仕組みが，政府機能の不全性によりもともと欠落していたために，海外からの援助に依存せざるをえない復興が進められている（図表14-7）。

　海外からの援助はハイチ政府を経由するケースもあるが，もともと汚職や不正が蔓延していた省庁の信用度は低いために，HRFなどの監視機関を一旦経由する。監視機関を経た海外からの援助は，住宅・水道・教育・医療などの生活インフラ，道路・港湾・電気などの社会インフラなど，近代国家における初期社会インフラの建設に集約的に配分されながら復興が行われている。

　これらのインフラ事業への支出は産業構造の変遷をもたらす。それまで，雑貨や手工芸品を生産する家内工業や商店，家政婦，露天商などインフォーマルな部門に従事していた人々が，復興事業による建設業というフォーマル部門へ

図表14-7 ●ハイチ復興の構図

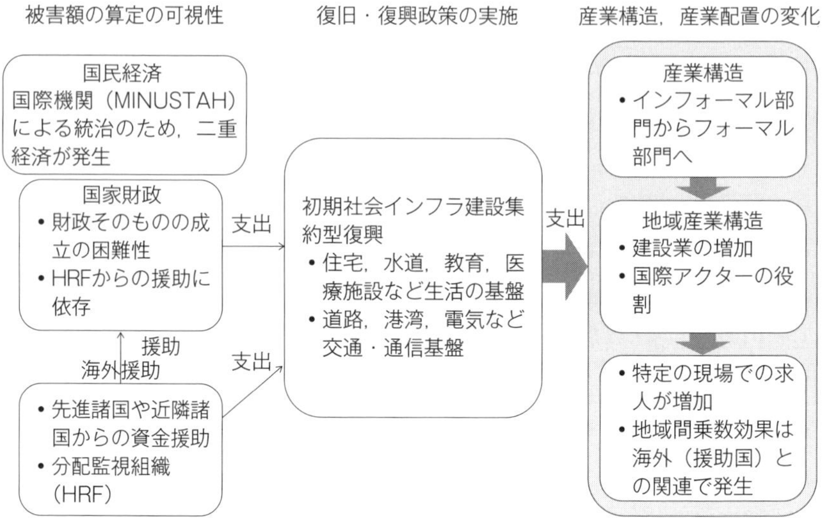

被害額の算定の可視性

国民経済
国際機関（MINUSTAH）による統治のため，二重経済が発生

国家財政
- 財政そのものの成立の困難性
- HRFからの援助に依存

　　　↑援助
海外援助

- 先進諸国や近隣諸国からの資金援助
- 分配監視組織（HRF）

復旧・復興政策の実施

→支出→

初期社会インフラ建設集約型復興
- 住宅，水道，教育，医療施設など生活の基盤
- 道路，港湾，電気など交通・通信基盤

→支出→

→支出→

産業構造，産業配置の変化

産業構造
- インフォーマル部門からフォーマル部門へ

↓

地域産業構造
- 建設業の増加
- 国際アクターの役割

↓

- 特定の現場での求人が増加
- 地域間乗数効果は海外（援助国）との関連で発生

（出所）筆者作成。

移動していく過程である。その結果，海外からのゼネコンが設計・監理・現場監督などとして復興現場に入り，建設業の就業者は増加している。復興事業の恩恵を受けるのは，首都圏やその南西部など大地震が発生し，多くの建物が倒壊した特定の地域である。また，復興にかかわる財政支出や投資の増加による波及効果は，ハイチ内ではなく，先進諸国も含んだ上で派生する。ハイチで一定の技術水準をもって設計・監理を行う企業が限られていることから，先進諸国の建設業者によって担われているために，投資の乗数効果は，単純に復興現場で派生するものではなく，先進国から進出したゼネコンのグローバルな事業所配置とのかかわりをもって派生する。

(3) 国際援助の監視機関—HRFの役割

　国際援助の配分過程でも，当然ながら国際機関によるガバナンスの下で意思決定や支出が行われている。ハイチ政府や国連機関などによる公認の国際援助

図表14-8 ●ハイチ復興基金（HRF）によるオフィシャルな援助の受入過程

（出所）Haiti Reconstruction Fund［2012］"Financial Report" Prepared by the Trusteeより筆者作成。

のガバナンスに関しては，ハイチ復興基金（HRF：Haiti Reconstruction Fund）が中心的な役割を担っている。**図表14-8**は，HRFが復興に果たす役割を示している。この組織は，最上位に運営委員会（Steering Committee）を意思決定機関として置くが，その構成は，ハイチ政府を委員長とするものの，ハイチは信託統治下にあるために，施政権者であるドナー国[6]，国連，米州開発銀行，世界銀行などからの代表が委員として参画している。そうすることで，ハイチ政府のみの意思決定による分配や支出の過程での不正・汚職を防ぐように，透明性を持たせている。ただし，援助資金の拠出金額が大きな米国からの代表が委員会の意思決定の中心となっていて，援助金の使途に関しても大きな役割を果たす。

資金配分においては，国連安全保障理事会の指示のもとに，国連の実働部隊，

図表14-9 ●援助と実行額（2016年6月までの累積額）

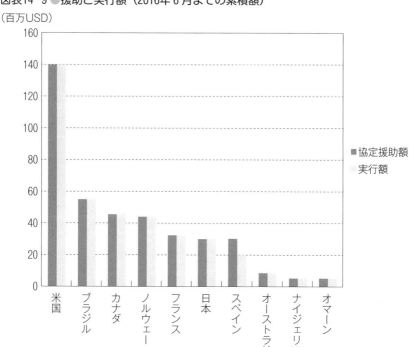

（出所）図表14-8に同じ。

NGO，ハイチ政府の個別省庁，その他の機関に資金配分され，実際の復興事業が実施されるという構図である。もちろん，このガバナンスとは別個に，個別国の国際協力機構による援助，NGO，NPOや宗教団体による援助も存在するが，復興のための主たる援助機関はHRFである（**図表14-8**）。

　援助を出す側のドナー国においては，支出を表明した金額である援助協定額と，その実行の間にはわずかにズレがあるものの，大半の援助は，協定額の額面に近い額で実行される。**図表14-9**で示されるとおり，ドナー国として最大であるのは米国であり，2015年9月までに実行された援助額は，1.5億USD（約150億円）になる。ブラジル，カナダ，ノルウェー，フランスと続き，日本は

図表14-10 仮設住宅所在地

仮設住宅所在地	キャンプ地数	家計数	避難者数
CARREFOUR	2	753	2,777
CITE SOLEIL	1	446	2,292
CROIX-DES-BOUQUETS	5	2,477	10,799
DELMAS	9	9,930	32,637
GRESSIER	2	165	677
LEOGANE	7	1,025	4,200
PETION-VILLE	1	560	2,836
PORT-AU-PRINCE	1	500	2,157
TABARRE	5	641	2,927

(出所) Global Shelter Cluster［2015］"Haiti Earthquake 2010"より筆者作成。

第6位で，0.5億USD（約50億円）を拠出している（**図表14-9**）。HRFの委員会で認められた復興事業に関して，実際の支出が行われ，瓦礫処理など緊急援助のみならず，生活インフラの整備など生活再建や開発型の援助も行われている。使途に関しては，2013年の援助実行の計画分を含んだ累積の数値で，住宅に1.44億USD（32％），財政支出の補助に0.74億USD（20％），エネルギーに0.53億USD（14％），瓦礫除去に0.42億USD（11％），防災に0.37億USD（10％）となっている。

　最大の支出先である住宅整備であるが，仮設住宅に住む避難者の数的把握については，統計が整備されている。HAITI E-SHELTERとCCCM CLUSTER 1という2つの部署を統合するISAC（Inter-Agency Standing Committee）により，仮設住宅の地理的分布が公表されている。仮設住宅は，2010年7月の時点で，入居者数が約153万人，世帯数で約36万にも上り，ポルトープランスやその周辺に1,555地点にも存在していた。この間に，2012年10月のハリケーンにより避難者が出て，そこでの避難者の仮設住宅への入居があったものの，全体としては，入居者数，世帯数，キャンプ地のいずれも減少している。2013年1月には，震災直後に比べた入居者数では約5分の1の約34万人，世帯数で約4分の1の8.7万世帯，キャンプ地数で3分の1の450地点にまで減少している。

ハイチにおける仮設住宅の特色について，以下の点をあげることができる。第1に，建物の形態そのものの多様性である。USエイドによる援助でできた仮設住宅はプレハブで，頑丈であり，造りは東日本大震災における仮設住宅と遜色ない。また，借り上げ住宅方式で，避難者向けに住宅を提供しているものもあるが，少数である。大半は，テントを用いたバラック小屋そのものである仮設住宅によって占められている。第2に，仮設住宅の居住性が，被災者のそれまでの生活に比べて，生活水準が確保された面がみられるということである。震災前から，農村から流入してきた余剰人口にあふれ，ホームレスが多くみられたが，それらの人々にとってみれば，先進国基準では劣悪な生活環境と考えられるバラック小屋が密集し，テント張りでしのいでいる仮設住宅でも，居住できる場所ができているために，震災前の生活水準より向上している。ただ，仮設住宅内での雇用が十分に確保されていない面もある。第3に，仮設住宅が建設されるキャンプ地が，そのまま新都市の建設につながるものがあるという点である。ハイチは，国全体の人口密度が362人／km^2と極めて高く，ポルトープランス周辺の密度も極めて高く，東日本大震災で被害を受けた東北の太平洋側の比ではないくらいに人口密度は高い。しかし，移転や住宅建設にかかるコストが，援助国基準からみると安価であるために，ポルトープランスから10km程度北東に位置する郊外に平地があり，そこに仮設住宅を中心とした新都市建設が進んでいる。

4　おわりに

二重統治のもとで発生した大地震は，震災復興においても，諸外国や国際機関とのかかわりの中での「国際的」な政策立案や復興事業とならざるを得ない。国内のアクターを中心として復興が押し進められる日本と比較して，被害額の国民経済への算入の相違がある。MINUSTAHによる統治は，被害実態の国際的情報発信の迅速性をもたらした。首都直下型地震という地学的要因に加え，途上国であるために経済水準が低く，併せて建築技術の水準も低かったために，

政府・自治体として地震に対する防災・減災力を十分に持ち合わせていなかった。それにより，地震そのものの規模に対して人的・物的被害は甚大となり，その金銭的被害も巨額となった。国民経済の成立において，国内でファイナンス化できる仕組みがもとから欠如していた上に，震災復興のための巨額の資金が急遽必要となったために，その資金は，当然ながら，諸外国の援助に依存せざるを得なかった。また，被害額は，地震による人的・物的被害が直接的に確認できるという可視性を持っているために，建築物の損壊，倒壊が金銭的価値として算出された。二重統治からくる国際的情報発信の迅速性，損壊・倒壊が被害の主であるための可視性から，ハイチの1年間のGDPを上回る震災被害額が算定された。そこから生じる復興にかかわる投資や財政支出の増加に伴う大幅な需要超過は，海外援助により埋め合わせられ，国民経済上のマクロバランスは保たれている。対照的に，東日本大震災は，震災被害の国内ファイナンス化を前提とした，復興のための意思決定がなされている。既存のマクロバランスを大幅に崩すことがない範囲内で，被災地を対象とした財政支出・地域金融政策が実施されている。その結果，地震，津波による損壊，倒壊とは別個にある原子力事故の被害は，不可視性とも相俟って，等閑せざるを得ないなかで政策立案や施行がなされている。

◀考えてみよう▶

①ハイチは，人口密度が日本よりも高いにもかかわらず，なぜ新都市建設など，移住・移転の政策が可能になったのか，考えてみてください。

②本文中に出てくる，「防災力」の国別違いとは何か，いくつか例をあげてみてください。

●注

1　国連安全保障理事会が，同年2月29日に1529号を決議し，フランス軍とアメリカ軍を中心として構成される多国籍暫定軍（MIF）がハイチに駐屯していた。MINUSTAHは，MIFの役割を引き継いだものである。この組織は，ハイチ国内における政治勢力間闘争による内戦状態から，治安を回復すべく，2004年6月1日から，国際連合安全保障理事会決議1542号により設立された。また，ハイチの統

治機構の麻痺状態は，国家の独立以後は，断続的に軍事独裁，軍事クーデターなどの頻発により起こってきた。
2 　国連のホームページである以下のリンクによる。http://www.un.org/en/peacekeeping/missions/minustah/index.shtml
3 　2010年11月にはプレヴァル大統領の後任を選ぶ大統領選挙の実施があったものの，選挙の不正疑惑による暴動の勃発により，2011年3月に決選投票が行われた。
4 　2009年11月で，47カ国より約9,000人の人員が派遣された。軍事要員は7,000人，警察要員が，2,000人である。派遣元の国別上位5位は，ブラジル1,283人，ネパール1,244人，ウルグアイ1,136人，ヨルダン1,053人，スリランカ961人であった。その後，震災に対応させるために，国連安保理決議第1908号により，軍事要員を2,000人，警察部門を1,500人，それぞれ増員させた。この決議を受け，日本の自衛隊も，PKO活動（国際平和協力活動）の一環として，2010年2月6日よりハイチへ人員を派遣し，主に「瓦礫除去」「道路補修」といった救助や復興活動にあたった。この業務は，当面の目的を達成したことから，2012年12月末で自衛隊員は撤収している。
5 　腐敗認識指数は，国によって，どの程度，行政官や政治家などに，汚職など不正の度合いがあるかを，各種国際統計を基に数値化したものであり，腐敗がみられない状態を100とし，腐敗が最も高い状態で0の数値がつけられる。軍事政権・独裁政権・国連による治安維持部隊の派遣など，政治・行政機構の長年の混乱を反映し，世界的にみても，汚職が高い国であると認識されている
6 　3,000万USD以上の援助を行う諸国であり，2013年のHRF報告書では，19カ国が記載されている。

● 参考文献

岩田規久男［2011］『経済復興―大震災から立ち上がる』筑摩書房。
大塚久哲編著［2011］『地震防災学』九州大学出版会。
竹林征三［2011］『環境防災学―災害大国日本を考える文理シナジーの実学』技報堂。
塚本剛志［2010］「ハイチ大地震と復興支援を巡る国際関係」『ラテンアメリカレポート』アジア経済研究所，vol.27 no.1。
中村研二・寺崎友芳［2011］『東日本大震災―復興への地域戦略』エネルギーフォーラム。
西島章次・小池洋一編著［2013］『現代ラテンアメリカ経済論』ミネルヴァ書房。
永松伸吾［2008］『シリーズ災害と社会4　減災政策論入門―巨大災害リスクのガバナンスと市場経済』弘文堂。
林愛明・任治坤『四川大地震―中国四川大地震の地震断層と被害写真集』近未来社。

〈英語〉
Mats Lundahl［2011］*Poverty in Haiti : Essays on Underdevelopment and Post Disaster Prospects*, Palgrave Macmillan.

Mat Lundahl [2012] *The Political Economy of Disaster : Destitution, plunder and earthquake in Haiti*, Routledge Chapman Hall.

Jean-Germain Gros [2011] *State Failure, Underdevelopment, and Foreign Intervention in Haiti*, Routledge Chapman Hall.

第15章
ハリケーン・カトリーナ災害
―アメリカの都市社会地理

1 はじめに

　世界の自然災害の多くはアジア太平洋地域で発生しており，なかでも発展途上国における人的犠牲は著しい。それは，自然災害を引き起こすハザード（インプット），すなわち外力となる自然現象に対する社会側のシステム（災害発生前と発生後の対応）が，ハード・ソフトの両面において不十分であり，結果としての災害の規模（アウトプット）が甚大なものとなってしまうからである。また，そうした地域においては，都市化や人口爆発によって多くの脆弱な人々（vulnerable populations）が居住していることで，途上国の災害リスクは一層高まっている。であるからこそ，近年では途上国開発の優先事項として災害に対する回復力を高める先行投資の重要性が謳われている。

　国家スケールから災害のリスクや実際の被害を先進国と比較していれば，途上国におけるそれに着目して多くの投資をする必要は明確に理解できる。実際，仙台防災枠組2015-2030（SFDRR）や持続可能な開発目標（SDGs）など，ポスト2015年のグローバルアジェンダにおいて，災害に脆弱な国や人々に対する対応が求められている。

　他方，こうした国家スケールの先進国vs.途上国で見過ごされがちなのが，先進国の内部におけるローカルなスケールでの格差の結果，もたらされる災害の姿である。そこで本章では，筆者が研究フィールドのひとつとしてきたアメリカ合衆国（以下，米国）の都市を事例に，都市社会地理学的な視点から災害

や復興について考えてみたい。

2 米国都市社会地理とインナーシティ問題とジェントリフィケーション

ハリケーン・カトリーナ災害について考察する前に，米国都市における，一般的なインナーシティ問題とジェントリフィケーションについての理解を前提としておきたい。

(1) インナーシティ問題とセグリゲーション

1970年代初頭，北米都市の中心域では，第2次世界大戦以前に建てられた多くの住宅が修繕されないまま劣悪化し，差別や教育水準の違いから社会経済的地位の上昇を達成できない状態にあるアフリカ系アメリカ人を中心とするマイノリティ集団が，そこに貧困層の居住地区であるゲットーを形成するようになった。1980年代になると，都市構造と産業構造に大きな変化が起き，脱工業化とともに都市の郊外化が進展した。国際分業体制や海外企業との競争激化により，産業に依存した都市経済は大きな打撃を受け，衰退の一途をたどった。経済活動が衰退（経済的窮乏）し，老朽化し修繕されることのない住宅や商業ビルなどが都心周辺部（インナーシティ）に集中（物的衰退）した。

治安が悪化し，空き家が集中したインナーエリアには，貧困，失業，犯罪，差別の対象となるエスニック・マイノリティ人口が集中して住むようになった。これをインナーシティ問題と呼び，深刻な都市問題となった。

これらに対し，比較的富裕な白人は郊外に住み，低所得の非白人マイノリティとの間で人種棲み分け（セグリゲーション）が起きている。

こうした，インナーシティでマイノリティは雇用機会を剥奪された状態にもある。この問題を扱った研究の中で，社会学者Wilson［1989］が著した『真に恵まれない人々──インナーシティ，下層階級，公共政策』は，シカゴの事例を中心に，包括的分析によりゲットー，下層階級の問題を明らかにしたもので，

マスコミでも広く取り上げられたことにより学界のみならず，諸政策の意思決定者や為政者などにも影響を与えた。また，Massey and Denton [1993] の *American Apartheid: Segregation and the Making of the Underclass*（アメリカのアパルトヘイト～セグリゲーションとアンダークラス形成過程）では，南アフリカ共和国の人種隔離政策を指す「アパルトヘイト」のアメリカ版を示唆する題目から，公民権運動を経た米国で，もはや用いられなくなったセグリゲーションという言葉を再び持ち出し，アメリカ大都市のゲットーの惨状を描き，政府や行政の諸政策の問題点を指摘している。1990年代の地理学や社会学によって，都市内部の格差に関する研究が盛んに行われたが，その後もその解決に至らぬまま，後述する2005年のハリケーン災害を迎えてしまった。

(2) ジェントリフィケーション・再開発・復興

都心周辺部に位置しているインナーシティは，中心商業地区（CBD）に近接しており，地域によっては再投資・再開発のターゲットとなりうる。開発資本や自治体の政策により，スラム化した衰退インナーシティへ再投資・再開発され，こうした都市更新（urban renewal）を通じて地価が上がり，それに伴う家賃の高騰や住宅の建て替えなどで，それまで住んでいた低所得マイノリティの住民が，転出や立ち退きを余儀なくされる。他方で，高学歴で専門的技術を持った高収入の白人若年層（ヤッピー：Young Urban Professionals）が住み始める。こうして，住民の社会階層の上方移動による居住者階層の入れ替えを含む「ジェントリフィケーション」と呼ばれる現象が，かつてインナーシティ問題を抱えていた地区でみられるようになった。

ジェントリフィケーションは，それをどう捉えるかによって，肯定的にも否定的にも扱われうる。景観美化や治安の向上によって地域の社会経済が再活性化され改善される，という一般的な再開発の目的を評価するという側面がある一方で，従前の住民の立ち退きによるコミュニティの崩壊に対する抗議運動（Anti-Eviction Campaign）などがしばしば展開され，単なる住民層の入れ替えは，都市貧困の本質的な解決につながっていないという問題がある。

他方，災害によりそれまで住んでいた人々が強制的に移住を余儀なくされた後の地域での復興過程においては，災害による結果としての居住者の入れ替えから，ジェントリフィケーションと類似した都市の更新が進む。次項で示す，ハリケーン災害を経験した後のニューオーリンズでみられる現象もその1つといえる。

3　ニューオーリンズとハリケーン・カトリーナ災害と脆弱な地区や人々

　ニューオーリンズ都市圏は米国南部ルイジアナ州に位置する。港やミシシッピ川や運河，鉄道などの交通アクセスが良好で，ミシシッピ川流域の地域で産出される穀物や綿花などの農産物の輸出港として発展し，その後，工業都市としても発展した。しかし，脱産業化以降，これらの地域も他の米国産業都市同様に，衰退と人口減少を経験した。都心周辺部の，経済活動が衰退し，老朽化し修繕されることのないインナーシティにおける，アフリカ系アメリカ人のセグリゲーションは著しかった。

(1)　ハリケーン・カトリーナ

　2005年8月23日，バハマ諸島付近で熱帯低気圧が発生し，それは翌24日にはトロピカル・ストーム（熱帯ストーム）「カトリーナ」となり，25日にハリケーンに発達してフロリダ半島に上陸した（一時，気圧は902ヘクトパスカル，最大風速130マイル／毎時）。その後，メキシコ湾上を通過した際に勢力を強め，29日にはルイジアナ州に再上陸した。このハリケーンによる高潮と強風によって，ニューオーリンズのポンチャートレイン湖の堤防が決壊した。それにより市域の約8割が浸水した。

　8月28日には，ブッシュ大統領（当時）がルイジアナ州に非常事態宣言を出し，ニューオーリンズ市は市民に対し避難命令を発出し，ルイジアナ州からアラバマ州へ大量の避難民が生じた。結果として，世界最大の経済大国アメリカにおいて，観測や予報，情報通信の技術が備わっていながら，1,800人を超え

る人々の命が失われ，810億ドルに上る被害をもたらした。

　ポンチャートレイン湖沿いの堤防が決壊し，海抜ゼロメートル地帯のこの街の多くが浸水し，多数の家屋がのみ込まれ，亡くなった人々の多くは，非白人・低所得者であった。当時の報道などを振り返ると，特に，アフリカ系アメリカ人の貧困層は，自動車保有率も低く，また避難先のあてもなく，市内にとどまらざるを得なかったことがわかる。ルイジアナ・スーパードーム避難所の避難者を，テキサス州ヒューストンのアストロドームへ移転する決定をしたが，救出の手筈も滞り，行政の対応に多くの反発が寄せられた。他方で，富裕層の白人が足早に自動車でこの街をあとにしたという。

　こうした状況は，アフリカ系アメリカ人の被災者を中心に，当時の政権や行政に対し，人種差別的だとする批判を展開させた。緊急事態が宣言されてもなお救援物資が手元に届かないなか，市内では本来治安維持にあたるべき警察官も加わっての略奪行為が起きているなどの報道が世界を駆けめぐり，災害後の「無政府状態」の街の印象をその後しばらく残すこととなった。

　生存した被災者は，南部地域の州外の街へと離散していった。こうした人たちは，イスラエルの外に離散したユダヤ人のことを指す言葉，ディアスポラにちなみ，「ルイジアナ・ディアスポラ」や「カトリーナ・ディアスポラ」などと称され，多くの人たちが帰還できないでいるという。

　このようにして，ハリケーン・カトリーナという自然の外力は，ルイジアナ州ニューオーリンズ都市圏の中で，最も弱い地区の人々を襲った。特に，市内のロウワーナインス地区（Lower Ninth Ward：図表15-1）は，浸水被害が甚大であり，最も貧困層が集中していた地区とされる（図表15-2）。被災前の2000年国勢統計のデータをとりまとめた表をみてみよう。米国全体とロウワーナインス地区の各経済的指標を比較しても，同地区には所得が低い黒人人口が集中しており，また避難する際の手段ともなった自動車の不保有（保有していない）世帯率が高かったことがわかる（図表15-3）。

　住まいを失い，長期間に及ぶ仮住まいを余儀なくされ，今も帰還できない人たちがいる。被災した弱い立場の人々は，より貧しさを甘受せざるを得ない一

図表15-1 ●ニューオーリンズ市ロウワーナインス地区の位置

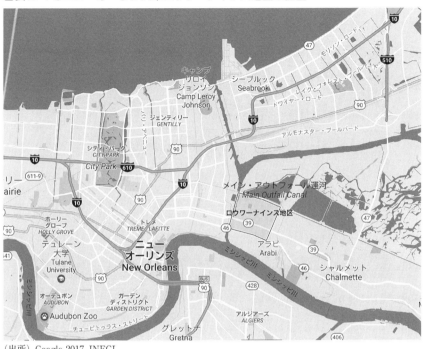

(出所) Google 2017, INEGI.

方で，富める者は一層豊かになっていく。このことを，カナダ出身のジャーナリスト，ナオミ・クラインは「災害アパルトヘイト」と呼び，格差の増大を指摘している。上述した，「アメリカン・アパルトヘイト」（Massy and Denton [1993]）で示された既存の米国都市におけるアフリカ系アメリカ人の生活水準の格差は，脆弱な地区や人々を襲う災害によって，より露わになったともいえるだろう。住居選択の自由，場所への権利などを失ったディスプレイスメント（displacement：場所の喪失）の状態に至らしめられたのだ。

こうして強制移住させられた社会の底辺にいるいわば災害難民は，災害以前からすでにマイノリティとしてさまざまな困難を余儀なくされたなか，災害後の移住，場所の喪失により，行き着いた先でも「歓迎されざる他者」などとし

図表15-2 ●カトリーナ被災の後のロウワーナインス地区住宅地

(注) 所有者か住人の名前がペイントされている。インナーシティに特徴的な金属フェンスもなぎ倒されている。
(出所) Photo by Infrogmation (Wikimedia Commons).

図表15-3 ●2000年米国国勢統計にみるロウワーナインス地区の社会経済的データ

	米国全体	ルイジアナ州	ニューオーリンズ全体	ロウワーナインス地区
世帯収入平均(米ドル)	$56,644	$44,833	$43,176	$27,499
貧困人口	12.4%	19.6%	27.9%	36.4%
黒人人口	12.1%	32.3%	66.6%	98.3%
白人人口	69.2%	62.6%	26.6%	0.5%
自動車を持たない世帯率	10.3%	11.9%	27.3%	32.4%
別居世帯	2.2%	2.6%	3.6%	6.3%
未亡人世帯	6.6%	7.4%	8.1%	10.8%
離婚世帯	9.7%	10.2%	11.8%	14.2%
母子家庭世帯	8.4%	11.9%	17.7%	24.9%
祖父・祖母と子供の世帯	6.3%	9.7%	14.9%	23.0%

(出所) 中須 [2006], Greater New Orleans Community Data Centerに基づいて筆者作成。

てさまようのである。加藤・宮島［1994］は，国際移動を強いられる集団の受難を「難民の二重の悲劇」と称しているが，米国内において場所を喪失し，貧困の再生産から脱却できない多重に剥奪された状態もいわば「二重の悲劇」として他の米国都市インナーシティ問題の研究（例えば，小田［2008］）に照らしてみてとることができる。

4　復興過程にみるジェントリフィケーション

　ニューオーリンズの10年間の復興は，「ジェントリフィケーション」という言葉に象徴される。上述のとおり，ジェントリフィケーションはそれを捉える人により，明暗が分かれる。復興をどう捉えるかにもつながってくる。

　いくつかのデータや文献では，ニューオーリンズにおける経済的再生や，かつてフランス領ルイジアナの中心都市として，フランス植民地時代の建造物が軒を連ねるフレンチクォーターなど，中心部の観光地の再活性化が指摘されている。復興過程で民間の財団などが支援して，革新的なビジネスを興す若手起業家がこの街に多く住み着くようになり，起業家の街として知られるようになった。まさに，高学歴の若手人材が街を活性化させ，それまでその地域に存在していた課題が改善されたと捉える立場である。こうした先進国における復興の成功例として，東日本大震災被災地における経済再生や起業家関係者との交流も盛んで，筆者もその一端を垣間見ている。そのこと自体は否定されるものでなく，同じ先進国である東日本の復興にとって，先行被災地として民間の活力による有益な復興の手立てを教えてくれている。そして，再生された街の景観は美化され治安の向上をも強調する。事実，「起業家の街」として，支援組織が立ち上がり，全米から数千人もの人々がプロジェクトを立ち上げ，支援を得た団体は年間1億ドル以上の収益を上げ，2,000件以上の雇用を創出したという。こうした成功例は，荒廃した米国都市再生の好例として貴重なものである。

　他方，イノベーティブな若手起業家精神とは一線を画す，災害便乗主義（ク

ライン［2011］）的人物らによる発言が物議を醸した。ルイジアナ出身の元上院議員リチャード・ベーカー氏がロビイストに「ようやく公営住宅を一掃できた。これまで我々はできなかったわけだが，神様がそうしたのだ」と語ったことが報じられた。また，地元の不動産業の大物フィニス・シェルナット氏は「ストームが多くのものを破壊し，住宅を建て，高額で売るための多くのスペースができた」「何より重要なのは，ハリケーンが貧困の人々や犯罪者を追いやってくれたことだ。彼らには戻ってきて欲しくない」(Johnson［2011］引用筆者訳）と述べたという。こうした発言は，報道を通じて広まり，権力を有する富める者が，常に都市更新を狙い，そこから利潤を得ようとする思いを反映したものだと批判の的となった。

　ハリケーン以前のニューオーリンズも，米国の他都市と比較して人種や社会階層によってセグリゲーションが顕著だったが，近年の報告では，その棲み分けの度合いが以前に増して強まっているという。すでに1990年代以降，セグリゲーションは激化していたが，特にハリケーン・カトリーナ以降，ニューオーリンズ・イーストやジェンティリーの一部地区では，より黒人の集中の度合いが高まった。特にニューオーリンズ・イーストでは，市内の他地区において家賃が高騰したことによって，多くの黒人貧困層が，この地区に流入してきたという。黒人貧困層が占める地区の住民は，雇用，住まいをはじめ，さまざまな点で困難を有している。また，地区によっては，以前よりも住宅価格が高騰しており，地区にかつて住んでいた住人が帰還することが経済的に困難になっているという。

　他方で，かつてアフリカ系アメリカ人が住んでいた地区のうち，高台にあったバイウォーター，トレメ，セント・ロシェやセント・クロード地区は，白人中心の居住地として変貌しつつあるという。このように，ある地区ではセグリゲーションにより社会階層の分化が進行する一方，他の地区ではジェントリフィケーションにより住民の入れ替えや，景観美化などの再投資が行われ活況を呈したところもある。よって都市圏全体の格差の拡がりを危惧する声が聞こえる。ジェントリフィケーションの進行は，多くの住民に認識されていて，動

図表15-4 ●観光地として完全復旧したフレンチ・クォーター中心広場

(出所) 2015年4月28日，筆者撮影。

画投稿サイトYouTubeに，"New Orleans"，"Gentrification"という検索語を入れると，地元の人たちによるドキュメンタリー作品がいくつかヒットする。そうした人たちの語りの中にも，アフリカ系アメリカ人を中心に，現在の街の姿に失望する思いをみてとれる。

　ニューオーリンズ市は，連邦住宅都市開発省から補助金を得ている自治体に対する新たな法的義務として，住宅市場の差別を禁止した1968年の住宅公正法（Fair Housing Act）を確実に履行する意味においても，ニューオーリンズの低所得者に対する住宅政策の改善プログラムを今後確実に展開していくという。市の住宅・コミュニティ開発の担当者は，多くの市民が低所得の棲み分けた地区に住む人々への支援への理解は示すものの，アフォーダブル・ハウジング（低所得者層でも入手可能な住宅）の建設に関しては，「NIMBY」（Not In My

Back Yard：我が家の裏庭には御免）という考えを持っている。そこで，市の担当者はマスコミの取材に対し，「学校の教師であっても，アフォーダブル・ハウジングの入居候補者だ」と述べ，教育を通じて，こうした住宅への入居者に対する偏見の払拭に向けた啓発の必要性を強調している。

　このように，ジェントリフィケーションの進行と，それに取り残された人々や地区が，現在のニューオーリンズの復興の課題として顕在化している。「災い転じて福となす」のごとくイノベーティブな復興の成功例として東日本大震災の被災地に伝わる明るくエネルギッシュな側面がある一方で，着眼点を変えてみると，そこには，元には戻れない人々，貧困から脱却できない人々の苦悩が存在していることは確かなようだ。

5　おわりに

　以上みてきたように，ニューオーリンズにおけるハリケーン・カトリーナ災害は，他の災害と同様に，社会の最も弱い側面を露わにした。災害に対する被害の抑止（mitigation）と事前準備（preparedness），被災から緊急時の対応（response），復旧（recovery）といった災害対応の循環（Disaster Life Cycle）に照らしてニューオーリンズのアフリカ系アメリカ人を考えてみよう。

　彼らは低地の洪水が起きやすい地区に多く住んでいた。そして，緊急対応の段階においても，自らが移動の手段を持たないことから避難が遅れた。そして，復旧・復興期においても，ジェントリフィケーションによって，元の地区どころか州外に出たまま離散して帰還できなかった。こうした人々の苦難は，活気ある復興の成功例の陰にひそみあまり知られない。1980年代〜90年代にかけて都市社会学や都市社会地理学などが実証した世界一の経済大国たる米国の都市内部に存在するアンダークラスの問題を，ハリケーン・カトリーナという災害が増幅し鮮明にあぶり出したのである。

　筆者は2015年春，ハリケーン・カトリーナ災害から10年目となるニューオーリンズのフレンチクォーターを訪れた。中心広場には，ジャズの演奏家やスト

リートパフォーマーが観光客をもてなし，フランス料理やカフェが立ち並び，ここに立つ限り，ハリケーン災害の爪痕はみられない。近くにある州立博物館Presbytère（図表15-5）を訪れると，観光客が当時の災害の経験と復興についての展示にみいっていた。時系列で出来事を説明したり，被災者の語りを多数のスクリーンで動画上映する最新のシステムが採用されている。また，堤防が決壊したメカニズムの説明や，他の災害への備えを促す展示なども併設されている。こうして，12年を経ようとしている今，あの災害は過去の悲惨な出来事として多くの人々の記憶から遠のきつつある。

しかし，災害難民としてこの地を追われ，この街に戻ろうとしても帰還する術のない人たちは，どんな思いで故郷の復興をみつめているだろうか。

図表15-5 ●ルイジアナ州立博物館Presbytèreにおいて
　　　　　ハリケーン被災者の語り動画アーカイブに見入る観光客

（出所）2015年4月28日，筆者撮影。

最後に，ニューオーリンズ・ジャズのスタンダードとも言える曲，「Do you know what it means to miss New Orleans?」(Eddie DeLange・Louis Alter作。1947年にルイ・アームストロングのトランペット演奏と，ビリー・ホリディの歌で演奏されたのが最初と言われる）の歌詞の一部を引用したい。読者の皆さんも，この土地に居場所を失い，各地に離散してしまった人たちの思いを想像しながらこの曲を聴いてみてほしい。

Do you know what it means to miss New Orleans
ニューオーリンズが恋しいってことがどういうことかわかるかい？
And miss it each night and day
昼も夜も思い焦がれるということが
I know I'm not wrong this feeling's gettin' stronger
私は間違っていない，この気持ちがどんどん強くなってしまうんだ
The longer, I stay away...
長く離れていればいるほど
(中略)
When that's where you left your heart
自分の心を置いてきてしまった時
And there's something more, I miss the one I care for
そしてそれだけじゃない，大切なひとのことが恋しくてたまらないんだ
More than I miss New Orleans
ニューオーリンズを思う以上に

[付記：本稿は，日本学術振興会科学研究費（課題番号26770280）・若手研究（B)「米国における社会的包摂を重視した災害リスクガバナンスの展開と課題」（研究代表者：小田隆史）の研究成果に基づいている。]

第15章 ハリケーン・カトリーナ災害

◀考えてみよう▶

①米国都市における"インナーシティ"とはどのような特徴があり，ニューオーリンズにおける被災とどのような関係性があるかを話し合ってみよう。

②ハリケーン・カトリーナの災害を"人災"と訴える人々がいる。それはなぜかを話し合ってみよう。

③ニューオーリンズの復興における，肯定的側面と否定的側面についてそれぞれあげてみよう。

● 参考文献

大塚秀之［2001］『現代アメリカ社会論―階級・人種・エスニシティからの分析』大月書店．

小田隆史［2009］「ミネソタ州ツインシティ都市圏における非政府・非営利セクターによる難民への職住斡旋支援」『地理学評論』日本地理学会82-5，422-441頁．

杉浦直・小田隆史［2009］「エスニック都市空間における場所をめぐる葛藤：サンフランシスコ・ジャパンタウンの事例」『季刊地理学』東北地理学会，157-177頁．

ナオミ・クライン（幾島幸子・村上裕見子訳）［2011］『ショック・ドクトリン』岩波書店．

中須正［2006］「ハリケーン・カトリーナによる人的被害拡大過程―ニューオリンズの事例」『防災科学技術研究所主要災害調査』防災科学技術研究所，41，55-69頁．

ニール・スミス（原口剛訳）［2014］『ジェントリフィケーションと報復都市―新たなる都市のフロンティア』ミネルヴァ書房．

Cedric Johnson (eds.) [2011] *The Neoliberal Deluge : Hurricane Katrina, Late Capitalism, and the Remaking of New Orleans*, University of Minnesota Press.

Jessica Williams [2016] How it happened, how to fix it: Plan set to combat New Orleans segregation, gentrification, the New Orleans Advocate, September 3, 2016 available online, http://www.theadvocate.com/new_orleans/news/article_2f808d8c-7132-11e6-beab-4f97e85a2e90.html

索　引

■英　数

3.11 …………………………………… 93
BRR ……………………………… 144, 153
Education 2030 ……………………… 100
FTA …………………………………… 52
Fukushima Ambassadors Program … 93
Grid2030 ……………………………… 71
HRF ……………………………… 211, 213
ICRP ……………………………… 15, 17
LOGA ………………………………… 154
MINUSTAH ………………………… 200
MoU ………………………………… 154
NGO ………………………………… 2, 81
OECD東北スクール ………………… 97
Smart Grids Vision & Strategy ……… 71
vulnerable populations（災害時に影
　響を受けやすい人々）……… 51, 52, 54,
　　　　　　　　　　　　　55, 62, 220

■あ　行

アウターライズ地震 ………………… 114
アカデミア・コンソーシアムふくしま
　（ACF）……………………………… 98
アクター ……………………………… 134
アチェ統治法 ………………………… 154
アチェ・ニアス復興庁 ………… 144, 153
インナーシティ ……………………… 221
疫学 …………………………………… 17
大船渡市 ………………………… 53, 56, 57

■か　行

雅安大地震 ……………………… 81, 90, 91
回復力 ………………………………… 177

科学技術と社会 ……………………… 42
閣議決定 ……………………………… 95
家計（個人）の効用最大化 ………… 23
課題先進被災地 ……………………… 94
カトリーナ …………………………… 221
帰還 …………………………………… 30
北東日本 ……………………………… 20
教育改革 ……………………………… 100
強制避難者 …………………………… 25
グローバル・サプライチェーン …… 126
クントロ・マンクスブロト ………… 153
経済体制相違論 …………………… 17, 18
限界代替率 …………………………… 24
原子力マネー ………………………… 10
建設業 ………………………………… 27
原発災害 …………………………… 2, 3, 4, 7
原発事故 ………………………… 3, 4, 6, 13
原発マネー …………………………… 12
原発立地地域 ……………………… 10, 13
公共交通機関緊急援助プログラム
　（Public Transportation Emergency
　Relief Program）…………………… 58, 59
公共事業依存度 ……………………… 28
構造改革 ……………………………… 28
構造物対策 …………………………… 132
交通本質論 …………………………… 17
コーディネーション …………… 8, 9, 12
誤解 …………………………………… 94
国際エネルギー機関（IEA）………… 68
国土狭小論 ………………………… 17, 18
国民経済 ……………………………… 30
国連防災世界会議 …………………… 184
コミュニティ ………………………… 178
コミュニティ論 ……………………… 17

■さ　行

災害対策基本法 …………………… 48, 54
災害リスクガバナンス ………… 174, 182
再生可能エネルギー ……………… 12, 13
再生可能エネルギー発電 …………… 75
財政余力 ……………………………… 29
サプライチェーン ………… 35, 36, 169
参加リスクの低減とメリットの可視化
　……………………………………… 78
産業構造 ……………………………… 27
産業政策 …………………………… 163
産業連関 ……………………………… 28
ジェントリフィケーション ……… 222
自主避難 ……………………………… 25
次世代エネルギー・社会システム実証
　事業（2010-2014年）…………… 72
四川大地震 …………………………… 2
持続可能な開発のための2030アジェン
　ダ（SDGs）………………………… 99
社会の回復力 ……………………… 175
社会の脆弱性 ………………… 175, 177
社会のレジリエンス ……………… 177
社会や地域の脆弱性 ……………… 175
ジャパン・プラットフォーム …… 139
首都圏直下地震 …………………… 120
情報・知識リテラシー …………… 106
情報通信分野 ………………………… 75
除染 ………………………………… 7, 15
所得再配分などの財政トランスファー
　……………………………………… 21
人口密度 ……………………………… 18
水資源管理マスタープラン ……… 131
スマート家電 ………………………… 75
スマートグリッド …………………… 65
スマートシティ ……………………… 65
スマートメーター …………………… 75
スマトラ沖地震 …………………… 110

西部大開発戦略 …………………… 162
セグリゲーション ………………… 221
仙台防災枠組 …………… 99, 187, 220
創造的復興教育 ……………………… 96
ソーシャル・キャピタル …………… 45

■た　行

大洪水 ……………………………… 126
多額の国際援助 …………… 144, 152
脱原発 ………………………… 10, 13
民軍協力 …………………… 144, 150
地域間格差 …………………………… 2
地域公共交通 ……………………… 48
地域公共交通確保維持事業 ……… 58
地域コミュニティの回復力 ……… 178
地域防災計画 …………………… 48, 60
チェルノブイリ事故 ………………… 15
長期内戦 …………………………… 144
通信ビジネス ……………………… 75
ディープ・アクティブ・ラーニング
　…………………………………… 105
低所得国家 ………………………… 201
電気自動車 ………………………… 75
電源三法 …………………………… 10
東京一極集中 ………………………… 2
統治能力 …………………………… 200
東北地方太平洋沖地震 …………… 110
特定被災地域公共交通調査事業 … 58

■な　行

日系企業 …………………………… 129
日本海溝 …………………………… 114
ネパール地震 ………………………… 2
農地改革 …………………………… 21

■は　行

ハイチ地震 …………………………… 2
ハイチ復興基金 …………………… 213

八戸市 ································ 53, 59
ハリケーン・カトリーナ（Hurricane Katrina）··········· 3, 49, 52, 53, 54, 223
被害額 ·································· 205
東アジア核エネルギー ······ 42, 43, 44, 45
東日本大震災 ························ 2, 4
東日本大震災からの復興の基本方針 ·· 95
東日本大震災復興特別会計 ············· 26
非構造物対策 ························· 132
避難 ····································· 15
避難行動要支援者 ················ 54, 62
兵庫行動枠組 ···················· 99, 186
ビルドバック・ベター ········ 151, 155, 156
風化 ····································· 94
風評被害 ································· 4
複合災害 ································ 93
福島県 ······················ 3, 4, 6, 10, 13
福島県復興計画 ························ 95
双葉郡教育復興ビジョン ··············· 97
復興教育 ································ 96
復興政策 ······························· 159
物流 ······················ 81, 82, 85, 88, 91
物流サービスプロバイダー ········ 87, 89
プラグインハイブリッド車 ············· 75
文化論 ·································· 17
汶川大地震 ············· 81, 82, 90, 91
ペアリング支援 ········ 160, 164, 165, 166, 169, 170, 171
ペアリング支援政策 ··················· 164
辺境地域 ······························· 164
偏見 ····································· 94

防災マニュアル ························ 97
防災力 ································· 206
ボランティア ··················· 86, 88, 91

■ま 行

マクロ経済の不安定性 ················ 200
マクロバランス ··················· 21, 209
南相馬市 ················· 53, 54, 56, 58
メルカル深度階級 ····················· 204

■や 行

誘発地震 ······························· 111
輸出主導 ··························· 2, 162
ユドヨノ大統領 ·················· 148, 155
余震 ··································· 111
より良い復興 ···················· 151, 189

■ら 行

立地条件 ···················· 159, 160, 171
立地政策 ······························· 160
立地要因 ···················· 159, 160, 161
レギュラシオン様式 ················· 3, 13
レジリエンス ·························· 178
連携の促進 ······························ 78
連邦公共交通局（FTA：Federal Transit Administration）········· 51, 58
労働集約 ······························· 167

■わ 行

和平合意 ······························· 153

● 執筆者紹介・執筆分担

厳 成男（げん せいなん）　　　　　　　　　　　　　　　第1章
　編著者紹介参照

藤本 典嗣（ふじもと のりつぐ）　　　　　　　　　　第2章，第14章
　編著者紹介参照

田畠 真弓（たばた まゆみ）　　　　　　　　　　　　第3章，第12章
　台湾国立台北大学社会学部准教授

吉田 樹（よしだ いつき）　　　　　　　　　　　　　　　第4章
　福島大学経済経営学類准教授

尹 卿烈（ゆん きょんよる）　　　　　　　　　　　　　　　第5章
　福島大学経済経営学類教授

王 群智（おう ぐんち）　　　　　　　　　　　　　　　　第6章
　中国西南交通大学物流工程専攻准教授

マクマイケル・ウィリアム（まくまいける うぃりあむ）　　　　第7章
　福島大学経済経営学類助教

吉高神 明（きっこうじん あきら）　　　　　　　　　第7章，第10章
　編著者紹介参照

中村 洋介（なかむら ようすけ）　　　　　　　　　　　　第8章
　福島大学人間発達文化学類准教授

佐野 孝治（さの こうじ）　　　　　　　　　　　　　　　第9章
　編著者紹介参照

朴 美善（ぼく びぜん）　　　　　　　　　　　　　　　　第11章
　北東アジア共生研究所代表

三村 悟（みむら さとる）　　　　　　　　　　　　　　　第13章
　（独）国際協力機構東北支部次長 JICA研究所上席研究員

小田 隆史（おだ たかし）　　　　　　　　　　　　　　　第15章
　宮城教育大学防災教育未来づくり総合研究センター准教授

● 編著者紹介

藤本 典嗣（ふじもと のりつぐ）

東洋大学国際学部教授。

1970年山口県生まれ。2003年3月に九州大学大学院経済学研究科博士後期課程単位取得退学，2004年1月に博士号（九州大学，経済学）を取得。駒澤大学仏教経済研究所研究員，福島大学共生システム理工学類産業システム工学専攻准教授，ブリティッシュコロンビア大学アジア研究所客員准教授，東洋大学国際地域学部国際地域学科教授などを経て，現職。主な著書に『東日本大震災からの復旧・復興と国際比較』（共著，八朔社，2014年），『テキスト都市地理学』（中央経済社，2017年）など。

厳 成男（げん せいなん）

立教大学経済学部准教授。

1973年中国吉林省延辺生まれ。2009年に京都大学大学院経済学研究科博士課程修了，博士（経済学）。福島大学経済経営学類准教授，新潟大学経済学部准教授などを経て，現職。主な著書に，『中国の経済発展と制度変化』（京都大学学術出版会，2011年），*Diversity and Transformations of Asian Capitalisms*（Joint Work, Routledge, 2012），『転換期のアジア資本主義』（共著，藤原書店，2014年），*Structural Changes in East Asian Labor Markets and Flexicurity Strategy*（Niigata University Press, 2016）など。

佐野 孝治（さの こうじ）

福島大学経済経営学類教授。

1963年福井県生まれ。慶應義塾大学大学院経済学研究科博士課程単位取得退学。主な著書に，『東日本大震災からの復旧・復興と国際比較』（共著，八朔社，2014年），「韓国の『雇用許可制』に見る日本へのインプリケーション」『日本政策金融公庫論集』（第36号，2017年），「アジアにおける国際移民」（朱永浩編『アジア共同体構想と地域協力の展開』文眞堂，2017年所収）など。

吉高神 明（きっこうじん あきら）

福島大学経済経営学類教授。

1964年東京都生まれ。青山学院大学大学院国際政治経済学研究科博士一貫課程単位取得退学。福島大学経済学部助教授，同経済経営学類准教授を経て，現職。国際公共政策論担当。主な著書に『環境と開発の国際政治』（共著，南窓社，1999年），『東日本大震災からの復旧・復興と国際比較』（共著，八朔社，2014年）など。

グローバル災害復興論

2017年9月15日　第1版第1刷発行

編著者	藤本典嗣
	厳成男
	佐野孝治
	吉高神明
発行者	山本継
発行所	㈱中央経済社
発売元	㈱中央経済グループ パブリッシング

〒101-0051　東京都千代田区神田神保町1-31-2
電話　03(3293)3371(編集代表)
　　　03(3293)3381(営業代表)
http://www.chuokeizai.co.jp/
印刷／㈱堀内印刷所
製本／㈲井上製本所

Ⓒ 2017
Printed in Japan

＊頁の「欠落」や「順序違い」などがありましたらお取り替えいたしますので発売元までご送付ください。(送料小社負担)

ISBN978-4-502-23541-2　C3033

JCOPY〈出版者著作権管理機構委託出版物〉本書を無断で複写複製（コピー）することは，著作権法上の例外を除き，禁じられています。本書をコピーされる場合は事前に出版者著作権管理機構（JCOPY）の許諾を受けてください。
JCOPY〈http://www.jcopy.or.jp　eメール：info@jcopy.or.jp　電話：03-3513-6969〉